Beck-Rechtsberater

Trennung und Scheidung richtig gestalten

dtv

Beck-Rechtsberater

Trennung und Scheidung

richtig gestalten

Getrenntleben · Scheidung
Lebenspartnerschaftsaufhebung
Vermögensauseinandersetzung und Unterhalt

Von Prof. Dr. Dr. Herbert Grziwotz, Dr. Susanne Kappler und Dr. Tobias Kappler

9., überarbeitete und aktualisierte Auflage

dtv

www.dtv.de
www.beck.de

Originalausgabe

dtv Verlagsgesellschaft mbH & Co. KG,
Tumblingerstraße 21, 80337 München

Druck und Bindung: Druckerei C.H. Beck, Nördlingen
(Adresse der Druckerei: Wilhelmstraße 9, 80801 München)
Satz: ottomedien, Darmstadt
Umschlaggestaltung: Design Concept Krön, Puchheim,
unter Verwendung eines Fotos
von © Anthony Marschland gettyimages
ISBN 978-3-423-51229-9 (dtv)
ISBN 978-3-406-72185-4 (C. H. Beck)
9 783406 721854

Vorwort

„Bis dass der Tod uns scheidet.“ Das Ja zum Partner erfolgt regelmäßig in der Vorstellung, dass die Liebe ewig dauert. Die Statistiken belegen leider das Gegenteil. Die Scheidungszahlen sind lange Jahre kontinuierlich gestiegen. Dass sie gegenwärtig stagnieren, liegt wohl daran, dass immer weniger Paare mit einem Trauschein ihrer Lebensgemeinschaft eine Form mit Rechten und Pflichten geben wollen.

Dass die Ehe, wie der Schriftsteller Honoré de Balzac schrieb, ein Kampf auf Leben und Tod ist, merken viele Paare erst bei einer Trennung. In den überwiegenden Fällen passiert sie zwischen dem 3. und dem 11. Jahr seit der Eheschließung. In mehr als der Hälfte der Fälle wird bei verschiedengeschlechtlichen Paaren der Scheidungsantrag von der Frau gestellt. Als die fünf häufigsten Trennungsgründe werden enttäuschte bzw. unerfüllte Erwartungen, unterschiedliche Entwicklungen der Partner, Kommunikationsprobleme, die fehlende gemeinsame Zukunftsperspektive und ein unterschiedlicher Lebensstil genannt.

Knapp die Hälfte der geschiedenen Paare hat minderjährige Kinder. Der gewohnte Lebensstandard kann in diesen Fällen meist nicht beibehalten werden. Dies gilt sowohl für die Restfamilie als auch für den Partner, der geht. Es kommt zum Kampf um den Zugewinn und vor allem den Unterhalt. Geld wird zum Äquivalent der erloschenen Liebe. Es hat die Funktion eines „Schmerzensgeldes“. Für die Enttäuschung, die man erlebt hat, soll der Partner jedenfalls „bezahlen“.

Eine gute und schöne Scheidung ist eine Illusion. Was bleibt, ist immer ein Scheitern. Die Liebe, die so hoffnungsvoll begonnen hat, hat der Realität des Alltags nicht standgehalten. Die juristische Aufarbeitung des gemeinsamen Lebensweges muss aber nicht zum Rosenkrieg werden, bei dem alle Beteiligten nur verlieren können. Am Ende einer Beziehung bleibt noch genügend Raum für eine Begegnung auf Augenhöhe. Es geht dabei um den fairen Ausgleich von Nachteilen, die ein Partner im gemeinsamen Interesse auf sich genommen hat, und um die Bedingungen, die insbesondere beim Vorhandensein von Kindern, eine vernünftige Basis für die Zukunft bieten. Dies sind Paare der früheren Liebe auch nach einem Scheitern ihrer Beziehung noch schuldig: Einander offen in die Augen zu schauen und fair miteinander umzugehen.

Seit 1. Oktober 2017 können auch gleichgeschlechtliche Personen eine Ehe schließen. Die Ausführungen zur Ehe und zum Ehepartner gelten damit unterschiedslos auch für gleichgeschlechtliche Ehe und Partner. Lebenspartnerschaften können ab diesem Zeitpunkt nicht mehr begründet werden. Bereits bestehende Lebenspartnerschaften können gemäß § 20a LPartG durch Erklärung beider Lebenspartner gegenüber dem Standesbeamten in eine Ehe umgewandelt werden. In diesem Fall sollen für sie die Rechte und Pflichten von Ehegatten bereits ab dem Tag der Begründung der Lebenspartnerschaft gelten. Wünschen Paare keine Umwandlung ihrer Lebenspartnerschaft in eine Ehe, verbleibt es für sie bei den Vorschriften des LPartG.

Dank gilt Frau Amtfrau i.N. Petra Furtmair, die bei den Rechenbeispielen hinsichtlich der Notarkosten wertvolle Hilfe geleistet hat, und Herrn Frank Lang vom Verlag C. H. Beck, der als Lektor wiederum die Neuauflage mit großem Einsatz betreut hat.

Das in der Vorauflage grundlegend geänderte und von den Lesern positiv angenommene Konzept des Ratgebers wurde beibehalten. Zunächst erfolgt eine Information über die gesetzliche Regelung. Dabei werden auch die zahlreichen Verbindungen des Scheidungsfolgenrechts aufgezeigt. Der Zugewinn, das Nebengüterrecht, die Verteilung der Haushaltsgegenstände, der nacheheliche Unterhalt und der Versorgungsausgleich stehen nicht isoliert nebeneinander, sondern sind in vielen Bereichen aufeinander bezogen. Danach werden Vereinbarungsmöglichkeiten aufgezeigt, die bei einer Scheidung den Stress minimieren und nicht zuletzt helfen, auch die Kosten zu reduzieren. Im Familienrecht erfahrene Anwältinnen und Anwälte als Vertreter ihrer Partei und gesetzlich zur Unparteilichkeit verpflichtete Notarinnen und Notare helfen den Betroffenen dabei. Diese sachverständige individuelle Beratung, bei der Steuerberaterinnen und Steuerberater auch die häufig nicht unerheblichen steuerlichen Auswirkungen beurteilen müssen, kann durch eine

„Online-Scheidung" im Internet nicht ersetzt werden. Der Ratgeber lebt von Anregungen aus der Praxis. Deshalb sind wir für Hinweise und Wünsche dankbar.

Regen/Arnstorf/Osterhofen, im Januar 2018 *Herbert Grziwotz/ Susanne Kappler/Tobias Kappler*

Inhaltsübersicht

Inhaltsverzeichnis

1. Kapitel

Vereinbarungen über den Trennungszeitpunkt und die Dauer des Getrenntlebens

Was sagen Gesetz und Rechtsprechung?

FALL 1. Jonny fühlt sich in seiner Ehe mit Alexandra eingeengt. Bei einem Diavortrag über den Hindukusch lernt Jonny die Politologiestudentin Patricia kennen. Vier Wochen später zieht Jonny aus der Ehewohnung aus und in Patricias Studentenappartement ein. Aufgrund der beengten Wohnsituation bei Patricia lässt Jonny seine Plattensammlung in der Ehewohnung zurück.

FALL 2. Sascha und seine Ehefrau Marion haben wieder einmal eine heftige Auseinandersetzung. Marion räumt daraufhin das eheliche Schlafzimmer und zieht ins Gästezimmer. Da in der gemeinsamen Wohnung nur ein Bad und eine Küche vorhanden sind, nutzen Sascha und Marion diese Räume weiterhin gemeinsam. Sonntags frühstücken Sascha und Marion „wegen der Kinder" noch zusammen, ansonsten gehen sie sich aus dem Weg. Seine Wäsche lässt Sascha von Tante Helga reinigen.

FALL 3. Im Fall 1 läuft Jonnys Beziehung mit Patricia nicht gut. Immer häufiger besucht Jonny seine Ehefrau Alexandra. Schließlich übernachtet er sogar bei ihr. Am „Morgen danach" beschließen Jonny und Alexandra, es noch einmal miteinander zu versuchen, und Jonny kehrt in die Ehewohnung zurück. Aber schon bald stellen sich altbekannte, unüberbrückbare persönliche Differenzen ein. Nach zwei Wochen zieht Jonny erneut zu Patricia.

FALL 4. Stefan ist Seemann. Von seiner Reederei wird er auf der Europa-Asien-Route eingesetzt, so dass er immer für vier Monate unterwegs ist, bevor er wieder zu seiner Ehefrau Rosi zurückkehrt.

Gemäß § 1565 Abs. 1 Satz 1 BGB wird eine Ehe **geschieden**, wenn sie gescheitert (unheilbar „zerrüttet") ist. Leben die Ehegatten aber noch nicht ein Jahr getrennt („**Trennungsjahr**"), kann selbst die gescheiterte Ehe nur in Härtefällen geschieden werden, § 1565 Abs. 2 BGB. Ein Scheitern der Ehe wird andererseits unwiderleglich vermutet, wenn die Ehegatten seit einem Jahr getrennt leben und beide die Scheidung wollen, § 1566 Abs. 1 BGB; ein Scheitern der Ehe wird – selbst wenn sich ein Ehegatte der Scheidung widersetzt – unwiderleglich vermutet, wenn die Ehegatten seit drei Jahren getrennt leben, § 1566 Abs. 2 BGB (s. S. 10). Zur Aufhebung der Lebenspartnerschaft gemäß § 15 LPartG s. S. 11 ff.

Der Gesetzgeber macht die Scheidung bzw. Lebenspartnerschaftsaufhebung also in der Regel von einem vorangegangenen **Getrenntleben** der Partner abhängig. Nach der gesetzlichen Definition des § 1567 Abs. 1 Satz 1 BGB leben Ehegatte getrennt, wenn zwischen ihnen keine häusliche Gemeinschaft besteht und zumindest ein Ehegatte sie erkennbar nicht herstellen will, weil er die eheliche Lebensgemeinschaft ablehnt. Entsprechendes gilt gemäß § 15 Abs. 5 LPartG für Lebenspartner.

Die vom Gesetz in § 1567 Abs. 1 Satz 1 BGB geforderte **Aufhebung der häuslichen Gemeinschaft** wird am deutlichsten, wenn ein Ehegatte – wie im *Fall 1* – aus der Ehewohnung **auszieht** und seinen privaten Lebensmittelpunkt in eine andere Wohnstätte verlegt. Einer Aufhebung der häuslichen Gemeinschaft steht es im *Fall 1* auch nicht entgegen, dass Jonny persönliche Gegenstände in der Ehewohnung zurückgelassen hat. Jedoch können Jonnys Besuche bei Alexandra im *Fall 3* das Getrenntleben beenden, wenn sie regelmäßig erfolgen, Jonny und Alexandra dabei gemeinsam kochen und essen, Alexandra Jonnys Wäsche macht und Jonny Alexandra dafür Haushaltsgeld zahlt.

Die Aufhebung der häuslichen Gemeinschaft setzt andererseits nicht notwendig den Auszug eines Partners aus der gemeinsamen Wohnung voraus. Vielmehr können die Ehegatten – wie im *Fall 2* – auch **innerhalb der gemeinsamen Wohnung** getrennt leben, § 1567 Abs. 1 Satz 2 BGB. Erforderlich ist dann aber eine „Trennung von Tisch und Bett", d. h. die Ehegatten dürfen keinen gemeinsamen Haushalt mehr führen (getrenntes Kochen, getrennte Einnahme der Mahlzeiten, getrennte Haushaltskasse) und es dürfen – über die „Trennung von Tisch und Bett" hinaus – keine wesentlichen persönlichen Beziehungen zwischen den Ehegatten mehr bestehen (kein gemeinsames abendliches Fernsehen). Putzt Marion im *Fall 2* weiterhin die gesamte Wohnung und stellt sie Sascha abends wortlos das von ihr zubereitete Essen in sein Zimmer, ist die häusliche Gemeinschaft folglich nicht aufgehoben (anders wäre es, wenn Marion Sascha diese Versorgungstätigkeiten aufdrängt, obwohl Sascha sich dagegen verwehrt und die von ihm bewohnten Räume selbst in Ordnung hält). Auch muss die Trennung innerhalb der Wohnung räumlich strikt vollzogen werden. Ein bloßes Sich-aus-dem-Weg-Gehen reicht hierfür nicht. Vielmehr dürfen die Ehegatten außer den der Versorgung und Hygiene dienenden Räumen (Küche und Bad) kein Zimmer der Wohnung mehr gemeinsam nutzen; der Wohn- und Schlafbereich des einen muss vom Wohn- und Schlafbereich des anderen getrennt sein. Sind mehrere Bäder/WCs vorhanden, muss auch insoweit eine räumliche Aufteilung zwischen den Ehegatten erfolgen. Der Schein der häuslichen Gemeinschaft darf auch nicht im Interesse der gemeinsamen Kinder (etwa durch die gemeinsame Einnahme aller Mahlzeiten oder die gemeinsame Benutzung des ehelichen Schlafzimmers, wenn auch ohne sexuellen Kontakt) vollständig aufrechterhalten werden; als unschädlich wird es aber zumeist angesehen, wenn die Ehegatten – wie im *Fall 2* – im Interesse der Kinder einmal wöchentlich zusammen essen (sich im Übrigen aber selbständig versorgen) oder gemeinsam Erziehungsaufgaben wahrnehmen.

Zum Getrenntleben im Sinne des § 1567 BGB wird die Aufhebung der häuslichen Gemeinschaft nur dann, wenn ein Ehegatte die häusliche Gemeinschaft erkennbar nicht herstellen will (**Trennungs-**

wille), weil er die eheliche Lebensgemeinschaft ablehnt (**Trennungsmotiv**). Im *Fall 4* leben Stefan und Rosi folglich nicht getrennt, weil die Aufhebung der häuslichen Gemeinschaft – wenngleich sie gewollt ist – auf beruflichen Umständen und nicht auf einer Ablehnung der ehelichen Gemeinschaft beruht. Anders wäre es aber, wenn Stefan Rosi einen Brief aus Shanghai schickt, in dem er ihr mitteilt, er habe sich in die Chinesin Lia-Lilu verliebt und werde daher nicht mehr nach Hause zurückkehren. Eine unfreiwillige räumliche Trennung der Ehegatte – etwa weil ein Ehegatte eine Haftstrafe verbüßt oder ein längerer Krankenhausaufenthalt erforderlich ist – bewirkt mangels Trennungswillen ebenfalls kein Getrenntleben im Sinne des § 1567 BGB.

Wie bereits gesehen, ist die Dauer der Trennung für die Scheidung bzw. Lebenspartnerschaftsaufhebung von entscheidender Bedeutung. Andererseits will der Gesetzgeber eine **Versöhnung** der Ehegatten nicht dadurch erschweren, dass nach jedem noch so kurzem und erfolglosem Versöhnungsversuch die erforderliche Trennungsfrist erneut zu laufen beginnt. Nehmen die Ehegatten – wie im *Fall 3* – die häusliche Gemeinschaft zum Zwecke der Versöhnung für kurze Zeit wieder auf und *scheitert* die Versöhnung, wird die Trennungsfrist hierdurch nicht unterbrochen, § 1567 Abs. 2 BGB. Der Wunsch nach Versöhnung muss jedenfalls *ein* Motiv für die Wiederaufnahme der häuslichen Gemeinschaft sein; kehrt Jonny im *Fall 3* nur deshalb zu Alexandra zurück, weil er sich eine zweite Wohnung auf Dauer nicht leisten kann, wird die Trennungsfrist endgültig unterbrochen. Auch darf der Versöhnungsversuch nur kürzere Zeit gedauert haben; als Obergrenze wird hier meist ein 3-monatiges Zusammenleben angesehen. Ist die Versöhnung – wenn auch nur für kurze Zeit – *erfolgreich*, setzt die erneute Trennung auch eine neue Trennungsfrist in Gang.

Zahlreiche gesetzliche Bestimmungen knüpfen an das Getrenntleben der Ehegatten bzw. Lebenspartner an:

- § 1361 BGB bzw. § 12 LPartG regelt den **Unterhalt** bei Getrenntleben (s. S. 98 ff.).
- § 1361 a BGB bzw. § 13 LPartG regelt die Nutzung von **Haushaltgegenständen** bei Getrenntleben (s. S. 196 ff.).

- § 1361 b BGB bzw. § 14 LPartG regelt die Nutzung der **Ehewohnung** bei Getrenntleben (s. S. 177 ff.).
- Gemäß § 26 Abs. 1 EStG können Ehegatte zwischen Einzelveranlagung und Zusammenveranlagung zur **Einkommensteuer** nur dann wählen, wenn sie nicht dauernd getrennt leben (s. S. 219 ff.).
- Sind die Ehegatte bzw. Lebenspartner im gesetzlichen Güterstand verheiratet und leben sie getrennt, so kann jeder Ehegatte bzw. Lebenspartner von dem anderen Auskunft über das Vermögen zum Zeitpunkt der Trennung verlangen, § 1379 Abs. 2 BGB, § 6 LPartG; im Verfahren auf **Zugewinnausgleich** kann ebenfalls Auskunft über das Vermögen zum Zeitpunkt der Trennung verlangt werden, § 1379 Abs. 1 Nr. 1 BGB, § 6 LPartG (s. S. 48).
- Leben die Ehegatte bzw. Lebenspartner seit mindestens drei Jahren getrennt, kann jeder von ihnen die **vorzeitige Aufhebung der Zugewinngemeinschaft** verlangen, §§ 1385, 1386 BGB, § 6 LPartG; der ausgleichsberechtigte Ehegatte bzw. Lebenspartner kann zugleich vorzeitigen Zugewinnausgleich verlangen (s. S. 35 f.).

Was können die Ehegatten/Lebenspartner vereinbaren?

FALL 5. Jenny und ihr Ehemann Hajo verbringen ihren (letzten) gemeinsamen Urlaub auf Jamaika. Dabei stellen beide fest, dass sie nicht zueinander passen. Beide beschließen, sich so schnell wie möglich scheiden zu lassen, um fortan getrennte Wege gehen zu können. Jenny und Hajo treffen daher eine Vereinbarung, wonach beide im Scheidungsverfahren – wahrheitswidrig – behaupten wollen, dass sie seit über drei Jahren getrennt leben.

FALL 6. Im Fall 2 vereinbaren Sascha und Marion: „Sascha nutzt das Schlafzimmer zum Wohnen und Schlafen künftig allein; Marion nutzt das Gästezimmer zum Wohnen und Schlafen künftig allein. Die Nutzung des gemeinsamen Badezimmers wird wie folgt geregelt: Sascha nutzt das Badezimmer von 5.30 bis 6.30 Uhr und von 18.00 bis 19.00 Uhr; Marion nutzt das Badezimmer von 6.30 bis 7.30 Uhr und von

17.00 bis 18.00 Uhr. Die Nutzung der gemeinsamen Küche wird wie folgt geregelt: Sascha nutzt die Küche von 6.30 bis 7.30 Uhr und von 20.00 bis 22.00 Uhr; Marion nutzt die Küche von 7.30 bis 8.30 Uhr und von 18.00 bis 20.00 Uhr."

Eine einvernehmliche Festlegung des Trennungszeitpunkts und damit der Dauer des Getrenntlebens – abweichend von den tatsächlichen Verhältnissen und den Vorgaben des § 1567 BGB bzw. des § 15 Abs. 5 LPartG – lässt das Gesetz nicht zu. Die Partner können also nicht einvernehmlich Zeiten intakter Ehe und häuslicher Gemeinschaft in eine Trennungszeit umwandeln. Die Vereinbarung zwischen Jenny und Hajo im *Fall 5* ist daher unwirksam. Allerdings kann der übereinstimmende Wunsch geschieden zu werden im Scheidungsprozess beachtlich sein (s. S. 8 ff.).

Zulässig – und praktisch unvermeidbar – sind Vereinbarungen zwischen den Partnern – wie im *Fall 6* – über die Ausgestaltung des Getrenntlebens innerhalb der gemeinsamen Wohnung.

2. Kapitel

Bis dass der Tod euch scheidet … einvernehmliche Scheidung „light“?

Was sagen Gesetz und Rechtsprechung?

FALL 1. Ständige kleine Disharmonien, Nörgeleien und Sticheleien haben zur Entfremdung Ludwigs von Ehefrau Trine geführt. Ludwig beantragt die Scheidung der Ehe.

FALL 2. Ludwig und Trine leben im Fall 1 noch kein Jahr getrennt. Trine ist Alkoholikerin und hat Ludwig im angetrunkenen Zustand und im Beisein gemeinsamer Freunde wiederholt als „antriebslosen Schlaffi“ und „klebrigen Schmarotzer“ beschimpft.

FALL 3. Ludwig und Trine leben im Fall 1 seit einem Jahr getrennt. Trine stimmt Ludwigs Scheidungsantrag zu.

FALL 4. Ludwig und Trine leben im Fall 1 seit drei Jahren getrennt. Die depressive und psychisch labile Trine widersetzt sich Ludwigs Scheidungsantrag; für den Fall der Scheidung droht sie mit Selbstmord.

I. Lebenszeitprinzip

Das Zivilrecht geht davon aus, dass die Ehe **auf Lebenszeit** geschlossen wird, § 1353 Abs. 1 Satz 1 BGB. Die Ehe kann aber – auf Antrag eines oder beider Ehegatte – geschieden werden, wenn sie gescheitert ist, § 1565 Abs. 1 Satz 1 BGB.

Auch der eingetragenen Lebenspartnerschaft soll der Wille der Partner zugrunde liegen, eine Bindung auf Lebenszeit einzugehen, § 1 Abs. 1 Satz 1 LPartG; die Lebenspartnerschaft kann gleichfalls – auf Antrag eines oder beider Lebenspartner – unter bestimmten Voraussetzungen aufgehoben werden, § 15 LPartG.

II. Scheitern der Ehe bzw. Lebenspartnerschaft

1. Voraussetzungen für die Ehescheidung

Das Gesetz kennt nur einen Scheidungsgrund: das Scheitern der Ehe, § 1565 Abs. 1 Satz 1 BGB („**Zerrüttungsscheidung**"). Unerheblich ist, ob die Zerrüttung der Ehe auf dem Verschulden eines Ehegatten beruht.

Nach dem Gesetz ist eine Ehe **gescheitert**, wenn die Lebensgemeinschaft der Ehegatten nicht mehr besteht und nicht erwartet werden kann, dass die Ehegatten sie wieder herstellen, § 1565 Abs. 1 Satz 2 BGB. Entscheidend für den Fortbestand der ehelichen Lebensgemeinschaft ist, ob die Ehegatten noch bereit und in der Lage sind, miteinander ein gemeinsames Leben zu führen, das von gegenseitiger Achtung, Liebe und Rücksichtnahme bestimmt wird, oder ob sie sich innerlich entfremdet haben. Die eheliche Lebensgemeinschaft besteht schon dann nicht mehr, wenn nur *ein* Ehegatte sich einseitig vom anderen abwendet, während der andere unverändert an der Ehe festhält. Der Verlust ehelicher Gesinnung muss voraussichtlich endgültig, die Ehekrise mithin unüberwindbar, sein.

Indizien für das Scheitern der Ehe können sein: die Aufhebung der häuslichen Gemeinschaft, das Getrenntleben der Ehegatten über eine längere Dauer, das Eingehen einer neuen Beziehung, aber auch der Wunsch beider Ehegatten, geschieden zu werden.

Der Gesetzgeber will übereilten Scheidungsentschlüssen entgegenwirken. Leben die Ehegatten – wie im *Fall 2* – **noch nicht mindestens ein Jahr getrennt** (zum Getrenntleben s. S. 1 ff.), kann selbst die gescheiterte Ehe nur dann geschieden werden, wenn die Fortsetzung der Ehe für denjenigen Ehegatten, der die Scheidung beantragt, eine **unzumutbare Härte** darstellt; die Gründe für eine solche unzumutbare Härte müssen *in der Person des anderen Ehegatten* liegen, § 1565 Abs. 2 BGB. Bejaht wird eine unzumutbare Härte von den Gerichten regelmäßig im Fall der körperlichen Misshandlung, Vergewaltigung oder Bedrohung durch den anderen Ehegatten, ebenso im Fall schwerer Beleidigungen und Beschimpfungen durch den anderen Ehegatten, aber auch bei Alkoholabhängigkeit des anderen Ehegatten. Im *Fall 2* wird das Gericht die Scheidung daher ausnahmsweise schon vor Ablauf des Trennungsjahres aussprechen. Ehebrecherisches Verhalten des anderen Ehegatten kann – insbesondere bei Hinzutreten weiterer Umstände (Affäre mit dem Schwiegervater, Verlassen der Ehefrau unmittelbar nach der Geburt eines gemeinsamen Kindes) – eine unzumutbare Härte begründen; eine einmalige kurze Affäre des anderen Ehegatten genügt zur Begründung einer unzumutbaren Härte hingegen regelmäßig nicht.

Beweispflichtig für das Scheitern der Ehe ist derjenige Ehegatte, der die Scheidung beantragt.

Leben die Ehegatte seit mindestens **einem Jahr getrennt** und beantragen sie beide die Scheidung, wird das Scheitern der Ehe vom Gesetz aber unwiderleglich vermutet; Gleiches gilt, wenn – wie im *Fall 3* – nur ein Ehegatte die Scheidung beantragt und der andere der Scheidung zustimmt, § 1566 Abs. 1 BGB. Hier muss das Gericht also – wenn nur die Ehegatten die 1-jährige Trennung vortragen und beweisen – ohne weiteres von einer unheilbaren Zerrüttung der Ehe ausgehen und die Scheidung aussprechen. Stellt nach Ablauf des Trennungsjahres nur ein Ehegatte den Scheidungsantrag, ohne dass der andere dem wenigstens zustimmt, bleibt der Antragsteller für die – vom Gericht nunmehr konkret festzustellende – unheilbare Zerrüttung der Ehe beweispflichtig.

Leben die Ehegatten – wie im *Fall 4* – seit mindestens **drei Jahren getrennt**, wird unwiderleglich vermutet, dass die Ehe gescheitert ist, § 1566 Abs. 2 BGB; die Ehe wird auf Antrag eines Ehegatten geschieden – selbst wenn sich der andere der Scheidung nachhaltig widersetzt.

In besonders gelagerten Fällen darf eine Ehe – gleichwohl sie gescheitert ist – nicht geschieden werden, weil dem die Interessen der gemeinsamen minderjährigen Kinder („**Kinderschutzklausel**") entgegenstehen, § 1568 Abs. 1 Alt. 1 BGB, oder weil die Scheidung für denjenigen Ehegatte („**Ehegattenschutzklausel**"), der sich ihr widersetzt, aufgrund außergewöhnlicher Umstände eine schwere Härte darstellen würde, § 1568 Abs. 1 Alt. 2 BGB. In der Praxis machen die Gerichte von dieser Härteklausel kaum Gebrauch. Eine labile psychische Verfassung des sich der Scheidung widersetzenden Ehegatten steht – wie im *Fall 4* – der Scheidung in aller Regel nicht entgegen.

Die Ehegatten leben	Streitige Scheidung (nur ein Ehegatte beantragt die Scheidung)	Einvernehmliche Scheidung (beide Ehegatten beantragen die Scheidung oder ein Ehegatte beantragt die Scheidung und der andere stimmt zu)
noch kein Jahr getrennt	**Scheitern** der Ehe (vom Gericht konkret festzustellen) + Fortsetzung der Ehe **unzumutbare Härte** für den Antragsteller + kein Eingreifen der **Härteklausel** § 1568 Abs. 1 BGB (Kinder- und Ehegattenschutzklausel)	**Scheitern** der Ehe (vom Gericht konkret festzustellen) + Fortsetzung der Ehe **unzumutbare Härte** für den Antragsteller + kein Eingreifen der **Kinderschutzklausel** § 1568 Abs. 1 Alt. 1 BGB
seit einem Jahr aber noch keine drei Jahre getrennt	**Scheitern** der Ehe (vom Gericht konkret festzustellen) + kein Eingreifen der **Härteklausel** § 1568 Abs. 1 BGB (Kinder- und Ehegattenschutzklausel)	**Scheitern** der Ehe (wird unwiderleglich vermutet) + kein Eingreifen der **Kinderschutzklausel** § 1568 Abs. 1 Alt. 1 BGB

Die Ehegatten leben	Streitige Scheidung (nur ein Ehegatte beantragt die Scheidung)	Einvernehmliche Scheidung (beide Ehegatten beantragen die Scheidung oder ein Ehegatte beantragt die Scheidung und der andere stimmt zu)
seit drei Jahren getrennt	**Scheitern** der Ehe (wird unwiderleglich vermutet) + kein Eingreifen der **Härteklausel** § 1568 Abs. 1 BGB (Kinder- und Ehegattenschutzklausel)	**Scheitern** der Ehe (wird unwiderleglich vermutet) + kein Eingreifen der **Kinderschutzklausel** § 1568 Abs. 1 Alt. 1 BGB

Abb. 1: Übersicht über die Scheidungsvoraussetzungen

2. Voraussetzungen für die Aufhebung der Lebenspartnerschaft

Die Voraussetzungen für die Aufhebung einer Lebenspartnerschaft ähneln den Scheidungsvoraussetzungen. Allerdings geht der Aufhebung der Lebenspartnerschaft nach dem Wortlaut des Gesetzes (§ 15 LPartG) nicht ausdrücklich ein Scheitern voraus. Die Notwendigkeit der fehlenden Bereitschaft zur Wiederherstellung der partnerschaftlichen Lebensgemeinschaft zeigt allerdings, dass auch für die Aufhebung der Lebenspartnerschaft neben der Einhaltung bestimmter Trennungsfristen das Scheitern der Lebenspartnerschaft ausschlaggebend ist.

Eine Lebenspartnerschaft kann aufgehoben werden:

- wenn die Lebenspartner **noch nicht seit einem Jahr getrennt** leben: wenn die Fortsetzung der Lebenspartnerschaft aus Gründen, die in der Person des anderen Lebenspartners liegen, eine unzumutbare Härte wäre, § 15 Abs. 2 Satz 1 Ziff. 3 LPartG
- wenn die Lebenspartner **seit einem Jahr aber noch keine drei Jahre getrennt** leben: wenn beide Partner die Aufhebung wollen oder der Nachweis über das Scheitern der Lebenspartnerschaft erbracht wird, § 15 Abs. 2 Satz 1 Ziff. 1 LPartG
- wenn die Lebenspartner **seit drei Jahren getrennt** leben, § 15 Abs. 2 Satz 1 Ziff. 2 LPartG

- bei Vorliegen eines (im Gesetz näher bestimmten) **Willensmangels** bei Begründung der Lebenspartnerschaft, § 15 Abs. 2 Satz 2 LPartG.

Was können die Ehegatten/Lebenspartner vereinbaren?

FALL 5. Oliver und seine Ehefrau Mathilde befürchten, dass zwischen ihnen in spätestens fünf Jahren „der Ofen aus" sein wird. Zur Vermeidung der Strapazen eines gerichtlichen Verfahrens vereinbaren beide, ihre Ehe solle fortan auf die Dauer von fünf Jahren befristet sein; nach Ablauf von fünf Jahren ende die Ehe folglich automatisch.

FALL 6. In der Ehe zwischen Oberregierungsrat Alfred und Ehefrau Lotte kriselt es. Lotte fürchtet um ihre Witwenrente. Um Lotte zu besänftigen, unterzeichnet Albert gemeinsam mit Lotte ein Schriftstück, wonach beide die Scheidung ihrer Ehe „einvernehmlich ausschließen".

FALL 7. Franz und Lana leben seit über einem Jahr getrennt. Beide stellen beim Familiengericht Antrag auf Scheidung. Einen Rosenkrieg wollen Franz und Lana vermeiden. Allerdings haben sie sich über die Folgen der Scheidung bislang auch keine Gedanken gemacht.

Geschieden werden kann eine Ehe nur durch **richterliche Entscheidung**, § 1564 Satz 1 BGB. Eine Scheidung „light", etwa durch einvernehmliche Erklärung der Ehegatten in einer notariellen Urkunde, kennt das Gesetz nicht.

Um das gerichtliche Scheidungsverfahren zu umgehen, könnten die Ehegatten geneigt sein, ihre Ehe von vornherein – womöglich mit Verlängerungsoption – zeitlich zu **befristen**. Erklären die Verlobten schon bei Eheschließung, ihre Ehe nur für eine bestimmte Zeit eingehen zu wollen, wird der Standesbeamte die Eheschließung nicht vornehmen, weil die Erklärung, die Ehe miteinander eingehen zu wollen, nicht unter einer Zeitbestimmung abgegeben werden kann, § 1311 Abs. 2 BGB (ebenso § 1 Abs. 1 Satz 2 LPartG für die Begründung einer Lebenspartnerschaft). Offenbaren die Verlobten dem Standesbeamten ihre Befristungsabrede nicht oder treffen die Ehegatten sie erst nach der Eheschließung, so ist die Abrede – wie auch im *Fall 5* – schlicht unwirksam; scheitert die Ehe zwischen Oliver und Mathilde in fünf Jahren tatsächlich, bleibt beiden der Gang zum Familiengericht nicht erspart.

Die Scheidung kann, wie gesehen, auch gegen den Willen eines Ehegatten erfolgen. Die Ehegatten können die Scheidung auch nicht **vertraglich ausschließen** oder an strengere Voraussetzungen knüpfen als das Gesetz. Eine Vereinbarung, wie sie Alfred und Lotte im *Fall 6* geschlossenen haben, erkennen die Gerichte nicht an, weil Art. 6 Abs. 1 GG jedem Ehegatten das Recht gewährt, (unter den gesetzlichen Voraussetzungen) durch Scheidung seine Eheschließungsfreiheit wiederzuerlangen. Daraus folgt aber nicht umgekehrt die Zulässigkeit von Vereinbarungen, die die Scheidung im Vergleich zu den gesetzlichen Vorschrift **erleichtern** (z. B. die Absprache, der Scheidungsantrag eines Ehegatten solle jederzeit und ohne weitere Voraussetzungen – also ohne ein vorangegangenes Scheitern der Ehe – die Scheidung der Ehe bewirken); auch scheidungserleichternde Vereinbarungen sind unwirksam, § 1564 Satz 3 BGB.

Entsprechendes gilt für Lebenspartner; auch die Bestimmungen über die Aufhebung der Lebenspartnerschaft in § 15 LPartG stehen nicht zur vertraglichen Disposition.

Die einvernehmliche Scheidung gemäß § 1566 Abs. 1 BGB erfolgt auch dann, wenn sich die Ehegatten über die **Scheidungsfolgen** (Zugewinnausgleich, Versorgungsausgleich, Scheidungsunterhalt, etc.) ganz und gar nicht einig sind oder sich – wie Franz und Lana im *Fall 7* – darüber schlicht keine Gedanken gemacht haben. Denkbar ist aber, dass das Gericht in Fällen, in denen die Ehegatten eine Einigung über das Sorge- und Umfangsrecht für ihre gemeinsamen Kinder nicht vorweisen können, den Ausspruch der Scheidung unter Bezugnahme auf die Kinderschutzklausel des § 1568 Abs. 1 Alt. 1 BGB verweigert.

Unabhängig davon ist den Ehegatten und Lebenspartnern zu empfehlen, sich frühzeitig mit den finanziellen Folgen einer Scheidung bzw. Lebenspartnerschaftsaufhebung zu befassen und hierzu rechtlichen Rat einzuholen. Auch wenn ein Einvernehmen hierüber nicht

Voraussetzung für die Scheidung bzw. Lebenspartnerschaftsaufhebung ist, fördert das Gesetz doch die einvernehmliche (außergerichtliche) Einigung über die Scheidungsfolgen.

Vom möglichen Inhalt einer solchen **Scheidungsfolgenvereinbarung** handeln die nachfolgenden Kapitel.

III. Familiengerichtliches Verfahren

Die Ehe wird nur auf **Antrag** eines oder beider Ehegatte geschieden, § 1564 Satz 1 BGB. Der Antrag muss u. a. eine Erklärung enthalten, ob die Ehegatten eine Regelung über die elterliche Sorge, den Umgang und die Unterhaltspflicht gegenüber den gemeinsamen Kindern sowie die durch die Ehe begründete gesetzliche Unterhaltspflicht, die Rechtsverhältnisse an der Ehewohnung und an den Haushaltsgegenständen getroffen haben, § 133 Abs. 1 Nr. 2 FamFG.

Zuständig für die Scheidung der Ehe ist das **Familiengericht** als besondere Abteilung des Amtsgerichts.

Die Scheidung kann vor dem Familiengericht **„isoliert“**, oder – auf entsprechenden Antrag eines Ehegatten hin – **„im Verbund“** mit den sog. Scheidungsfolgesachen (elterliche Sorge, Umgangsrecht mit den gemeinsamen Kindern, Kindesunterhalt, Ehegattenunterhalt, Rechtsverhältnisse an den Haushaltsgegenständen und an der Ehewohnung, güterrechtliche Streitigkeiten) betrieben werden, § 137 FamFG. Den Versorgungsausgleich bezieht das Gericht „von Amts wegen“ (also ohne dass es eines Antrags bedürfte) in den Scheidungsverbund ein, § 137 Abs. 1 Satz 2 FamFG.

Die Scheidung der Ehe erfolgt durch **richterliche Entscheidung** (Beschluss), § 1564 Satz 1 BGB; mit Rechtskraft der Entscheidung ist die Ehe aufgelöst, § 1564 Satz 2 BGB. Ergeht die richterliche Entscheidung im Verbundverfahren, kann die Scheidung nur gemeinsam mit einer Entscheidung über die Folgesachen ausgesprochen werden, § 142 FamFG. Das Gericht kann den Verbund aber unter bestimmten Voraussetzungen auflösen und vorab die Scheidung aussprechen, § 140 FamFG.

Auch die Aufhebung der Lebenspartnerschaft erfolgt nur auf Antrag eines oder beider Lebenspartner durch richterliche Entscheidung, § 15 Abs. 1 LPartG. Zuständig ist ebenfalls das Familiengericht.

3. Kapitel

Ohne Rosenkrieg …
Trennungs- und Scheidungsvereinbarungen

Einen jahrelangen Rosenkrieg wünscht sich niemand. Partner, die sich (endgültig) trennen, sollten sich frühzeitig mit den finanziellen, rechtlichen und tatsächlichen Folgen von Trennung und Scheidung auseinandersetzen. Wer darf in der gemeinsamen Wohnung bleiben, wer muss sich eine neue Wohnung suchen? Wer bezahlt nun den Kredit für das Auto ab? Wem gehört die Waschmaschine, wem der Bausparer? Wer darf künftig wie viel Geld vom gemeinsamen Konto abheben? Bei wem sollen die gemeinsamen Kinder leben?

Das Gesetz lässt den Partnern einen weiten Spielraum, diese Fragen einvernehmlich zu regeln. Solche Trennungs- und/oder Scheidungsvereinbarungen können die Partner zu jeder Zeit treffen, sowohl vor Rechtshängigkeit eines Scheidungs- bzw. Aufhebungsantrags als auch – sofern hierzu nicht eine gerichtliche Entscheidung im Scheidungsverbund ergangen ist – nach rechtskräftiger Scheidung bzw. Lebenspartnerschaftsaufhebung.

Die Vorteile einer einvernehmlichen Regelung liegen auf der Hand:

- Die finanzielle Entflechtung der Partner sowie eine faire einvernehmliche Aufteilung des gemeinsam erarbeiteten Vermögens können gleichsam entlastend wirken und den Weg zu einem sachlichen und spannungsfreieren Umgang ebnen.
- Gerichtliche Auseinandersetzungen zwischen den Partner belasten nicht nur die Partner selbst; sie stellen oft auch die gemeinsamen Kinder vor kaum überwindbare Loyalitätskonflikte.

- Einvernehmliche Regelungen sind in aller Regel kostengünstiger (s. S. 23 ff.).

Der Abschluss einer Trennungs- und/oder Scheidungsvereinbarung setzt aber voraus, dass sich beide Partner über ihre Rechte im Klaren sind. Aus diesem Grund sollten die Partner möglichst frühzeitig rechtliche Beratung in Anspruch nehmen. **Verhandeln kann nur, wer seinen Verhandlungsspielraum kennt!**

Trennungs- und Scheidungsvereinbarungen bedürfen in der Regel der notariellen Beurkundung. Der Notar als unparteiischer Berater informiert die Partner über ihre gesetzlichen Rechte und zeigt einvernehmliche Regelungsmöglichkeiten auf.

FALL 1. Hilmar und Barbara befinden sich in einer schweren Ehekrise. Hilmar – Bürgermeister und Kirchenbeirat einer kleinen ländlichen Gemeinde – fürchtet im Falle einer Scheidung einen Ansehensverlust. Auch Barbara möchte den gemeinsamen Kindern eine Scheidung ersparen. Hilmar und Barbara kommen daher überein, ihre Ehe „auf dem Papier" und dem äußerlichen Anschein nach zwar fortbestehen zu lassen, im Übrigen aber – vor allem in finanziellen Belangen – getrennte Wege zu gehen.

Von einer **Trennungsvereinbarung** spricht man, wenn sich die Partner zwar getrennt haben, aber eine Scheidung – jedenfalls vorläufig – nicht in Betracht ziehen.

Regelungsinhalt kann insbesondere sein:

- Vereinbarung von Gütertrennung und Ausgleich des Zugewinns s. S. 63
- Fixierung und Titulierung des Trennungsunterhalts s. S. 98 ff.
- Vermögensauseinandersetzung s. S. 176 ff.
- Ausgestaltung des Sorge- und Umgangsrechts für die gemeinsamen Kinder s. S. 237 ff.
- Fixierung und Titulierung des Kindesunterhalts s. S. 253 ff.
- Verzicht auf das Erb- und Pflichtteilsrecht s. S. 263 ff.

FALL 2. Die Ehegatten Wilhelm und Rabea wollen sich scheiden lassen. Über die finanziellen Folgen der Ehescheidung und die Verteilung des Vermögens sind sich Wilhelm und Rabea einig.

Von einer **Scheidungs-** oder **Scheidungsfolgenvereinbarung** spricht man, wenn eine Regelung im Hinblick auf eine konkret bevorstehende Scheidung getroffen wird. Die Regelungsgegenstände sind mit denen der Trennungsvereinbarung weitgehend identisch; hinzukommen können Vereinbarungen über den nachehelichen Unterhalt (s. S. 105 ff.) und Vereinbarungen über den Versorgungsausgleich (s. S. 79 ff.).

I. Grenzen

FALL 3. Manfred und Franziska lassen sich nach 24-jähriger Ehe scheiden. Aus der Ehe sind die gemeinsamen Kinder Karl und Katrin hervorgegangen. Franziska hat unmittelbar nach der Eheschließung ihre Ausbildung zur Einzelhandelskauffrau abgebrochen und sich fortan der Haushaltsführung und der Betreuung der Kinder – insbesondere der seit einem Verkehrsunfall körperlich schwer behinderten und auf ganztägige Betreuung durch die Mutter angewiesenen Katrin – gewidmet. Die mittlerweile 45-jährige Franziska verfügt daher weder über eigenes Einkommen noch über Vermögen; eine Rückkehr ins Berufsleben ist wegen der Betreuung von Katrin, aber auch wegen der aktuellen Situation am Arbeitsmarkt kaum wahrscheinlich. Hingegen konnte Manfred, der als angestellter Ingenieur in leitender Position über ein monatliches Nettoeinkommen in Höhe von 5.100 Euro verfügt, während der Ehe Vermögen und Altersrückstellungen in nicht unerheblichem Umfang aufbauen. In einer Scheidungsvereinbarung verzichtet Franziska gegenüber Manfred auf Zugewinn- und Versorgungsausgleich sowie auf nachehelichen Unterhalt. Zur Unterschrift ist Franziska nur deshalb bereit, weil Manfred damit droht, er werde sonst das in seinem Eigentum stehende und behindertengerecht ausgebaute Familienheim verkaufen und Franziska und die Kinder „noch morgen vor die Tür setzen".

FALL 4. Paul hat seine Ehefrau Babette wegen der um 13 Jahre jüngeren und sehr attraktiven Jolande verlassen. Weil Paul deswegen das schlechte Gewissen plagt, verpflichtet er sich gegenüber Babette zur Zahlung eines nachehelichen Unterhalts in Höhe von 2.000 Euro monatlich, obwohl er selbst lediglich über ein monatliches Nettoeinkommen in Höhe von 2.200 Euro und sonst über kein nennenswertes Einkommen oder Vermögen verfügt.

FALL 5. Gottfried und Hannelore trennen sich. Als Gottfried mit der Diskothekenbetreiberin Kerstin und deren zwielichtigem Bekanntenkreis anbandelt, möchte Hannelore den weiteren Kontakt zwischen Gottfried und dem gemeinsamen Sohn Malte unterbinden. Gottfried erklärt sich mit einem Verzicht auf sein Umgangsrecht mit Malte einverstanden, wenn Hannelore ihn „als Gegenleistung" von seiner Verpflichtung zum Kindesunterhalt freistellt.

FALL 6. Eva trennt sich nach nur 2-jähriger kinderloser Ehe von ihrem Ehemann Johannes. Um „reinen Tisch zu machen", verzichten Johannes und Eva – beide sind berufstätig – wechselseitig auf nachehelichen Unterhalt und auf Versorgungsausgleich. Nach einer kurzen Affäre mit Bob erkennt Eva, dass sie noch immer Gefühle für Johannes hegt – es kommt zur Versöhnung. Sechs Jahre später wird die gemeinsame Tochter Anke geboren, Eva gibt ihren Job auf und widmet sich fortan ausschließlich der Familienarbeit. Wiederum ein Jahr später beginnt Johannes eine Affäre mit Helena und reicht die Scheidung ein.

Natürlich müssen sich Vereinbarungen, die Ehegatten und Lebenspartner anlässlich der Trennung oder Scheidung bzw. Lebenspartnerschaftsaufhebung treffen, im Rahmen des gesetzlich Zulässigen bewegen.

Vereinbarungen, die gegen ein **gesetzliches Verbot** verstoßen, sind unwirksam, § 134 BGB. Unwirksam ist folglich eine Vereinbarung, in der für die Zukunft auf Trennungsunterhalt (*s. aber S. 100*) oder auf Kindesunterhalt (*s. aber S. 252*) verzichtet wird, weil das Gesetz in beiden Fällen einen Verzicht nicht zulässt, §§ 1361 Abs. 4 Satz 4, 1360a Abs. 3, 1614 BGB.

Trennungs- und Scheidungsvereinbarungen dürfen nicht gegen die **guten Sitten** verstoßen, sonst sind sie ebenfalls unwirksam, § 138 Abs. 1 BGB. Einen Verstoß gegen die guten Sitten nehmen die Gerichte an, wenn ein Ehegatte infolge der Vereinbarung – vorhersehbar – auf Sozialhilfe angewiesen sein wird. Die Vereinbarungen in den *Fällen 3* und *4* dürften bereits aus diesem Grund unwirksam sein, weil in beiden Fällen die Inanspruchnahme von Sozialhilfe (durch Franziska bzw. Paul) vorprogrammiert ist. Gegen die guten Sitten verstoßen auch solche Vereinbarungen, die das elterliche Sorge- und Umgangsrecht in unzulässiger Weise kommerzialisieren, etwa derart, dass ein Ehegatte – wie im *Fall 5* – seinen Verzicht auf das Umgangsrecht von der Erlangung finanzieller Vorteile abhängig macht („Erkauf des Sorge- und Umgangsrechts").

Darüber hinaus unterwerfen die Gerichte Trennungs- und Scheidungsvereinbarungen einer so genannten **Inhaltskontrolle**. Der Richter geht dabei in zwei Schritten vor: In einem ersten Schritt (**Wirksamkeitskontrolle**) prüft er, ob sich aus einer Gesamtschau aller Umstände bei Abschluss der Trennungs- bzw. Scheidungsvereinbarung deren Sittenwidrigkeit und damit Nichtigkeit ergibt, § 138 Abs. 1 BGB. Von Bedeutung sind in diesem Zusammenhang

- der Inhalt der Vereinbarung, insbesondere, ob die Lasten der Ehe durch die Vereinbarung einem Ehegatten einseitig aufgebürdet werden. Das kann dann der Fall sein, wenn der Ehegatte, der den Haushalt geführt und die Kinder betreut hat, auf seine gesetzlichen Ansprüche – insbesondere auf den Unterhalt wegen Kindesbetreuung, § 1570 BGB, und den Versorgungsausgleich – kompensationslos verzichtet und folglich keinen Ausgleich für seine ehebedingten Einbußen in der eigenen Erwerbsbiographie erhält;
- ob sich die Ehegatten bei Abschluss der Vereinbarung als gleichberechtigte Verhandlungspartner gegenüberstanden. Das kann in Frage stehen, wenn ein Ehegatte den anderen zum Abschluss der Vereinbarung gedrängt hat, die Vereinbarung unter zeitlichem Druck abgeschlossen wurde oder ein Ehegatte nur unzureichend über seine gesetzlichen Ansprüche informiert war;

- die Beweggründe der Ehegatten für den Abschluss der Vereinbarung.

Im *Fall 3* dürfte Franziskas weitgehende Verzichtserklärung einer Wirksamkeitskontrolle nicht standhalten.

Hält die Vereinbarung hingegen einer Wirksamkeitskontrolle stand, prüft der Richter in einem zweiten Schritt (**Ausübungskontrolle**), ob ein Ehegatte seine Rechtsmacht missbraucht, wenn er sich auf die (wirksame) Trennungs- bzw. Scheidungsvereinbarung beruft, etwa weil die tatsächliche Lebensgestaltung der Ehegatten – unvorhergesehen – von der im Zeitpunkt des Vertragsschlusses geplanten abweicht. Im *Fall 6* wird man das bejahen können, mit der Folge, dass der Richter eine Anpassung der Vereinbarung an die aktuellen Belange der Ehegatten vornehmen und Eva trotz des Verzichts einen Anspruch auf Unterhalt wegen Kindesbetreuung, § 1570 BGB, zuerkennen wird.

II. Der Weg zur einvernehmligen Regelung – Scheidungsmediation

Auf dem Weg zur einvernehmlichen Trennungs- und Scheidungsvereinbarung können die Partner die Unterstützung eines Mediators in Anspruch nehmen. Die **Scheidungsmediation** ist keine Eheberatung; sie analysiert nicht die Gründe der Trennung, sondern soll den Partnern helfen, die Folgen des Scheiterns ihrer Ehe bzw. Lebenspartnerschaft einvernehmlich zu bewältigen und einer – für die Partner langfristig annehmbaren – Regelung zuzuführen. Der Mediator als unparteiischer Dritter hat dabei die Aufgabe, den Einigungsprozess zwischen den Partnern zu fördern. Der Mediator achtet dabei auf die Einhaltung eines fairen Verfahrens; für das Ergebnis der Verhandlung ist er nicht verantwortlich. Der Mediator unterstützt die Partner vor allem darin, nicht in einer vergangenheitsbezogenen Vorwurfshaltung zu verharren, sondern gemeinsam zukunftsorientierte Lösungen zu erarbeiten. Grundlagen der Mediation wurden mittlerweile gesetzlich im MediationsG verankert.

Das Mediationsverfahren beginnt mit der *Eröffnungsphase*. Hier gibt der Mediator einen Überblick über das Verfahren, während die Ehegatten ihre Stand- und Streitpunkte darstellen. In der folgenden *Verhandlungsphase* werden die Themen, die einer Einigung zugeführt werden sollen, zusammengestellt, die (möglicherweise noch verborgenen, weil unausgesprochenen) Interessen eines jeden Partners ermittelt, Lösungsmöglichkeiten erarbeitet, Alternativen gesucht und denkbare Einigungen bewertet. Der Prozess des Aushandelns soll zwischen den Partner kooperativ erfolgen, die Interessen des anderen sollen ernst genommen und auch tatsächlich berücksichtigt werden. Gleichzeitig sollen eigenen Ziele offen gelegt werden. Der Mediator fungiert dabei als Mittler. Er kann mit den Partnern auch getrennt sprechen, um Einigungschancen auszuloten. Der Mediator leitet und strukturiert die Verhandlung der Partner. Das so gefundene Ergebnis wird schließlich *schriftlich fixiert.*

Die im Mediationsverfahren gefundenen Ergebnisse müssen sich selbstverständlich im Rahmen des rechtlichen Zulässigen bewegen und bedürfen schlussendlich – im Rahmen einer Trennungs- und Scheidungsvereinbarung – der juristischen Umsetzung. Mediator kann daher (auch) ein **Notar** oder **Rechtsanwalt** sein. Erfolgt die Mediation durch einen Rechtsanwalt, darf dieser keine Partei im Scheidungs- bzw. Aufhebungsverfahren vertreten.

III. Formfragen

FALL 7. Edgar und Herbert wollen ihre Lebenspartnerschaft aufheben. Hierzu vereinbaren sie beide nach langer Diskussion per Handschlag Gütertrennung.

FALL 8. Martha ist aus der Ehewohnung ausgezogen, das Scheidungsverfahren ist nächste Woche durch. Um sich eine eigene Wohnung leisten zu können, verlangt sie von ihrem Ehemann Markus nachehelichen Unterhalt. Markus und Martha setzen zuhause ein Schriftstück auf, in dem sie als Unterhalt 500 Euro monatlich vereinbaren. Nach zwei Monaten meint Martha, 500 Euro seien ihr zu wenig; da die Vereinbarung mangels notarieller Beurkundung ohnehin unwirksam sei, müsse sie sich daran nicht festhalten lassen. Markus entgegnet, die Unwirksamkeit komme ihm entgegen, denn er werde künftig nur noch 150 Euro Unterhalt zahlen.

FALL 9. Im Fall 8 sind Martha und Markus bei Abschluss der Unterhaltsvereinbarung bereits rechtskräftig geschieden.

FALL 10. Franz und Patrizia leben in Scheidung. Beim Notar wollen sie nur die Gütertrennung beurkunden lassen. Die restlichen Scheidungsfolgen wollen Franz und Patricia „selbst erledigen"; Patrizia hat dazu im Internet recherchiert und eine Vereinbarung aufgesetzt, die beide vor Patrizias Schwester Mona als „Zeugin" unterschreiben.

FALL 11. Die Ehegatten Maxima und Michael haben bereits vor dem Gang zum Notar ihren gemeinsamen Haushalt aufgelöst und die Haushaltsgegenstände untereinander verteilt. Michael hat die Ehewohnung zur alleinigen Nutzung übernommen.

FALL 12. Die Lebenspartnerschaft von Edgar und Herbert ist im Fall 7 mittlerweile rechtskräftig aufgehoben. Edgar möchte das im Miteigentum beider Partner stehende Wohnhaus alleine übernehmen; Herbert soll als Ausgleich das Aktiendepot bekommen. Um „Kosten zu sparen", wollen sie dem Notar vom Aktiendepot nichts erzählen.

Gleich vorab: **Die Frage nach der Form ist nicht bloß Förmelei!** Ganz im Gegenteil: Formfehler führen in der Regel zur Nichtigkeit (Unwirksamkeit) einer Vereinbarung.

Der Gesetzgeber schreibt an verschiedenen Stellen die Einhaltung einer besonderen Form vor: die **notarielle Beurkundung**. Das Erfordernis notarieller Beurkundung will die Partner vor übereilten und unüberlegten Entscheidungen schützen; der Notar soll als unparteiischer Dritter rechtlich beraten und auf die Bedeutung und Rechtsfolgen der von den Partnern beabsichtigten Vereinbarung hinweisen.

Übersicht über die Formerfordernisse

- Ein Vertrag über die **güterrechtlichen Verhältnisse** (einen solchen bezeichnet das Gesetz als **Ehevertrag**, § 1408 BGB, bzw. **Lebenspartnerschaftsvertrag**, § 7 LPartG) muss zur Niederschrift eines Notars geschlossen werden, § 1410 BGB, § 7 LPartG. Hiervon erfasst ist insbesondere die Vereinbarung von Gütertrennung. Die Vereinbarung zwischen Edgar und Herbert im *Fall 7* ist daher, mangels Einhaltung der vorgeschriebenen Form, unwirksam.
- Treffen die Partner anlässlich der Scheidung bzw. Lebenspartnerschaftsaufhebung für den Fall der Scheidung bzw. Lebenspartnerschaftsaufhebung Vereinbarungen über den **Ausgleich des Zugewinns** (z. B. eine Vereinbarungen, wonach die Zugewinnausgleichsforderung ratenweise bezahlt werden oder auf einen Teil der Zugewinnausgleichsforderung verzichtet werden soll), bedürfen auch diese der notariellen Beurkundung, § 1378 Abs. 3 Satz 2 BGB, § 7 LPartG.
- Vereinbarungen über den **Versorgungsausgleich** sind ebenfalls formbedürftig, § 7 VersAusglG, § 20 LPartG. Der notariellen Beurkundung bedürfen sowohl Modifizierungen des Versorgungsausgleichs (z. B. eine abweichende Vereinbarung zum Berechnungszeitraum, Herausnahme bestimmter Anrechte), als auch der vollständige Ausschluss des Versorgungsausgleichs.
- Vereinbarungen zum **Trennungsunterhalt** sind – soweit sie überhaupt zulässig sind (s. S. 103 ff.) – formfrei[*)][**)] möglich.
- Wollen Ehegatten bzw. Lebenspartner bereits vor Rechtskraft der Scheidung bzw. Lebenspartnerschaftsaufhebung eine Vereinbarung zum **nachehelichen bzw. nachlebenspartnerschaftlichen Unterhalt** treffen, schreibt das Gesetz notarielle Beurkundung vor, § 1585c BGB, § 16 Satz 2 LPartG. Nach Rechtskraft der Scheidung bzw. Lebenspartnerschaftsaufhebung sind Vereinbarungen zum nachehelichen bzw. nachlebenspartnerschaftlichen Unterhalt hingegen formfrei[*)] möglich. Im *Fall 8* ist die Vereinbarung formunwirksam; im *Fall 9* ist sie wirksam.

- Nach überwiegender (aber nicht von allen Gerichten geteilter) Ansicht unterliegen Vereinbarungen über die ***Nutzung*** der Ehewohnung (§§ 1361b, 1568a BGB) und die **Verteilung der Haushaltsgegenstände** (§§ 1361a, 1568b BGB) – gleich zu welchem Zeitpunkt sie getroffen werden – keinem Formzwang[*)**)]. Die im *Fall 11* bereits durchgeführte Aufteilung ist nach überwiegender Ansicht somit wirksam.
- Die **Übertragung des *Eigentums*** an einer Immobilie bedarf der notariellen Beurkundung, § 311b BGB.
- Formfrei[*)**)] möglich sind – soweit sie überhaupt zulässig sind (s. S. 261 ff.) – Vereinbarungen zum **Kinderunterhalt**; zur Erlangung eines Vollstreckungstitels durch notarielle Urkunde gemäß § 794 Abs. 1 Ziff. 5 ZPO s. aber S. 261.
- Formfrei möglich sind Vereinbarungen zum **Sorge**- und **Umgangsrecht**.
- Formfrei möglich sind Vereinbarungen zum **Ehenamen**.
- **Erb**- und **Pflichtteilsverzichte** bedürfen der notariellen Beurkundung, § 2348 BGB.

Ist notarielle Beurkundung vorgeschrieben, wird dem Formerfordernis auch durch Aufnahme in einen **gerichtlichen Vergleich** im Zuge des Ehescheidungs- bzw. Lebenspartnerschaftsaufhebungsverfahrens genügt, § 127a BGB.

[*)] Wichtig ist, dass das Beurkundungserfordernis für ehevertragliche Vereinbarungen nicht nur für die güterstandsrechtlichen Vereinbarungen selbst gilt, sondern alle sonstigen Abreden erfassen kann, die mit der ehevertraglichen Vereinbarung „stehen und fallen“ sollen; hierdurch können an sich formfreie Regelungsgegenstände vom Formzwang der §§ 1410, 1378 Abs. 3 Satz 2 BGB erfasst werden. Bilden demnach einzelne Regelungsgegenstände nach dem Willen der Partner zusammen mit Vereinbarungen zum Güterstand bzw. Zugewinnausgleich eine **einheitliche Abrede**, unterliegen auch diejenigen Teile der Abrede, die für sich betrachtet nicht formbedürftig wären, dem Formerfordernis. Wird in diesen Fällen nicht die Gesamtabrede notariell „besiegelt“, kann dies nicht nur zur Unwirksamkeit des nicht beurkundeten Teils, sondern auch zur Unwirksamkeit des beurkundeten Teils führen, §§ 125, 139 BGB. Die Vereinbarung im *Fall 10* sieht sich daher wohl dem Vorwurf der Unwirksamkeit ausgesetzt. Wollen die Partner im Rahmen einer Trennungs- und Scheidungsvereinbarung also ein „Gesamtpacket schnüren“, sollten *alle* Vereinbarungen notariell beurkundet werden.

**) Verpflichtet sich einer der Partner im Rahmen einer Trennungs- und Scheidungsvereinbarung zur Übertragung von Grundbesitz, schreibt § 311b BGB – sowohl für die Übertragung von Grundbesitz als auch für die Verpflichtung hierzu – notarielle Beurkundung vor. Auch § 311b BGB erfasst alle Abreden, die mit der Übertragung des Grundbesitzes „stehen und fallen“ sollen, also auch solche Abreden, die für sich betrachtet nicht formbedürftig sind. Die Vereinbarung zwischen Edgar und Herbert im *Fall 12* ist mangels Beurkundung insgesamt unwirksam. Zwar wird der Verstoß gegen die Form des § 311b BGB nachträglich „geheilt“ und die gesamte Vereinbarung wirksam, sobald das Grundstücksgeschäft im Grundbuch vollzogen ist (das heißt Edgar als Alleineigentümer im Grundbuch eingetragen ist). Verlassen sollten sich die Partner auf diese Heilung aber nicht! Erfährt der Notar im *Fall 12* noch vor der Beurkundung von der Abrede über das Aktienpaket, wird er auf eine Beurkundung auch dieser Abrede drängen, andernfalls die Beurkundung ablehnen; erfährt er erst nach der Beurkundung davon, so darf er den Vollzug beim Grundbuchamt nicht weiter betreiben.

Ohnehin sollten die Partner auch für solche Vereinbarungen, die formfrei möglich sind, rechtliche Beratung in Anspruch nehmen. Denn ist die Vereinbarung einmal getroffen, bindet sie die Partner für die Zukunft. Nachträglich „Vertragsreue“ – wie im *Fall 9* – kommt dann oft zu spät; s. aber S. 22 zur richterlichen Ausübungskontrolle. Von bloß mündlichen Vereinbarungen ist schon deshalb abzuraten, weil ihre Existenz und ihr Inhalt im Nachhinein schwer zu beweisen sind.

4. Kapitel

Meins und deins … die vermögensrechtlichen Folgen der Scheidung

Die Scheidungsfolgen können – auch wenn sie im Folgenden jeweils einzeln abgehandelt werden – natürlich ineinander greifen. Schnüren die Partner im Rahmen ihrer Trennungs- und Scheidungsvereinbarung ein „Gesamtpaket“, wirkt sich eine Vereinbarung zum Güterstand auch auf die Vermögensauseinandersetzung aus und umgekehrt. Ebenso steht die Frage nach dem Verbleib in der Ehewohnung in engem Zusammenhang mit dem Unterhaltsrecht und so weiter.

I. Vereinbarungen zum Güterstand

1. Vereinbarungen über den Zugewinnausgleich (gesetzlicher Güterstand)

Was sagen Gesetz und Rechtsprechung?

a) Die Zugewinngemeinschaft

Haben die Ehegatten bzw. Lebenspartner nicht ehevertraglich eine abweichende Regelung getroffen, leben sie kraft Gesetzes im Güterstand der Zugewinngemeinschaft, §§ 1372 ff. BGB, § 6 Satz 1 LPartG; die Zugewinngemeinschaft wird daher auch als **gesetzlicher Güterstand** bezeichnet. Ehegatten, die in der ehemaligen DDR geheiratet haben und für die der gesetzlichen Güterstand des FGB-

DDR (i.e. eheliche Eigentums- und Vermögensgemeinschaft) galt, leben nunmehr ebenfalls in Zugewinngemeinschaft, wenn nicht einer von ihnen eine notariell beurkundete Erklärung über die Beibehaltung der ehelichen Eigentums- und Vermögensgemeinschaft gegenüber einem Amtsgericht abgegeben hat (s. S. 58 ff.).

aa) Zugewinngemeinschaft und Eigentumsverhältnisse:

FALL 1. Phillip und seine Sophie sind verlobt. Von einem Freund hat Phillip gehört, mit der Eheschließung gehe die Hälfte seines Vermögens auf Sophie über. Phillip denkt an seine Briefmarkensammlung und hat Bedenken. „Cool" fände er es allerdings, wenn sein neuer Sportwagen künftig auch Sophie gehört; schließlich ist Sophie eine „echte Rennsemmel".

FALL 2. Im Fall 1 freut sich Phillip, dass er durch die Eheschließung wenigstens auch die Hälfte seiner Schulden los wird; wenn Sophie schon die Hälfe seines Vermögens bekomme, müsse sie – denknotwendig – auch die Hälfte seiner Schulden tragen. Phillip informiert sogleich die Planet-Bank, bei der er mehrere Kredite aufgenommen hat, sie könne sich schon bald an Sophie schadlos halten.

Ehegatten bzw. Lebenspartner, die im gesetzlichen Güterstand der Zugewinngemeinschaft leben, werden *während bestehender Ehe bzw. Lebenspartnerschaft* im Hinblick auf ihr Vermögen (mit wenigen Ausnahmen s. S. 47) wie Unverheiratete bzw. Unverpartnerte behandelt: Die Eheschließung bzw. Begründung der Lebenspartnerschaft bewirkt nicht etwa, dass das Vermögen der Partner gemeinschaftliches Vermögen wird. Sowohl Vermögen, das ein Partner in die Ehe bzw. Lebenspartnerschaft einbringt, als auch Vermögen, das ein Partner während der Ehe bzw. Lebenspartnerschaft für sich allein erwirbt, verbleibt im Alleineigentum dieses Partners. Im *Fall 1* bleibt Phillip also auch nach der Eheschließung Alleineigentümer seiner Briefmarkensammlung und seines Sportwagens.

Jeder Partner verwaltet sein Vermögen selbständig.

Natürlich können die Partner im gesetzlichen Güterstand – wie Unverheiratete bzw. Unverpartnerte und letztlich *unabhängig* vom Güterstand – gemeinsames Eigentum erwerben; auch kann ein Partner den anderen an seinem Vermögen beteiligen, etwa durch Übertragung eines „ideellen Miteigentumsanteils". So kann Phillip im *Fall 1* selbstverständlich einen hälftigen Miteigentumsanteil an seinem Sportwagen an Sophie übertragen; der Sportwagen gehört Phillip und Sophie dann gemeinsam („je zur Hälfte"). In der Praxis wird vor allem die als Familienheim dienende Immobilie zum hälftigen Miteigentum erworben – meist unabhängig vom konkreten finanziellen Beitrag eines jeden Partners. Ist ein Partner Eigentümer eines Bauplatzes, kann er dem anderen einen ideellen Hälfteanteil daran übertragen, um auf diese Weise eine gemeinsame Berechtigung am künftigen Familienheim zu schaffen. Notwendige und automatische Folge der Eheschließung bzw. der Begründung der Lebenspartnerschaft ist dies jedoch nicht. Umgekehrt bewirkt allein die Schaffung gemeinsamen Vermögens auch keine Änderung des Güterstandes.

Im gesetzlichen Güterstand haftet jeder Partner für seine Schulden allein, und zwar sowohl für solche, die er bereits vor Eingehung der Ehe bzw. Lebenspartnerschaft begründet hat, als auch für solche, die er während der Ehe bzw. Lebenspartnerschaft begründet (zu den Ausnahmen bei der sogenannten Schlüsselgewalt s. S. 228). Die Heirat bzw. Begründung der Lebenspartnerschaft ist kein gesetzlich geregelter Fall eines Schuldbeitritts. Im *Fall 2* bleibt Phillip also Alleinschuldner seiner Verbindlichkeiten. Die Planet-Bank kann Sophie folglich nicht – auch nicht hälftig – auf Rückzahlung von Phillips Krediten in Anspruch nehmen. Anders wäre das natürlich dann, wenn Sophie gegenüber der Planet-Bank eine ausdrückliche Erklärung abgibt, künftig für Phillips Verbindlichkeiten einstehen zu wollen (*s.* dazu auch *S. 205*). Vor einer solchen Erklärung kann Sophie aber nur gewarnt werden.

bb) Was bedeutet Zugewinnausgleich?

FALL 3. Im Fall 1 haben Phillip und Sophie geheiratet. Neben Söhnchen Max ist seine Briefmarkensammlung nach wie vor Phillips ganzer Stolz. Phillip steckt einen nicht ganz geringen Teil seines Einkommens in die Briefmarkensammlung, die von Jahr zu Jahr wertvoller wird. Sophie hingegen hat bald genug von Phillip und seinen Briefmarken und reicht die

Scheidung ein. Über eine gemeinsame Freundin lässt sie Phillip ausrichten, sie wolle nun am Wert der Briefmarkensammlung beteiligten werden (und zwar „cash" – die Briefmarken selbst könne Phillip getrost behalten), immerhin habe Sophies Einkommen wegen Phillips Sammelleidenschaft für den Familienunterhalt herhalten müssen und sei „komplett draufgegangen".

FALL 4. Im Fall 1 ist Phillip Alleineigentümer eines Bauplatzes, den er (noch vor der Eheschließung mit Sophie) von seinen Eltern geschenkt bekommen hat. Nach der Eheschließung errichtet Phillip gemeinsam mit Sophie auf diesem Bauplatz das gemeinsame Familienheim. Phillip und Sophie gehen davon aus, dass ihnen das gemeinsam gebaute Haus auch gemeinsam gehört.

Die Zugewinngemeinschaft ist – wie gesehen – vom Grundsatz her eine Gütertrennung; das Vermögen der Partner bleibt während der Ehe bzw. Lebenspartnerschaft getrennt.

Jedoch liegt der Zugewinngemeinschaft der Gedanke zugrunde, dass alles, was im Laufe einer Ehe bzw. Lebenspartnerschaft erwirtschaftet wird, als von *beiden* Partnern gemeinsam – wenn auch arbeitsteilig: ein Partner geht zur Arbeit, der andere führt den Haushalt – erwirtschaftet anzusehen ist. Deshalb gewährt das Gesetz im Falle der Beendigung des gesetzlichen Güterstandes, also bei **Ehescheidung** bzw. **Aufhebung der Lebenspartnerschaft**, einen Anspruch auf Zugewinnausgleich. Einen Anspruch auf Zugewinnausgleich hat derjenige Partner, der während der Ehe bzw. Lebenspartnerschaft weniger Vermögen erwirtschaftet hat als der andere. Anders ausgedrückt: Zugewinnausgleich bedeutet, dass derjenige Partner, der während der Ehe mehr Vermögen hinzuerworben hat als der andere, dem anderen die Hälfte des Mehrerwerbs abgeben muss. Zu diesem Zweck werden das Vermögen, das jedem Partner bereits bei Eingehung der Ehe bzw. Lebenspartnerschaft gehört (sogenanntes **Anfangsvermögen**), und das Vermögen eines jeden Partners bei Beendigung der Ehe bzw. Lebenspartnerschaft (sogenanntes **Endvermögen**) einander gegenüber gestellt, um daraus den ehezeitlichen bzw. lebenspartnerschaftszeitlichen **Zugewinn** zu errechnen.

Nehmen wir der Einfachheit halber an, dass die Briefmarkensammlung im *Fall 3* Phillips einziger Vermögensgegenstand ist (den Sportwagen hat Rennsemmel Sophie noch auf dem Heimweg vom Junggesellinnenabschied zu Schrott gefahren) und Sophie am Tag der Eheschließung über keinerlei Vermögen, am Tag der Rechtshängigkeit des Scheidungsantrags über ein Sparguthaben in Höhe von 200 Euro verfügt. Nehmen wir weiter an, dass die Briefmarkensammlung am Tag der Eheschließung einen Wert von 1.000 Euro und am Tag der Rechtshängigkeit des Scheidungsantrages einen Wert von 1.800 Euro hat.

Dann ist folgende Rechnung aufzumachen

Anfangsvermögen Sophie:	0	Anfangsvermögen Phillip:	1.000
Endvermögen Sophie:	200	Endvermögen Phillip:	1.800
Zugewinn Sophie:	**200**	Zugewinn Phillip:	**800**

Mehrerwerb Phillip: (800 – 200 =) 600

Hieraus ergibt sich für Sophie ein Anspruch auf Zugewinnausgleich in Höhe von (1/2 von 600 =) 300.

Der Zugewinnausgleichsanspruch richtet sich grundsätzlich auf Geld, d. h. Phillip muss an Sophie 300 Euro in Geld ausbezahlen, nicht etwa Briefmarken im Wert von 300 Euro übertragen.

Bei Einführung der Zugewinngemeinschaft als gesetzlichem Güterstand im Jahr 1953 hatte der Gesetzgeber die erwerbslose, kindererziehende Ehefrau vor Augen, die am Zugewinn ihres Mannes beteiligt werden sollte; die „Hausfrauenehe" galt als familienrechtliches Leitbild. Mag diese Ausgangslage heute auf eine Vielzahl von Ehen bzw. Lebenspartnerschaften nicht mehr zutreffen, versteht sich die Zugewinngemeinschaft nach wie vor als Schicksalsgemeinschaft der Partner. Der weniger verdienende Partner soll im Fall des Scheiterns der Ehe bzw. Lebenspartnerschaft am Überschuss des anderen beteiligt werden.

Dabei ist die Konstruktion des Gesetzgebers erstaunlich praxisnah: Solange die Ehe bzw. Lebenspartnerschaft besteht, bleibt das Vermögen der Partner getrennt. Wenn die Partnerschaft funktioniert, ist es den meisten Paaren ja tatsächlich gleichgültig, wer „auf dem Papier" Eigentümer eines Vermögensgegenstandes ist, wenn dieser

Gegenstand ohnehin beiden Partner zur Verfügung steht und von beiden Partnern genutzt wird. Der Streit ums Vermögen – oder besser: der Streit ums Geld – beginnt erst, wenn die Partnerschaft scheitert, und genau da setzt der Zugewinnausgleichsanspruch an. Die weit verbreitete Unkenntnis davon, dass Eigentümer eines Gebäudes derjenige ist, der Eigentümer des Grundstücks ist, auf dem das Gebäude steht, und nicht etwa derjenige, der das Gebäude errichtet oder dessen Errichtung bezahlt, mag ein weiterer Beleg für die Richtigkeit des gesetzlich angeordneten Zugewinnausgleichs sein. Im *Fall 4* ist Phillip Alleineigentümer des Grundstücks und damit auch Alleineigentümer aller aufstehenden Gebäude; er schuldet Sophie aber Ausgleich (in Geld) der durch den gemeinsamen Hausbau bewirkten Wertschöpfung:

Anfangsvermögen Sophie:	0	Anfangsvermögen Phillip:	60.000	(Bauplatz)
Endvermögen Sophie:	0	Endvermögen Phillip:	360.000	(Grundstück + Haus)
(Sophies gesamtes ehezeitliches Einkommen steckt im gemeinsamen Haus)				
Zugewinn Sophie:	0	Zugewinn Phillip:	300.000	

Hieraus ergibt sich für Sophie ein Anspruch auf Zugewinnausgleich in Höhe von (1/2 von 300.000 =) 150.000.

Auf den Punkt gebracht: Die gegenseitige Teilhabe am ehezeitlichen bzw. lebenspartnerschaftszeitlichen Zuerwerb vollzieht sich erst bei Beendigung des gesetzlichen Güterstandes, also bei Scheidung bzw. Aufhebung der Lebenspartnerschaft.

Ausgleich des Zugewinns bedeutet, dass derjenige Partner, dessen Vermögen während der Ehe bzw. Lebenspartnerschaft stärker gewachsen ist als das des anderen, diesem die Hälfte des Überschusses wertmäßig abgeben muss. Auch jetzt tritt aber keine gegenständliche Beteiligung in der Weise ein, dass ein Ehegatte bzw. Lebenspartner vom anderen die Einräumung hälftigen Miteigentums verlangen könnte; vielmehr geht der Zugewinnausgleichsanspruch auf Ausgleich in Geld.

b) Im Detail: der Ausgleich des Zugewinns

aa) Entstehen der Ausgleichsforderung und vorzeitiger Zugewinnausgleich:

FALL 5. Die Ehe zwischen Melanie und Herbert steckt in einer Krise. Nachdem Melanie vor einer Woche endgültig aus der gemeinsamen Wohnung ausgezogen ist, fordert sie von Herbert Zugewinnausgleich – und zwar sofort.

FALL 6. Im Fall 5 leben Melanie und Herbert mittlerweile seit drei Jahren getrennt, ohne dass die Ehe geschieden oder ein Scheidungsantrag rechtshängig wäre.

FALL 7. Helmut verweigert seiner Ehefrau Roswitha – trotz deren wiederholter Mahnung – jeden Monat das Hauswirtschaftsgeld, so dass Roswitha gezwungen ist, ihre Eltern um ein Darlehen anzuflehen.

Die Zugewinnausgleichsforderung entsteht erst mit **Beendigung des gesetzlichen Güterstandes.** Beendet wird der gesetzliche Güterstand durch Ehevertrag (§ 1414 BGB) bzw. Lebenspartnerschaftsvertrag (§ 7 LPartG) oder durch rechtskräftige Scheidung der Ehe (§ 1564 BGB) bzw. rechtkräftige Aufhebung der Lebenspartnerschaft (§ 15 Abs. 1 LPartG). Bei Beendigung des gesetzlichen Güterstandes durch den Tod eines Partners gelten abweichende Bestimmungen, die hier nicht erörtert werden. Allein die – wenn auch endgültige – *Trennung* lässt die Zugewinnausgleichsforderung noch nicht entstehen. Im *Fall 5* kann Melanie von Herbert noch keinen Zugewinnausgleich verlangen.

Der gesetzliche Güterstand kann über die vorgenannten Fälle hinaus aber auch in einem Verfahren auf **vorzeitigen Zugewinnausgleich** (§ 1385 BGB, § 6 Satz 2 LPartG) beendet und die Ausgleichsforderung damit zur Entstehung gebracht werden. Die Ehe wird durch den vorzeitigen Zugewinnausgleich natürlich nicht beendet; für die weitere Dauer der Ehe gilt dann – mangels abweichender ehevertraglicher Vereinbarung – Gütertrennung.

Leben die Ehegatten *seit mehr als drei Jahren getrennt*, kann der Zugewinnausgleichsberechtigte vorzeitigen Zugewinnausgleich verlangen (§ 1385 Nr. 1 BGB); hierzu bedarf es eines gerichtlichen Antrags auf vorzeitige Aufhebung des gesetzlichen Güterstandes und vorzeitigen Ausgleich des Zugewinns. Im *Fall 6* ist Melanie demnach berechtigt, einen Antrag auf vorzeitigen Zugewinnausgleich beim Familiengericht zu stellen. Ein Antrag auf vorzeitigen Zugewinnausgleich kann übrigens – ohne dass die Ehegatten getrennt leben müssten – auch dann berechtigt sein, wenn ein Ehegatte längere Zeit hindurch die wirtschaftlichen Verpflichtungen, die sich aus dem ehelichen Verhältnis ergeben, schuldhaft nicht erfüllt und auch in Zukunft nicht zu erwarten ist, dass er diese erfüllen wird (§ 1385 Nr. 3 BGB). Kommt also – wie Helmut im *Fall 7* – ein Ehegatte seiner Unterhaltspflicht trotz Mahnung längere Zeit über nicht nach, kann der andere Antrag auf vorzeitigen Ausgleich des Zugewinns stellen (in Roswithas Fall freilich um den Preis des Verlusts einer künftigen Beteiligung an Helmuts Vermögenszuwachs; mit vorzeitigem Zugewinnausgleich tritt ja Gütertrennung ein). Die Möglichkeit, vorzeitigen Zugewinnausgleich geltend zu machen, besteht ferner dann, wenn zu befürchten ist, dass ein Partner die Ausgleichsforderung durch Verfügung über sein Vermögen im Ganzen oder eine „illoyale“ Handlung gefährdet (§ 1385 Nr. 2 BGB). Vorzeitiger Zugewinnausgleich kann schließlich geltend gemacht werden, wenn ein Ehegatte den anderen auf dessen Verlangen hin nicht über den Bestand und die Entwicklung seiner Vermögensverhältnisse unterrichtet (§ 1385 Nr. 4 BGB). Eine entsprechende Pflicht, dem anderen Ehegatten in groben Zügen ein ungefähres Bild vom gegenwärtigen Stand des Vermögens, dessen wesentlichen Veränderungen seit der letzten Information und der Planung für die nähere Zukunft zu verschaffen, folgert die Rechtsprechung aus der in § 1353 BGB geregelten Pflicht zur ehelichen Lebensgemeinschaft.

Für eingetragene Lebenspartner gelten die Ausführungen über den vorzeitigen Zugewinnausgleich entsprechend.

bb) Grundprinzipien des Zugewinnausgleichsanspruchs:

FALL 8. Zum Zeitpunkt der Eheschließung im Jahr 1981 besaß Jürgen ein altes Auto und seine Ehefrau Berta eine gebrauchte Wohnzimmereinrichtung – Auto und Wohnzimmereinrichtung faktisch ohne Wert. Nach erfolgreich abgeschlossenem Jurastudium im Jahr 1985 baute sich Jürgen eine eigene Anwaltskanzlei auf. Während der kargen Anfangsphase von Jürgens Selbständigkeit ging Berta mehreren Jobs als Reinigungskraft nach, um den Familienunterhalt sicherzustellen; zugleich konnte Berta dabei für sich ein Sparvermögen in Höhe von 10.000 Euro zur Seite bringen. Als Jürgens Kanzlei endlich genügend Geld abwarf, kümmerte sich Berta leidenschaftlich um die drei gemeinsamen Kinder, das Familienheim und Jürgens Dinner-Partys. Nach dreißig Ehejahren zerbricht die Ehe. Berta möchte nun von Jürgen pro vergangenem Ehejahr – wenn nicht als Schmerzensgeld, dann wenigstens als Ausgleich dafür, dass sie Jürgens Karriere überhaupt ermöglicht hat – mindestens 10.000 Euro. Jürgen meint, er könne das nicht bezahlen. Seine Kanzlei sei nur 150.000 Euro wert; außerdem könne er von der Kanzlei ja schlecht ein Stück für Berta abschneiden. Weiteres Vermögen ist (außer Bertas angesparten 10.000 Euro) beiderseits nicht vorhanden.

Der Gesetzgeber hat sich bei Schaffung der Vorschriften über den Zugewinnausgleich für ein verhältnismäßig grobes und starres System entschieden. Es wird (lediglich) der **Wert** des jeweiligen Anfangsvermögens dem **Wert** des jeweiligen Endvermögens gegenüber gestellt. Zugewinn ist der Betrag, um den das Endvermögen eines Partners dessen Anfangsvermögen übersteigt, § 1378 BGB, § 6 Satz 2 LPartG. Hat einer der Partner einen größeren Zugewinn erzielt als der andere, so hat der andere einen Anspruch auf Zahlung in Höhe der Hälfte des Überschusses, § 1378 Abs. 1 BGB.

Die Zugewinnausgleichsforderung wird also wie in Abb. 2 gezeigt ermittelt:

Im *Fall 8* beträgt Jürgens **Anfangsvermögen** 0 Euro, sein **Endvermögen** 150.000 Euro; der von Jürgen erzielte **Zugewinn** beträgt demnach 150.000. Bertas **Anfangsvermögen** beträgt gleichfalls 0 Euro, ihr **Endvermögen** 10.000 Euro; der von Berta erzielte **Zugewinn** beträgt demnach 10.000 Euro. Vergleicht man nun Jürgens

1. Schritt

- Ermittlung des **Anfangsvermögens** eines jeden Partners:

  Am Tag der standesamtlichen Eheschließung bzw. Begründung der Lebenspartnerschaft vorhandene Aktiva und Passiva eines jeden Partners sind zu ermitteln und zu bewerten; der sich beim jeweiligen Partner ergebende Saldo ist als erster Rechnungsposten in die Zugewinnausgleichsbilanz einzustellen.

2. Schritt

- Ermittlung des **Endvermögens** eines jeden Partners:

  Am Tag der Rechtshängigkeit des Scheidungs- bzw. Aufhebungsantrags vorhandene Aktiva und Passiva eines jeden Partners sind zu ermitteln und zu bewerten; der sich beim jeweiligen Partner ergebende Saldo ist als zweiter Rechnungsposten in die Zugewinnausgleichsbilanz einzustellen.

3. Schritt

- Ermittlung des **Zugewinns** eines jeden Partners:

  Bei jedem Partner ist die Differenz zwischen Anfangs- und Endvermögen (= Zugewinn) zu errechnen.

4. Schritt

- Ermittlung des **Ausgleichsforderung:**

  Die beiderseitigen Zugewinne sind zu vergleichen und die Hälfte des Überschusses ist zu ermitteln.

Abb. 2: Ermittlung der Zugewinnausgleichsforderung

und Bertas Zugewinne, so hat Jürgen einen um 140.000 Euro höheren Zugewinn als Berta erwirtschaftet. Berta steht folglich eine **Zugewinnausgleichsforderung** in Höhe von (1/2 von 140.000 Euro =) 70.000 Euro zu.

FALL 9. Ludwig und Erich haben bereits 20 Jahre glücklich zusammengelebt, als sie am 1. August 2007 eine eingetragene Lebenspartnerschaft begründen. Während des Zusammenlebens „ohne Trauschein" ging nur Erich einer Erwerbstätigkeit nach, während sich Ludwig um den Haushalt kümmerte. So konnte Erich bis zum Tag der Begründung der Lebenspartnerschaft 50.000 Euro ansparen. Als die Lebenspartnerschaft am 30. Dezember 2008 wieder aufgehoben wird, stellt Ludwig fassungslos fest, dass die ersten zwei Jahrzehntes seines Zusammenlebens mit Erich beim Zugewinnausgleich keine Berücksichtigung erfahren haben.

FALL 10. Frank und Uschi besitzen bei Eheschließung beide kein Vermögen. In den ersten zwanzig Ehejahren läuft Franks Arztpraxis gut; Frank kann ein Vermögen in Höhe von 500.000 Euro erwirtschaften. In der Folgezeit leben Frank und Uschi „auf großem Fuß". Als Frank nach vier Jahren „völlig abgebrannt" ist – selbst die Arztpraxis ist mittlerweile verkauft und der Erlös verbraucht – reicht Frank die Scheidung ein. Uschi verlangt Zugewinnausgleich in Höhe von 250.000 Euro.

Das Gesetz stellt bei der Errechnung der Zugewinnausgleichsforderung auf zwei **Stichtage** ab: den Tag der standesamtlichen Eheschließung bzw. Begründung der Lebenspartnerschaft (Stichtag für das Anfangsvermögen) und den Tag der Rechtshängigkeit des Scheidungs- bzw. Aufhebungsantrages (Stichtag für das Endvermögen). Die Entwicklung des Vermögens davor, dazwischen und danach ist für die Berechnung des Zugewinnausgleichs grundsätzlich nicht von Interesse. Im *Fall 9* rechnen die angesparten 50.000 Euro bereits zu Erichs Anfangsvermögen; über den Zugewinnausgleich kann Ludwig daran folglich nicht partizipieren. Im *Fall 10* ist es unerheblich, dass Frank zu irgendeinem Zeitpunkt während der Ehe ein Vermögen in Höhe 500.000 Euro besaß, wenn dieses Vermögen am Endstichtag vollständig verbraucht ist (zu den Besonderheiten bei „illoyalen" Vermögensminderungen während der Ehe bzw. Lebenspartnerschaft s. S. 47 ff.). Eine Zugewinnausgleichsforderung steht Uschi im *Fall 10* daher nicht zu.

cc) Ermittlung des Anfangs- und Endvermögens

(1) Anfangsvermögen

FALL 11. Paul hat am 3. Januar 1981 eine Immobilie im Wert von 230.000 Euro und eine Münzsammlung im Wert von 5.000 Euro. Am 4. November 1983, dem Tag seiner Hochzeit mit Jana, ist die Immobilie 250.000 Euro wert und die Münzsammlung 5.100 Euro; außerdem verfügt Paul an diesem Tag über ein Sparguthaben in Höhe von 10.000 Euro und Schulden bei Tante Lotte in Höhe von 8.000 Euro. Am 8. März 1990 ist die Immobilie 300.000 Euro wert, die Münzsammlung nur noch 4.800 Euro, die Schulden bei Tante Lotte sind abbezahlt und das Sparguthaben auf 2.000 Euro gesunken.

Anfangsvermögen – so definiert es das Gesetz – ist das Vermögen, das einem Ehegatten bzw. Lebenspartner nach Abzug der Verbindlichkeiten beim Eintritt des Güterstandes gehört (§ 1374 Abs. 1 Satz 1 BGB). Zu berücksichtigen sind sämtliche Vermögenspositionen von wirtschaftlichem Wert, z. B. Bankguthaben, Immobilien, Aktien, Kunstgegenstände, etc. *Nicht* zum Anfangsvermögen zählen bloße Erwerbsaussichten, denen noch kein eigenständiger Wert im Rechtsverkehr zukommt (etwa die Aussicht, in naher Zukunft eine Erbschaft zu machen). Auch ein gesicherter Arbeitsplatz oder künftig zu erwartendes Arbeitseinkommen werden bei der Ermittlung des Anfangsvermögens nicht berücksichtigt.

Die relevanten Vermögenspositionen sind in das Anfangsvermögen mit ihrem Wert bei Eintritt des Güterstandes, d. h. mit ihrem Wert am Tag der standesamtlichen Eheschließung bzw. der Begründung der Lebenspartnerschaft einzustellen (§ 1376 Abs. 1 Satz 1 BGB).

Im *Fall 11* beträgt Pauls Anfangsvermögen 250.000 Euro (Immobilie) + 5.100 Euro (Münzsammlung) + 10.000 Euro (Sparguthaben) – 8.000 Euro (Schulden) = 257.100 Euro.

(aa) Gesetzliche Vermutung

FALL 12. Lothar und Lissy sind seit 25 Jahren verheiratet, als Lissy die Scheidung beantragt. Lothar und Lissy können sich nicht erinnern, was sie zum Beginn ihrer Ehe besaßen (tatsächlich verfügte Lothar damals bereits über ein Vermögen in Höhe von 30.000 Euro). Das Endvermögen von Lothar beträgt 100.000 Euro, das von Lissy 20.000 Euro.

Nach langjähriger Ehe bzw. Lebenspartnerschaft lässt sich das tatsächliche Anfangsvermögen eines jeden Partners oft nur noch schwer feststellen. Natürlich wird jeder Partner versucht sein, ein möglichst hohes Anfangsvermögen zu behauptet (entsprechend niedriger wäre dann ja sein Zugewinn, der sich aus der Differenz zwischen Anfangs- und Endvermögen errechnet). Das Gesetz räumt den Ehegatten die Möglichkeit ein, (frühzeitig, am besten gleich zu Beginn der Ehe bzw. Lebenspartnerschaft) ein **Vermögensverzeichnis** über das jeweilige Anfangsvermögen zu errichten (§ 1377 Abs. 1 BGB); in der Praxis wird von dieser Möglichkeit allerdings äußerst selten Gebrauch gemacht. Aber: Haben die Partner kein solches Vermögensverzeichnis über den Bestand und Wert ihres Anfangsvermögens errichtet, so unterstellt das Gesetz, dass auch *kein* Anfangsvermögen vorhanden war (§ 1377 Abs. 3 BGB). Kann Lothar also im *Fall 12* nicht nachweisen, dass er bei Eingehung der Ehe bereits 30.000 Euro auf der hohen Kante hatte, wird sein Anfangsvermögen mit 0 (Null) angesetzt. Lothar müsste folglich Zugewinnausgleich in Höhe von 40.000 Euro zahlen (bei Berücksichtigung des tatsächlichen Anfangsvermögens in Höhe von 30.000 Euro müsste Lothar lediglich Zugewinnausgleich in Höhe von 25.000 Euro zahlen). Es empfiehlt sich, nicht nur die Fotos, sondern auch die Kontoauszüge vom Tag der Hochzeit aufzuheben!

(bb) Berücksichtigung von Schulden

FALL 13. Pleitegeier Michael startet mit 100.000 Euro Schulden in die Ehe mit Katrin. Am Ende der Ehe ist Michael schuldenfrei. Katrin hat zu Beginn der Ehe kein Vermögen. Am Ende der Ehe liegen 10.000 Euro auf ihrem Sparbuch; mehr konnte Katrin nicht beiseitelegen, weil sie mit ihrem restlichen Einkommen Michaels Schulden getilgt hat. Michael fordert von Katrin 5.000 Euro Zugewinnausgleich.

Das Anfangsvermögen kann auch negativ sein, § 1374 Abs. 1 BGB. Im *Fall 13* etwa beträgt Michaels Anfangsvermögen –100.000 Euro. Da sein Endvermögen 0 Euro beträgt, hat Michael durch den Schuldenabbau einen Zugewinn in Höhe von 100.000 Euro erwirtschaftet, während Katrin einen Zugewinn in Höhe von lediglich 10.000 Euro erzielt hat. Michael fordert daher zu Unrecht Zugewinnausgleich.

(cc) Berücksichtigung von Schenkungen und Erbschaften

FALL 14. Im Fall 13 erbt Micheal während der Ehe von Tante Frieda 120.000 Euro. Sein Endvermögen beträgt 120.000 Euro.

FALL 15. Markus hat während der Ehe mit Martina von seinen Eltern ein Einfamilienhaus geerbt; der Wert des Hauses betrug zum Zeitpunkt des Erbfalls 200.000 Euro. Ansonsten besitzen Markus und Martina kein Vermögen. Bei der Scheidung meint Martina, ihr stünde „das halbe

Haus" zu. Das Haus ist infolge gestiegener Immobilienpreise mittlerweile 260.000 Euro wert.

FALL 16. Evi und ihre Lebenspartnerin Maria errichten während der Lebenspartnerschaft auf einem Grundstück der Eltern von Maria ein Einfamilienhaus. Fünf Jahre nach dem Bau des Hauses übertragen die Eltern das Grundstück unentgeltlich an Maria.

Der Zugewinnausgleich beruht auf dem Grundgedanken einer gleichmäßigen Teilhabe am gemeinsamen – wenn auch arbeitsteilig – erwirtschafteten Vermögen. Vermögen, das ein Partner erbt, geschenkt bekommt oder im Wege der „vorweggenommenen Erbfolge" oder zur Erlangung einer selbständigen Lebensstellung (als sog. „Ausstattung") erhält, kann schlechterdings nicht als Ergebnis gemeinsamer Wertschöpfung der Partner angesehen werden. Deshalb nimmt der Gesetzgeber derart erworbenes Vermögen vom Zugewinn aus, indem er es – auch wenn der Vermögenserwerb erst *nach* Eheschließung erfolgt – dem Anfangsvermögen hinzurechnet, § 1374 Abs. 2 BGB; man spricht daher auch von **privilegiertem Erwerb**. Maßgeblich für die Hinzurechnung zum Anfangsvermögen ist der Wert im Zeitpunkt des Erwerbs, § 1376 Abs. 1 BGB. Im *Fall 14* beträgt das Anfangsvermögen von Michael 20.000 Euro (–100.000 Euro + 120.000). Im *Fall 15* beträgt das Anfangsvermögen von Markus 200.000 Euro. Unerheblich für die Hinzurechnung zum Anfangsvermögen ist übrigens, ob sich der ererbte oder geschenkte Gegenstand noch im Endvermögen des betreffenden Partners befindet. Verkauft Markus im *Fall 15* das Einfamilienhaus seiner Eltern und verbraucht er den Veräußerungserlös für eine Weltreise, bleibt es bei einem Anfangsvermögen in Höhe von 200.000 Euro.

Behält sich der Übergeber bei einer privilegierten Zuwendung im Rahmen der vorweggenommenen Erbfolge Austragsrechte (Wohn- oder Nießbrauchsrecht, Rentenzahlung) vor, stellt die Rechtsprechung eine komplizierte Berechnung an, wie diese Rechte, oder besser der mit sinkendem Lebensalter des Übergebers sinkende Wert dieser Rechte, u. U. im Zugewinnausgleich zu berücksichtigen sind.

Haben die Partner – wie im *Fall 16* – zunächst auf fremdem Grundstück ein Gebäude errichtet und wird das Grundstück später unentgeltlich einem Partner übertragen, wird nur der Wert des Grundstücks (mit seinem Wert zum Zeitpunkt der Schenkung) dem Anfangsvermögen hinzugerechnet. Das gemeinsam errichtete Gebäude unterliegt daher (wie auch etwaige Wertsteigerungen des Grundstücks selbst) dem Zugewinnausgleich.

(dd) Berücksichtigung des Geldwertverfalls

FALL 17. Moritz hat zu Beginn der Ehe im Dezember 2001 auf seinem Sparbuch 100.000 Euro. Am Ende der Ehe im Dezember 2009 befinden sich auf dem Sparbuch 120.000 Euro. Ehefrau Susi fordert 10.000 Euro Zugewinnausgleich. Moritz wendet ein, man könne doch nicht „Äpfel mit Birnen vergleichen". Wegen der „allseits um sich greifenden Inflation" könne er sich von den 120.000 Euro im Jahr 2009 „keinen Teller Suppe" mehr leisten, als von den 100.000 Euro im Jahr 2001; einen Zugewinn habe er folglich nicht erzielt.

Gerade in Zeiten der Wirtschaftskrise wird vielen bewusst: Euro ist nicht gleich Euro, Geld kann – mehr oder weniger stark – an Kaufkraft verlieren. Scheingewinne, die lediglich auf einer Geldentwertung beruhen, sollen über den Zugewinn aber nicht ausgeglichen werden. Das Anfangsvermögen muss „indexiert", die Zugewinnausgleichsberechnung dadurch um den Geldwertverlust bereinigt werden.

Die Indexierung erfolgt nach folgender Formel:

$$\frac{\text{Wert des Anfangsvermögens bei Beginn des Güterstandes} \times \text{Verbraucherpreisindex bei Beendigung des Güterstandes}}{\text{Verbraucherpreisindex bei Beginn des Güterstandes}}$$

Im *Fall 17* ist das Anfangsvermögen von Moritz zu indexieren. Unter Anwendung vorstehender Formel beträgt es 115.102 Euro. Das Endvermögen bleibt unverändert 120.000 Euro. Markus hat also einen Zugewinn in Höhe von lediglich 4.898 Euro erzielt, so dass sich Susis Ausgleichsforderung auf 2.449 Euro beläuft. An dieser Berechnung ändert sich übrigens auch dann nichts, wenn das Anfangsvermögen von Moritz nicht aus Geld, sondern aus Sachwerten (z. B. einem Bauplatz) besteht.

(2) Endvermögen

(aa) Ermittlung des Endvermögens

FALL 18. Manuel besitzt zu Beginn seiner Ehe einen Bauplatz in Wert von 70.000 Euro, eine alte Taschenuhr im Wert von 200 Euro und eine Erstausgabe von Tolstois „Anna Karenina" im Wert von 1.600 Euro. Am Ende der Ehe ist der Bauplatz verkauft, die Taschenuhr kaputt und Tolstois Erstausgabe vermutlich noch immer im Zug zwischen Frankfurt und Köln unterwegs. Dafür hat Manuel jetzt 60.000 Euro Sparguthaben, eine neue Armbanduhr im Wert von 2.000 Euro und ein kleines Antiquariat in der Innenstadt von Mannheim im Wert von 20.000 Euro.

FALL 19. Jens hat bereits vor der Hochzeit mit Stefanie von seinen Eltern ein Einfamilienhaus im Wert von 100.000 Euro geschenkt bekommen. Aufgrund der Preisentwicklung am Immobilienmarkt ist dieses Haus im Zeitpunkt der Scheidung 300.000 Euro wert.

FALL 20. Lotte verfügte bei Begründung ihrer Lebenspartnerschaft mit Babsi über ein Sparguthaben in Höhe von 4.000 Euro. Während der Lebenspartnerschaft eröffnet Lotte einen Geschenkeladen; dafür nimmt sie einen Kredit in Höhe von 10.000 Euro auf. In der Folge laufen weder die Geschäfte noch die Beziehung zu Babsi besonders gut. Als Babsis Antrag auf Aufhebung der Lebenspartnerschaft ins Haus flattert, besteht Lotte „nur noch aus Schulden" in Höhe von 8.000 Euro.

FALL 21. Die Ehegatten Heinz und Gerlinde sind hälftige Miteigentümer ihrer Wohnungseinrichtung. Heinz ist Rechtsanwalt und hat während der Ehe eine gutgehende Kanzlei aufgebaut. Ferner hat er eine Kapitallebensversicherung abgeschlossen und einen Schmerzensgeldanspruch gegen einen gegnerischen Anwalt erworben, der bei seinem Plädoyer handgreiflich argumentierte. Gerlinde hat kurz vor Einreichung der Scheidung einen Sechser im Lotto; Heinz war immer gegen die unnötige Geldausgabe für Glücksspiele.

Endvermögen – so definiert es das Gesetz – ist das Vermögen, das einem Ehegatten bzw. Lebenspartner nach Abzug der Verbindlichkeiten bei Beendigung des Güterstandes gehört (§ 1375 Abs. 1 Satz 1

BGB). Das Endvermögen kann negativ sein, § 1375 Abs. 1 Satz 2 BGB. Im *Fall 20* verfügt Lotte über ein Anfangsvermögen in Höhe von 4.000 Euro und über ein Endvermögen in Höhe von –8.000 Euro; einen ausgleichspflichtigen Zugewinn hat sie nicht erzielt.

Das Endvermögen wird auf die gleiche Weise ermittelt wie das Anfangsvermögen (s. S. 38). Dabei ist es völlig unerheblich, ob sich im Endvermögen noch dieselben Gegenstände befinden wie im Anfangsvermögen oder was mit den Gegenständen des Anfangsvermögens zwischenzeitlich geschehen ist. Im *Fall 18* hat Manuel ein Anfangsvermögen in Höhe von 71.800 Euro (70.000 Euro + 200 Euro + 1.600 Euro) und ein Endvermögen in Höhe von 82.000 Euro (60.000 Euro + 2.000 Euro + 20.000 Euro); sein Zugewinn beläuft sich folglich auf 10.200 Euro. Im *Fall 19* beträgt das Anfangsvermögen von Jens 100.000 Euro, sein Endvermögen 300.000 Euro, sein ausgleichspflichtiger Zugewinn folglich 200.000 Euro.

Wie zum Anfangsvermögen zählen zum Endvermögen alle geldwerten Positionen, insbesondere auch:

- Gewerbebetriebe und freiberufliche Praxen
- **Einkommensteuerrückerstattungen** für den bereits abgelaufenen Veranlagungszeitraum
- Reine **Kapitallebensversicherungen** (*nicht* aber Lebensversicherungen auf Rentenbasis oder Kapitallebensversicherungen mit Rentenwahlrecht bei Ausübung des Wahlrechts; diese unterliegen dem Versorgungsausgleich s. S. 84)
- **Haushaltsgegenstände**, die im Alleineigentum eines Partners stehen (*nicht* aber Haushaltsgegenstände, die im Miteigentum beider Partner stehen; für letztere stellt § 1568b BGB Sonderregeln auf s. S. 194 ff.)
- **Lottogewinne**
- **Schmerzensgeldansprüche** und **Schadensersatzrenten.**

Auch **Verbindlichkeiten** sind bei der Ermittlung des Endvermögens zu berücksichtigen. Das gilt auch für bereits entstandene Steuerschulden. Gesamtschulden (s. S. 197 f.) sind bei jedem Partner in der Höhe zu berücksichtigen, in der er im Innenverhältnis haftet.

Echte (d. h. nicht nur inflationsbedingte) Wertsteigerungen, die Gegenstände des Anfangsvermögens erfahren, sind bei der Ermittlung des Zugewinns zu berücksichtigen. Das gilt auch dann, wenn die Wertsteigerung – wie im *Fall 19* – ohne Zutun der Partner eingetreten ist.

(bb) Manipulationen des Endvermögens

FALL 22. Georg schenkt kurz nach der Eheschließung mit Beatrix seiner langjährigen Freundin Erna zur Erinnerung an zahlreiche schöne Stunden einen teuren Diamantring. Als Georg nach 15-jähriger Ehe Beatrix mit Günter „in flagranti" ertappt, leistet er sich eine Weltreise für 5.000 Euro und mehrere Flaschen Champagner in einer Bar für 7.500 Euro. Außerdem schenkt er seiner neuen Freundin Gerda 10.000 Euro. Als Beatrix ihn nach seinem Endvermögen fragt, legt er ihr ein Sparbuch mit einem Guthaben von 11,58 Euro vor.

FALL 23. Arno hatte kein Anfangsvermögen; sein Endvermögen beträgt –10.000 Euro. Kurz vor der Scheidung seiner Ehe mit Rosi hat Arno seinem besten Freund Benno 20.000 Euro geschenkt. Benno wusste, dass Arno Rosi um den Zugewinnausgleich „prellen" wollte und hat das Geld auf sein Sparbuch gelegt.

FALL 24. Flori und Heidi leben getrennt. Heidi erhält von Flori die Auskunft, sein Vermögen zum Zeitpunkt der Trennung betrage 50.000 Euro. Als Heidi den Zugewinnausgleich geltend macht, wendet Flori ein, sein Endvermögen betrage nunmehr lediglich 20.000 Euro. Heidi glaubt, dass Flori die fehlenden 30.000 Euro seiner Geliebten Lore geschenkt hat.

Wird die Partnerschaftskrise akut, ist der ausgleichspflichtige Partner allzu oft versucht, sein Endvermögen nach Möglichkeit zu reduzieren um die Zugewinnausgleichsforderung zu vereiteln. Zwar können Ehegatten bzw. Lebenspartner, die im gesetzlichen Güterstand leben, auch während der Ehe bzw. Lebenspartnerschaft frei über ihr Vermögen verfügen. Sie haben dabei aber auf die Interessen des anderen Rücksicht zu nehmen.

Zu diesem Zweck hat der Gesetzgeber eine wichtige „Sicherung“ eingebaut:

Zu Verfügungen über sein **Vermögen im Ganzen** oder einen wesentlichen Teil seines Vermögens (dies ist anzunehmen, wenn der Vermögensgegenstand, über den verfügt wird, etwa 85 % des Gesamtvermögens ausmacht) bedarf jeder Partner der Zustimmung des anderen (§ 1365 Abs. 1 BGB, § 6 Satz 2 LPartG); wird die Zustimmung nicht erteilt – und auch nicht durch das Familiengericht ersetzt – sind solche Verfügungen unwirksam, wenn auch der Vertragspartner Kenntnis davon hatte, dass über das Vermögen im Ganzen verfügt wurde.

Vermögensminderungen, die zwar nicht das gesamte Vermögen oder jedenfalls einen wesentlichen Teil davon erfassen, die sich aber als „**illoyal**“ erweisen, sind gleichfalls nicht geeignet, die Zugewinnausgleichsforderung des Partners zu reduzieren. Dem Endvermögen des „illoyalen“ Partners wird nämlich der Betrag hinzugerechnet, um den das Vermögen dadurch vermindert worden ist, dass der betreffende Partner während des Güterstands ohne Einverständnis des anderen *unentgeltliche Zuwendungen* gemacht hat, die nicht einer „sittlichen oder Anstandspflicht“ entsprechen, das Vermögen *verschwendet* oder andere Handlungen in der *Absicht* vorgenommen hat, den anderen Partner zu *benachteiligen* (§ 1375 Abs. 2 BGB). Auch Zuwendungen an Kinder können hierunter fallen. Die Hinzurechnung zum Endvermögen unterbleibt allerdings, wenn die betreffende Maßnahme länger als zehn Jahre zurückliegt oder der andere Partner mit der Zuwendung bzw. Verschwendung einverstanden war (§ 1375 Abs. 3 BGB). So kann Beatrix im *Fall 22* keine Ansprüche mehr aus der Zuwendung des Diamantrings herleiten, da diese bereits länger als 10 Jahre zurückliegt. Anders verhält es sich mit der Schenkung der 10.000 Euro an Gerda; dieser Betrag ist Georgs Endvermögen hinzurechnen. Wenn es darum geht, ob eine Vermögensminderung tatsächlich „illoyal“ war, sind die Gerichte mitunter großzügiger, wenn der betrogene Partner zunächst seine Verärgerung über den Seitensprung des anderen teuer „abbaut“. Im *Fall 22* könnte man Georgs Weltreise vielleicht noch als legitim akzeptieren, wohl aber nicht die Ausgaben für den (überteuerten) Champagner.

Verschenkt ein Partner illoyal Vermögen, kann u. U. auch der begünstigte Dritte – im *Fall 23* wäre das Benno – in Anspruch genommen werden. Dieser soll dem ausgleichsberechtigten Partner dann haften, wenn die Ausgleichsforderung das bei Beendigung des Güterstandes vorhandene Vermögen des Ausgleichsschuldners übersteigt und die Zuwendung in der Absicht gemacht wurde, den ausgleichsberechtigten Partner zu benachteiligen (§ 1390 Abs. 1 BGB, § 6 Satz 2 LPartG). Dasselbe gilt, wenn dem Dritten die Benachteiligungsabsicht bekannt war (§ 1390 Abs. 2 BGB). Der Dritte haftet in Höhe der Differenz zwischen dem bei Beendigung des Güterstandes vorhandenen Vermögen und dem Ausgleichsanspruch; der Dritte kann seine so begründete Zahlungspflicht dadurch abwenden, dass er das Erlangte herausgibt. Im *Fall 23* betrüge die Ausgleichsforderung ohne die Schenkung an Benno 5.000 Euro (Endvermögen = Zugewinn in Höhe von 10.000 Euro); Rosi kann Benno auf Zahlung von 5.000 Euro in Anspruch nehmen.

Steht zu befürchten, dass der andere Partner eine illoyale Vermögensverfügung begehen wird, kann der Betroffene – unabhängig vom sonstigen Vorliegen der Scheidungs- bzw. Lebenspartnerschaftsaufhebungsgründe – **vorzeitigen Zugewinnausgleich** verlangen, unter gleichzeitiger Aufhebung der Zugewinngemeinschaft für die Zukunft, § 1385 BGB.

Ab Stellung des Ehescheidungs- bzw. Aufhebungsantrags kann jeder Partner **Auskunft** über das ***Endvermögen*** des anderen Partners verlangen, § 1379 Abs. 1. Hierzu kann die Vorlage eines Bestandsverzeichnisses – mit Wertangaben und Belegen – gefordert werden. Daneben besteht bereits ab Trennung der Partner ein Auskunftsanspruch über das Vermögen zum Zeitpunkt der ***Trennung*** (§ 1379 Abs. 1 Satz 1 Nr. 2, Abs. 2 BGB). Der Wert des Vermögens zum Zeitpunkt der Trennung hat zwar keinen unmittelbaren Einfluss auf die Errechnung der Ausgleichsforderung. Ist aber das auf den Tag der Rechtshängigkeit des Scheidungs- bzw. Aufhebungsantrag zu ermittelnde Endvermögen geringer als das Vermögen zum Zeitpunkt der Trennung, wird eine illoyale Vermögensminderung (s. S. 47 f.) vermutet. Das bedeutet im *Fall 24*, dass Flori im Prozess um den Zugewinnausgleich darlegen und beweisen muss, dass die

Minderung seines Endvermögens nicht auf einer illoyalen Handlung beruht.

(3) Bewertung des Anfangs- und Endvermögens

FALL 25. Frieda hat Landwirt Max geheiratet. Nachdem der romantische Traum vom rustikalen Landleben der Realität alltäglichen Mistens, Melkens und Fütterns gewichen ist, zerbricht die Ehe. Frieda meint, jedenfalls finanziell habe sich die Ehe für sie rentiert, seien doch während der Ehe mehrere kostspielige landwirtschaftliche Wirtschaftsgebäude errichtet worden.

FALL 26. Nachdem Ernst in seiner ersten Ehe „gute Erfahrungen mit dem Zugewinnausgleich" gemacht hat, heiratet er in zweiter Ehe die erfolgreiche Anwältin Charlotte. Als auch diese Ehe nach fünf Jahren zerbricht, freut sich Ernst – im Hinblick auf Charlottes florierende Kanzlei – auf eine hohe Zugewinnausgleichsforderung.

Die Bewertung einzelner Vermögensgegenstände für die Zugewinnausgleichberechnung gibt häufig Anlass zu Streit. Welchen Wert hat ein landwirtschaftlicher Betrieb, ein Einzelhandelsgeschäft, eine Gesellschaftsbeteiligung oder eine freiberufliche Praxis oder Kanzlei?

Das Gesetz gibt lediglich für **land- und forstwirtschaftliche Betriebe** eine Antwort. Maßgeblich für deren Berechnung im Zugewinnausgleich ist nach dem derzeit geltenden Recht der *Ertragswert* (§ 1376 Abs. 4 BGB, § 6 S. 2 LPartG), also – je nach Bundesland – der 18- bis 25-fache Betrag des jährlichen Reinertrags. Aufgrund der nur mäßig ansteigenden Preise für landwirtschaftliche Produkte werfen Bauernhöfe daher kaum Zugewinn ab. Etwas anderes gilt, wenn der Hof nicht vom Eigentümer selbst bewirtschaftet wird, sondern verpachtet ist; in diesen Fällen gilt nicht der Ertrags-, sondern der *Verkehrswert* (dazu sogleich). Für Bauland, das aus dem Betrieb ausgegliedert werden kann, ohne die Betriebsführung zu gefährden, ist in jedem Fall der *Verkehrswert* maßgeblich. Im *Fall 25* wird Friedas Zugewinnausgleichsforderung wider Erwarten eher gering ausfallen, wenn es sich um einen aktiv betriebenen Hof handelt; wurden die neu errichteten landwirtschaftlichen Wirtschaftsgebäude allerdings fremdfinanziert oder hat der Hinzuerwerb zu einer erheblichen Betriebserweiterung bzw. -umgestaltung geführt, gewährt die Rechtsprechung womöglich eine höhere Ausgleichsforderung.

Ansonsten ist für die Zugewinnausgleichsberechnung der „wirkliche" Wert – oftmals als „**Verkehrswert**" bezeichnet – aller relevanten Vermögenspositionen zu ermitteln. Hierfür stehen verschiedene Bewertungsmethoden zur Verfügung, deren sachgerechte Anwendung im Ermessen des Familienrichters steht. So verstanden lassen sich drei Wertbegriffe unterscheiden: Der **Veräußerungswert** ist gleichzusetzen mit dem Erlös, der bei einer Veräußerung oder sonstigen Verwertung am Markt, und zwar unter Ausnutzung aller Marktchancen, erzielt werden kann. Ein Unterfall ist der **Liquidationswert**, der bei sofortiger Veräußerung („Notverkauf"), d. h. ohne das Zuwarten auf eine entsprechende Marktchance, erzielt werden kann. Der **Sach**- oder **Substanzwert** beschreibt den finanziellen Aufwand, der erforderlich ist, um einen (identischen) Gegenstand wiederzubeschaffen. Der **Ertragswert** bemisst sich nach der Ertragskraft eines Gegenstands, wobei sich Ertrag als künftig nachhaltig zu erwirtschaftender Einnahmenüberschuss (Gewinn) definiert.

In der Praxis haben sich entsprechende Fallgruppen gebildet: So gilt etwa für **Wertpapiere** der Tagesmittelkurs. Bei **Grundstücken** ist zu unterscheiden, ob es sich um Renditeobjekte oder eigengenutzte Objekte handelt: Renditeobjekte sind vorrangig nach ihrem Ertrag zu bewerten, das eigene Wohnhaus hingegen vorrangig nach dem Wiederbeschaffungswert (Sach- oder Substanzwert). **Unternehmerisches Vermögen** (ein Gewerbebetrieb, eine freiberufliche Praxis oder Kanzlei) ist vorrangig nach dem Ertragswert zu bewerten. Schwierig ist die Bewertung unternehmerischen Vermögens aber v. a. deshalb, weil der Ertrag oft ganz wesentlich von der Person des Betriebsinhaber (der bei den Kunden besonders beliebt ist, der über besondere Zusatzqualifikationen verfügt, der bereit ist, „rund um die Uhr" zu arbeiten) abhängt. Aus diesem Grund erachtet es die Rechtsprechung für richtig, einen allein von der konkreten Person des Unternehmers, dessen Fähigkeiten und Kontakten abhängigen „subjektiven Mehrwert" herauszurechnen. So kann Charlottes Zugewinn im *Fall 26* gering ausfallen, wenn der Wert der Kanzlei beinahe ausschließlich aus Charlottes persönlichen Leistungen (Arbeitseinsatz, Zusatzqualifikationen) und Kontakten resultiert.

dd) Wie wirken sich Zuwendungen an den Ehegatten bzw. Lebenspartner aus?

FALL 27. Johannes hat seiner Ehefrau Margit während der Ehe 40.000 Euro geschenkt. Zu Beginn der Ehe hatten beide Ehegatten kein Vermögen, bei Scheidung der Ehe beträgt das Endvermögen von Johannes 100.000 Euro, das von Margit 50.000 Euro.

FALL 28. Im Fall 27 beträgt das Endvermögen von Margit nur 20.000 Euro.

Macht ein Ehegatte bzw. Lebenspartner während bestehender Ehe bzw. Lebenspartnerschaft eine unentgeltliche Zuwendung an den anderen, ordnet das Gesetz an, dass der Wert der Zuwendung unter bestimmten Voraussetzungen auf den Zugewinnausgleichsanspruch des Zuwendungsempfängers anzurechnen ist, § 1380 BGB, § 6 S. 2 LPartG.

Eine Voraussetzung ist, dass der Zuwendungsempfänger überhaupt ausgleichsberechtigt ist. Eine weitere Voraussetzung ist, dass der Zuwendende die Anrechnung bei der Zuwendung angeordnet hat; bei sehr wertvollen Zuwendungen nimmt das Gesetz an, dass sie auch dann auf die Ausgleichsforderung angerechnet werden sollen, wenn der Zuwendende dies nicht ausdrücklich angeordnet hat, § 1380 Abs. 1 BGB.

Die Anrechnung vollzieht sich in vier Rechenschritten: (1) Zunächst ist der Zugewinn des Zuwendenden zu ermitteln; dem so ermittelten Zugewinn ist der Wert der Zuwendung hinzuzurechnen. (2) Sodann ist der Zugewinn des Zuwendungsempfängers zu ermitteln, wobei der Wert der Zuwendung aus seinem Endvermögen herauszurechnen ist. (3) Auf der Basis der so ermittelten Zugewinne ist die Ausgleichsforderung zu errechnen. (4) Von der Ausgleichsforderung ist in einem letzten Schritt der Wert der Zuwendung abzuziehen.

Zu abweichenden Ergebnissen führt diese komplizierte Berechnung aber nur dann, wenn der Zuwendungsempfänger entweder keinen Zugewinn erzielt hat oder sein Zugewinn geringer ist als der Wert der Zuwendung.

Im *Fall 27* beträgt der Zugewinn von Johannes 100.000 Euro + Wert der Zuwendung 40.000 Euro = 140.000 Euro. Ehefrau Margit hat einen Zugewinn in Höhe von 10.000 Euro erwirtschaftet (50.000 Euro – Wert der Zuwendung 40.000 Euro). Die Ausgleichsforderung beträgt 65.000 Euro ([140.000 Euro – 10.000 Euro] ÷ 2). Auf diese muss sich Margit die erhaltenen 40.000 Euro anrechnen lassen, so dass Johannes 25.000 Euro Zugewinnausgleich schuldet. Nach Durchführung des Zugewinnausgleichs verfügt Margit über ein Vermögen in Höhe von 75.000 Euro (50.000 Euro + 25.000 Euro). „Gegenprobe“: Hätte Ehemann Johannes die Zuwendung nicht getätigt, würde sein Endvermögen 140.000 Euro betragen; das Endvermögen von Margit 10.000 Euro. Margit stünde eine Ausgleichsforderung in Höhe von 65.000 Euro zu; nach Durchführung des Zugewinnausgleichs hätte sie 75.000 Euro.

Im *Fall 28* beträgt die Ausgleichsforderung 70.000 Euro ([140.000 Euro – dem rechnerisch mit Null anzusetzenden Endvermögen von Margit] ÷ 2). Hierauf muss sich Margit 40.000 Euro anrechnen lassen, so dass sie 30.000 Euro Zugewinnausgleich erhält. Somit verfügt Margit schlussendlich über ein Vermögen in Höhe von 50.000 Euro. Ohne Anrechnung des Vorempfangs würde Ehefrau Margit 40.000 Euro erhalten ([Endvermögen Johannes 100.000 Euro – Endvermögen Margit 20.000] ÷ 2). Somit würde Margit schlussendlich über ein Vermögen in Höhe von 60.000 Euro verfügen.

ee) Die Zugewinnausgleichsforderung

FALL 29. Die Lebenspartnerschaft von Stefan und Siegfried ist gescheitert, ein Aufhebungsverfahren ist bereits rechtshängig. Stefan erhält von seinem neuen Freund Gerhard ein Darlehen; als Sicherheit tritt Stefan an Gerhard seine künftigen Zugewinnausgleichsansprüche ab. Danach vereinbart Stefan mit Siegfried mündlich, dass dieser ihm nur 10.000 Euro „pauschal als Abgeltung“ zahlen muss. Später will Stefan von dieser Vereinbarung mit Siegfried nichts mehr wissen und fordert die Übereignung eines Baugrundstücks, das Siegfried während der Lebenspartnerschaft gekauft hat.

FALL 30. Erwin hat gegen Ex-Frau Bettina eine vom Familiengericht rechtskräftig zugesprochene Zugewinnausgleichsforderung in Höhe von 100.000 Euro. Bettina besitzt lediglich das vormals gemeinsam genutzte Einfamilienhaus, das sie nunmehr mit den beiden gemeinsamen minderjährigen Kindern bewohnt. Erwin ist der Ansicht, Bettina müsse das Haus umgehend verkaufen, damit sie ihm seine 100.000 Euro auszahlen kann.

FALL 31. Das Anfangsvermögen von Anton beträgt -80.000 Euro, sein Endvermögen 40.000 Euro. Ehefrau Luise hat keinen Zugewinnausgleich erzielt. Luise begehrt 60.000 Euro Zugewinnausgleich.

Die Zugewinnausgleichsforderung **entsteht** mit Beendigung des Güterstandes, im Fall der Scheidung bzw. Lebenspartnerschaftsaufhebung also mit rechtskräftigem Scheidungs- bzw. Aufhebungsbeschluss; erst ab diesem Zeitpunkt ist sie vererblich und übertragbar, davor ist sie „dem Rechtsverkehr entzogen", § 1378 Abs. 3 BGB. Ist ein Scheidungs- bzw. Aufhebungsverfahren rechtshängig und stirbt der ausgleichsberechtigte Partner noch vor Ausspruch der Scheidung bzw. Aufhebung, so geht die Ausgleichsforderung folglich nicht auf seine Erben über. Auch kann Stefan die künftige Ausgleichsforderung im *Fall 29* nicht an Gerhard abtreten; die Abtretungsvereinbarung zwischen Stefan und Gerhard ist unheilbar nichtig.

Schon vor rechtkräftigem Abschluss des Scheidungs- bzw. Aufhebungsverfahrens sind Vereinbarungen *zwischen den* **Ehegatten** *bzw.* **Lebenspartner** über die Ausgleichsforderung gleichwohl zulässig und wirksam; sie bedürfen aber zwingend der notariellen Beurkundung bzw. der gerichtlichen Protokollierung nach § 127a BGB. Im *Fall 29* ist die Abgeltungsvereinbarung zwischen Stefan und Siegfried mangels Einhaltung der vorgeschriebenen Form nichtig.

Der Zugewinn ist – wie gesehen – eine Rechengröße, sein Ausgleich eine reine Wertbeteiligung. Die Ausgleichsforderung ist deshalb eine **Geldforderung**. Nur ganz ausnahmsweise kann der *Ausgleichsgläubiger* beim Familiengericht statt Geld die Übertragung von Sachwerten verlangen, und zwar dann, wenn er ein ganz erhebliches persönliches Interesse an der Übertragung eines konkreten Gegenstands hat und die Übertragung dem anderen Partner auch zumutbar ist (§ 1383 Abs. 1 BGB, § 6 Satz 2 LPartG). Das Verlangen nach Übertragung eines Vermögensgegenstandes kann begründet sein, wenn der Ausgleichsgläubiger auf diesen Gegenstand ganz besonders angewiesen und eine Ersatzbeschaffung nicht möglich ist, wie etwa bei speziell gefertigten Arbeitsgeräten. Ganz ausnahmsweise kann auch ein besonderes „Affektionsinteresse“ das Verlangen rechtfertigen, insbesondere bei Erbstücken aus der Familie des Ausgleichsberechtigten. Im *Fall 29* dürfte Stefans Verlangen nach Übertragung des Grundstücks kaum Aussicht auf Erfolg haben.

Der ausgleichspflichtige Partner ist nicht berechtigt, die Ausgleichsforderung von sich aus statt in Geld in Sachwerten zu erfüllen. Besteht sein Vermögen im Wesentlichen in Sachwerten, muss er die Mittel zur Erfüllung des Zugewinnausgleichsanspruchs oftmals erst „flüssig machen“. Weil das einige Zeit dauern kann, räumt ihm das Gesetz die Möglichkeit ein, beim Familiengericht **Stundung** (also einen Zahlungsaufschub für gewisse Zeit) zu beantragen, wenn die sofortige Zahlung zur „Unzeit“ erfolgen würde, § 1382 Abs. 1 BGB, § 6 Satz 2 LPartG. Eine Stundung kommt in Betracht, wenn die sofortige Veräußerung eines Gegenstands gänzlich unökonomisch wäre, weil zum derzeitigen Zeitpunkt ein Erlös nur weit unter dem Verkehrswert erzielbar ist. Freilich muss das Gericht die Interessen des ausgleichsberechtigten Partners an einer zügigen Erledigung des Zugewinnausgleichs mit in die Waagschale werfen – eine Stundung soll eine Ausnahme bleiben. Einen besonderen Schutz sieht das Gesetz allerdings im Interesse gemeinschaftlicher Kinder vor: Ihre Wohnverhältnisse sollen sich nicht verschlechtern, der Ausgleichsschuldner soll insbesondere nicht gezwungen sein, das Familienheim, in dem er mit den Kindern wohnt, umgehend zu veräußern, um die Ausgleichsforderung erfüllen zu können; in den Schutzbereich fallen sowohl minderjährige Kinder, als auch volljährige Kinder, wenn sie noch unterhaltsberechtigt sind. Im *Fall 30* kann die Zugewinnausgleichsforderung auf Antrag gestundet werden.

Die Höhe der Ausgleichsforderung ist auf den Wert des Vermögens **begrenzt**, das nach Abzug der Verbindlichkeiten bei Rechtshängigkeit des Ehescheidungs- bzw. Aufhebungsantrags beim Ausgleichspflichtigen tatsächlich vorhanden ist, § 1378 Abs. 2 Satz 2 BGB. Der Ausgleichsschuldner soll zwar sein gesamtes Vermögen für die Erfüllung der Zugewinnausgleichsforderung verwenden, er soll sich aber nicht verschulden müssen; anders nur im Falle illoyaler Vermögensminderung, § 1378 Abs. 2 Satz 2 BGB (s. S. 47 f.). Im *Fall 31* ist Luise Ausgleichsforderung auf 40.000 Euro begrenzt.

Die einmal entstandene Ausgleichsforderung **verjährt** in drei Jahren ab Kenntnis von der Rechtskraft des Scheidungs- bzw. Aufhebungsurteils.

Die Ausgleichsforderung kann vorläufig, bis zur endgültigen Durchführung des Zugewinnausgleichs, durch Anordnung eines sogenannten **Arrests** gesichert werden.

ff) Unbilligkeit des Zugewinnausgleichs

FALL 32. Während der Ehe hat sich Sophie ganztags um die vier gemeinsamen Kinder gekümmert. Um sich ein, wenn auch bescheidenes, finanzielles Polster zu schaffen, hat sie nachts zwischen 23.00 und 3.00 Uhr als Reinigungskraft gearbeitet und sich so 20.000 Euro angespart. Sie ist der Meinung, dass ihr dieses Geld bei Scheidung in voller Höhe verbleiben müsse, weil eine solche Doppelbelastung von einer Hausfrau und Mutter nicht zu erwarten gewesen sei. Ehemann Uwe hingegen verlangt 10.000 Euro Zugewinnausgleich.

Der Zugewinnausgleich ist keine Belohnung für eheliches bzw. lebenspartnerschaftliches Wohlverhalten. Er beruht vielmehr auf dem Gedanken, dass der Zugewinn des einen Partners vom anderen „mitverdient“ ist. Für die Durchführung des Zugewinnausgleichs ist es deshalb ohne Bedeutung, wer die Scheidung oder Aufhebung verschuldet hat.

Allerdings kann es Fälle geben, in denen der Ausgleich des Zugewinns nach den Umständen des Einzelfalles **grob unbillig** wäre, § 1381 BGB, § 6 Satz 2 LPartG. In diesen Fällen kann es gerechtfertigt sein, den Zugewinnausgleich der Höhe nach zu begrenzen oder auch ganz zu versagen.

Eine grobe Unbilligkeit kann zu bejahen sein, wenn der ausgleichsberechtigte Partner längere Zeit hindurch die wirtschaftlichen Verpflichtungen, die sich aus dem ehelichen bzw. lebenspartnerschaftlichen Verhältnis ergeben, schuldhaft nicht erfüllt hat (§ 1381 Abs. 2 BGB), insbesondere seine Unterhaltspflichten gegenüber dem anderen Partner oder der Familie nachhaltig verletzt hat. Aber auch eine jahrzehntelange Unterdrückung und Misshandlung des ausgleichspflichtigen Partners kann eine Herabsetzung oder einen Ausschluss des Ausgleichs rechtfertigen. Der Einwand grober Unbilligkeit kommt ferner in Betracht, wenn der ausgleichspflichtige Partner keine Berufsausbildung hat und sein Zugewinn allein in der Wertsteigerung des im Wege vorweggenommener Erbfolge erworbenen Familienheims besteht; die Durchführung des Zugewinnausgleichs wäre hier grob unbillig, wenn sie dazu führen würde, dass der Ausgleichspflichtige in Not kommt oder seine eigene Altersversorgung gefährdet ist, während der andere Partner in gesicherten Verhältnissen lebt. Ausnahmsweise wird sich der Ausgleichspflichtige auch dann auf § 1381 BGB berufen können, wenn die Ehe von nur ganz kurzer Dauer (bis etwa 2 Jahre) war und in dieser Zeit ein außerordentlicher Zugewinn erzielt wurde.

Im *Fall 32* hingegen wird allein die Tatsache der überobligationsmäßigen Nebentätigkeit von Sophie nicht zur Versagung des Zugewinnausgleichs führen. Auch eine lange Trennungszeit vermag für sich betrachtet noch keinen Ausschluss des Zugewinnausgleichs zu rechtfertigen, mag der Zugewinn auch großteils oder gar ausschließlich in der Trennungsphase erwirtschaftet worden sein. Bloße Erfüllungsschwierigkeiten („Liquidationsengpässe") können eine Herabsetzung oder gar Versagung des Zugewinnausgleichs gleichfalls nicht rechtfertigen; hier kann aber eine Stundung der Ausgleichsforderung helfen (s. S. 54).

gg) „Konkurrenz" mit anderen Ansprüchen

Zugewinnausgleich und Ansprüche aus einer sog. Ehegatteninnengesellschaft (s. S. 65 ff.) können nebeneinander geltend gemacht werden.

Ansprüche wegen Wegfalls bzw. Störung der Geschäftsgrundlage (s. S. 70 ff.) können neben dem Zugewinnausgleich nur dann geltend gemacht werden, wenn nicht schon der Zugewinnausgleich zu einem angemessenen Vermögensausgleich führt und es aus vermögensrechtlicher Sicht bei einem schlechthin untragbaren Ergebnis verbliebe. Kein untragbares Ergebnis verbleibt nach Ansicht der Rechtsprechung, wenn im Falle einer Ehegattenzuwendung der zuwendende Partner über den Zugewinnausgleich die Hälfte seiner Zuwendung wieder zurückerlangt.

hh) Welches Recht gilt für in der ehemaligen DDR geschlossene Ehen?

(1) Anwendbares Recht

FALL 33. Jens und seine Ehefrau Kirsten haben 1980 in Dresden geheiratet. 2011 lassen sie sich scheiden. Zur Fortgeltung des Güterstands der Eigentums- und Vermögensgemeinschaft hat keiner von ihnen optiert. Jens möchte nach altem DDR-Recht geschieden werden; Kirsten hingegen will vom Recht „eines untergegangenen Staates" nichts mehr wissen.

FALL 34. Im Fall 33 ist Jens der Ansicht, dass jedenfalls diejenigen Wertsteigerungen, die sein Grundstück allein aufgrund der Wiedervereinigung erfahren hat, nicht auszugleichen sind; schließlich könne er ja nichts für diesen Zufall.

Für in der ehemaligen DDR geschlossene Ehen, die **vor dem 3. 10. 1990 geschieden** wurden, bleibt für die Auseinandersetzung des gemeinsamen Eigentums und Vermögens und für die Entscheidung über die Ehewohnung das Familiengesetzbuch (FGB) der DDR maßgeblich, Art. 234 § 4 Abs. 5 EGBGB. Dadurch soll das Vertrauen der Ehegatten geschützt werden, die sich auf die Abwicklung ihrer Ehe nach den bei Scheidung bestehenden Rechtsvorschriften eingestellt haben. Umstritten, aber kaum noch von praktischer Bedeutung ist, ob es auf die Rechtskraft der Scheidung oder den Scheidungsausspruch ankommt.

Für in der ehemaligen DDR geschlossene Ehen, die **ab dem 3.10. 1990 geschieden** werden, gelten ab diesem Tag die Vorschriften über den gesetzlichen Güterstand der Zugewinngemeinschaft, Art. 234 § 4 Abs. 1 EGBGB, wenn nicht einer der Ehegatten eine notariell beurkundete Erklärung über die Beibehaltung der ehelichen Eigentums- und Vermögensgemeinschaft gegenüber einem Amtsgericht abgegeben hat. Art. 234 § 4a EGBGB ordnet an, dass Sachen (nicht Rechte und Verbindlichkeiten) des bisherigen gemeinschaftlichen Eigentums kraft Gesetzes zwingend in Miteigentum zu gleichen Bruchteilen auseinandergesetzt werden. Für Grundstücke und grundstücksgleiche Rechte (z. B. Erbbaurecht, Wohnungseigentum, etc.) konnten die Ehegatten durch übereinstimmende schriftliche oder zur Niederschrift des Grundbuchamts abgegebene Erklärung andere Anteile bestimmen. Stichtag für das Anfangsvermögen beim Zugewinnausgleich ist der 3.10.1990. Insbesondere Grundstücke fallen mit dem zu diesem Zeitpunkt bestehenden Wert in das Anfangsvermögen eines jedes Ehegatten. Wertsteigerungen und neue Vermögenserwerbe ab diesem Zeitpunkt unterliegen dem Zugewinnausgleich. Dies gilt insbesondere auch für Wertsteigerungen, die alleine durch die Wiedervereinigung verursacht worden sind, wie etwa im *Fall 34*.

Im Falle der Überleitung des FGB-Güterstandes in die Zugewinngemeinschaft erfolgt der Vermögensausgleich in zwei Schritten: In DDR-Zeiten begründetes, gegebenenfalls nach den vorstehenden Ausführungen in Miteigentum umgewandeltes Gemeinschaftseigentum sowie aus dieser Zeit stammende Verbindlichkeiten werden mit dem Wert zum Beitrittsstichtag beim jeweiligen Anfangsvermögen berücksichtigt. Sodann wird der Zugewinn ab 3.10.1990 festgestellt.

(2) Vermögensauseinandersetzung nach FGB-Recht

FALL 35. Im Fall 33 hat Jens am 30. 9. 1992 vor dem Amtsgericht Regensburg eine notariell beurkundete „Option" zur Beibehaltung des bisherigen Güterstands eingereicht. Kirsten hat dieser einseitigen Erklärung widersprochen. Das Vermögen von Jens und Kirsten besteht aus einem gemeinsam erworbenen Ferienhaus und einem Grundstück in Dresden, das Jens 1983 von seinen Eltern geerbt hat und das nach der Wiedervereinigung eine nahezu 100-fache Wertsteigerung erfahren hat.

Jeder Ehegatte, der am 3.10.1990 im gesetzlichen Güterstand der Eigentums- und Vermögensgemeinschaft des FGB der ehemaligen DDR gelebt hat, konnte – wie Jens im *Fall 35* – ohne Mitwirkung des anderen, selbst gegen dessen Willen, durch notariell beurkundete Erklärung gegenüber einem beliebigen Kreis- oder Amtsgericht bis zum Ablauf des 2. 10. 1992 der Überleitung in den Güterstand der Zugewinngemeinschaft widersprechen, Art. 234 § 4 Abs. 2 EGBGB. Diese **Fortgeltungserklärung** wirkte auf den 3. 10. 1990 zurück.

Nach Beendigung des FGB-Güterstandes durch Scheidung regelt § 39 FGB die Auseinandersetzung des gemeinschaftlichen Vermögens, während § 40 FGB ausgleichspflichtiges Alleineigentum (Sondergut) betrifft. Insoweit ist es notwendig, sich den Inhalt und die Auseinandersetzungsregeln der Eigentums- und Vermögensgemeinschaft kurz vor Augen zu führen: Gegenstand der Vermögensgemeinschaft sind die von einem oder beiden Ehegatten während der Ehe durch Arbeit, aus Arbeitseinkünften, Renten, etc. erworbenen Vermögensgegenstände. Auch eine indirekte Leistung durch die alleinige Übernahme der häuslichen und familiären Verpflichtungen kann einen Ausgleichsanspruch begründen. Das voreheliche Vermögen, Erwerbe durch Schenkungen oder Erbschaften sowie Sachen von nicht übermäßigem Wert, die zur Befriedigung persönlicher Bedürfnisse dienen oder zur Berufsausübung benutzt werden, bleiben dagegen Alleineigentum des betreffenden Ehegatten (§ 13 FGB). Bei einer Scheidung erfolgt nur eine Auseinandersetzung hinsichtlich der Vermögensgemeinschaft. Insofern wird grundsätzlich eine Teilung zu gleichen Anteilen vorgenommen. Das Gericht kann dabei auch Alleineigentum gegen Wertersatz zuteilen. Unter Beachtung des Grundrechts auf Eigentum setzt die Zuweisung einzelner Gegenstände in das Alleineigentum eines Ehegatten voraus, dass es sich um einen nicht in Natur teilbaren Gegenstand handelt oder triftige Gründe der Begründung von Miteigentum entgegenstehen. Das Gericht muss gleichzeitig die Erstattung festsetzen und ihre Erfüllung sichern. Auch ungleiche Anteile sind bei Bedarf durch Richterspruch möglich, wenn ein Ehegatte Kinder betreut oder ein Partner keinen angemessenen Beitrag zur Gemeinschaft geleistet hat. Soweit sich die Eheleute nicht über die Zuteilung von Vermögensgegenständen oder aber dahingehend einigen, sich über bestimmte Vermögensgegenstände unabhängig vom übrigen gemeinschaftlichen Eigentum und Vermögen auseinander setzen zu wollen, ist das Gericht nach dem Grundsatz der Halbteilung zu einer umfassenden Auseinandersetzung verpflichtet. Diese schließt auch die Tragung der gemeinschaftlichen Schulden ein. An die Anträge der Parteien ist das Gericht nicht gebunden.

Die einseitig bewirkte Fortgeltung des FGB-Güterstandes konnte für denjenigen Ehegatten von Vorteil sein, der einen Zugewinn aus dem Vermögen zu erwarten hatte, das bei der Vermögensgemeinschaft nicht der Auseinandersetzung unterliegt. Praktisch wurde dies insbesondere bei Grundbesitz in den neuen Bundesländern, der im Wege der Erbfolge oder durch Schenkung erworben wurde. Im *Fall 35* bleibt der Widerspruch der Ehefrau wirkungslos; die Ehe wird nach FGB-Recht „auseinandergesetzt“. Dies kommt Ehemann Jens zugute, da Wertsteigerungen des geerbten Grundstücks nach FGB nicht ausgleichspflichtig sind.

Was können die Ehegatten/Lebenspartner vereinbaren?

FALL 36. Die Ehe zwischen Moritz und Sybille befindet sich in der Krise, seit Moritz die äußerst attraktive Gerda kennengelernt hat. Sybille möchte – schon wegen der Kinder – um Moritz kämpfen und unterschreibt zu Hause im Wohnzimmer eine Erklärung, wonach sie auf jeden Zugewinnausgleich verzichtet. Drei Wochen später zieht Moritz zu Gerda.

FALL 37. Nach 22 Jahren Ehe haben sich Josef und Josefine endgültig getrennt. Josef steht rechnerisch ein Zugewinnausgleichsanspruch in Höhe von 100.000 Euro zu. Josefine gehören das vormals gemeinsam genutzte Wohnhaus im Wert von 500.000 Euro und ein Bauplatz im Wert von 80.000 Euro; darüber hinaus verfügt sie über Barmittel in Höhe von 10.000 Euro. Josef möchte vollumfänglich auf seinen Zugewinnausgleichsanspruch verzichten.

FALL 38. Im Fall 37 wäre Josef damit einverstanden, dass er zur Abgeltung des Zugewinnausgleichs den Bauplatz und 20.000 Euro bar von Josefine erhält. Von den 20.000 Euro in bar soll Josef 10.000 Euro sofort, die restlichen 10.000 Euro in gleichen monatlichen Raten, zahlbar jeweils am Monatsersten, beginnend am 1. 1. 2014, erhalten.

c) Vereinbarungsmöglichkeiten

aa) Form

Der Gesetzgeber lässt den Partnern die Freiheit, ihre güterrechtlichen Verhältnisse bereits vor der Heirat bzw. Begründung der Lebenspartnerschaft – nämlich durch **Ehevertrag** (§ 1408 Abs. 1 BGB) bzw. **Lebenspartnerschaftsvertrag** (§ 7 LPartG) – aber auch noch danach, insbesondere in Zeiten der Krise – nämlich im Rahmen einer sog. **Scheidungsvereinbarung** (§ 1378 Abs. 3 Satz 2 BGB, § 6 Satz 2 LPartG) – selbstständig zu regeln.

In *allen* Fällen bedarf die güterrechtliche Regelung, wenn sie vor Rechtskraft des Scheidungs- bzw. Aufhebungsbeschlusses erfolgt, der **notariellen Form** (§§ 1410, 1378 Abs. 3 Satz 2 BGB, §§ 6, 7 LPartG). Die notarielle Beurkundung soll die Partner vor übereilten Entscheidungen bewahren. Außerdem soll sie eine sachverständige und unparteiische Beratung sicherstellen. Statt zu notarieller Urkunde kann die güterrechtliche Regelung formwirksam auch im Rahmen eines gerichtlichen Vergleich durch Aufnahme in das gerichtliche Protokoll getroffen werden (§ 127a BGB).

Im *Fall 36* ist die privatschriftliche Vereinbarung zwischen Moritz und Sybille formunwirksam und damit nichtig.

bb) Inhalt

Inhaltlich sind den Ehegatten bzw. Lebenspartnern hier kaum Grenzen gesetzt; zu den allgemeinen Grenzen s. S. 21 f. Selbst der vollständige **Verzicht** auf Zugewinnausgleichsansprüche – wie im *Fall 37* geplant – ist zulässig.

Die Partner müssen den Zugewinnausgleich auch nicht in der vom Gesetz vorgesehen Höhe oder nach den vom Gesetz vorgesehenen Modalitäten durchführen. Insbesondere können die Partner

- sich darauf verständigen, dass bestimmte Vermögenswerte, die eigentlich zum Anfangs- und/oder Endvermögen rechnen, dort nicht berücksichtigt werden (z. B. betriebliches Vermögen aus der Berechnung des Zugewinns ausgeklammert wird)
- Gegenstände des Anfangs- und/oder Endvermögens abweichend von den gesetzlichen Vorgaben bewerten (z. B. die Immobilie eines Partner – abweichend von ihrem Ertrags- bzw. Verkehrswert – im Endvermögen mit 50.000 Euro berücksichtigen)
- eine andere Ausgleichsquote als die vom Gesetz vorgesehene (½) festlegen
- sich auf eine pauschale Abfindung des Zugewinns einigen, mag diese niedriger oder höher sein als der gesetzlich vorgesehene Ausgleichsanspruch (z. B. 1.000 Euro pro vergangenem Ehejahr; pauschal 130.000 Euro)
- sich anstatt der Erfüllung der Zugewinnausgleichsforderung in Geld auf die Übertragung bestimmter Sachwerte (z. B. die Übertragung der gemeinsamen Immobilie auf einen Partner zum Alleineigentum) verständigen
- eine ratenweise Erfüllung der Zugewinnausgleichsforderung vereinbaren (z. B. 1. Rate in Höhe von 10.000 Euro am 1. 1. 2014, 2. Rate in Höhe von 10.000 Euro am 1. 6. 2014, 3. und letzte Rate in Höhe von 10.000 Euro am 1. 1. 2015)
- auf Zugewinnausgleich ganz oder teilweise verzichten.

Im *Fall 38* können Josef und Josefine sich also darauf einigen, dass Josef zur Abgeltung seiner Zugewinnausgleichsansprüche den Bauplatz und 20.000 Euro in bar erhält. Vereinbarungen über den Zugewinnausgleich und Vereinbarung über die Vermögensauseinandersetzung (s. S. 176 ff.) gehen so Hand in Hand. Auch Vereinbarung, wonach Josef 10.000 Euro sofort und die restlichen 10.000 Euro in monatlichen Raten erhalten soll, ist zulässig.

cc) Güterstandswechsel

FALL 39. Jon und Ehefrau Jolande haben sich am 20. Dezember 2010 getrennt. Am 2. Februar 2012 wird der Scheidungsantrag rechtshängig. Am 30. Januar 2012 knackt Jon den Jackpot und gewinnt 1.000.000 Euro; über sonstiges Vermögen verfügen weder Jon noch Jolande. Jon und Jolande sind im gesetzlichen Güterstand verheiratet.

FALL 40. Im Fall 39 haben Jon und Jolande am 3. Januar 2012 Gütertrennung vereinbart.

Partnern mit endgültiger Trennungsabsicht ist die Vereinbarung von **Gütertrennung** – ggf. nebst Ausgleich des bis dahin entstandenen Zugewinns – zu empfehlen. Das Vermögen der Partner wird so ab sofort und für die weitere Zukunft wirtschaftlich getrennt (andernfalls wäre wegen des Stichtagsprinzips in den Zugewinnausgleich ja noch jegliche Vermögensentwicklung bis zur Rechtshängigkeit des Scheidungs- bzw. Aufhebungsantrag einzubeziehen). Im – etwas überspitzt dargestellten – *Fall 39* stünde Jolande ein Zugewinnausgleichsanspruch in Höhe von 500.000 Euro zu; im *Fall 40* ginge Jolande leer aus.

Versöhnen sich die Partner wider Erwarten, müssen sie sich freilich über eine erneute Rückkehr zum gesetzlichen Güterstand Gedanken machen, will der nicht berufstätige Partner nunmehr wieder am Vermögenszuwachs des berufstätigen partizipieren.

Die Vereinbarung von Gütertrennung bedarf der notariellen Beurkundung (ebenso die evtl. Rückkehr aus der Gütertrennung in den gesetzlichen Güterstand).

d) Steuerliche Folgen

FALL 41. Die Ehe zwischen Katrin und Mike wird geschieden. Nach Rechtskraft des Scheidungsbeschlusses verzichtet Katrin auf ihren Zugewinnausgleichsanspruch in Höhe von 100.000 Euro.

FALL 42. Die Ehe zwischen Holger und Kriemhilde wird geschieden. Holger möchte Kriemhilde zu Abgeltung ihres Zugewinnausgleichs einen Bauplatz übertragen. Kriemhilde befürchtet, dass sie Grunderwerbsteuer zahlen muss; Holger befürchtet, dass er wegen der Übertragung des Bauplatzes Einkommensteuer zahlen muss, weil er den Bauplatz, der heute 90.000 Euro wert ist, vor 8 Jahren für 50.000 Euro erworben hat.

FALL 43. Zur Abgeltung des Zugewinnausgleichs will Unternehmer Toni an seine Ehefrau Gina einen Kommanditanteil an seinem Unternehmen übertragen.

Der Zugewinnausgleichsanspruch unterliegt nicht der **Schenkungssteuerpflicht** (§ 5 Abs. 2 ErbStG). Dies gilt nach überwiegender Ansicht auch dann, wenn ein Partner im Rahmen einer Scheidungsvereinbarung auf den Zugewinnausgleichsanspruch ganz oder teilweise verzichtet. Im *Fall 41* wird keine Schenkungsteuer fällig.

Überträgt ein Partner zur Erfüllung der Ausgleichsforderung dem anderen Grundbesitz, unterliegt dieser Vorgang auch nicht der **Grunderwerbsteuer** (§ 3 Nr. 4, Nr. 5, Nr. 5a GrEStG). Dies gilt unabhängig davon, ob die Übertragung vor oder nach der Ehescheidung bzw. Lebenspartnerschaftsaufhebung erfolgt, sofern sie nur im Rahmen der Vermögensauseinandersetzung infolge Scheidung bzw. Lebenspartnerschaftsaufhebung geschieht. Im *Fall 42* fürchtet Krimhilde zu Unrecht, dass Grunderwerbsteuer anfällt.

Einkommensteuerrechtlich kann in der Übertragung eines Wirtschaftsguts „erfüllungshalber“ aber ein **privates Veräußerungsgeschäft** liegen (§ 23 EStG). Wurde ein Grundstück etwa vor weniger als zehn Jahren angeschafft und wird es auch nicht eigengenutzt (Wohnhaus), so ist ein etwaiger Veräußerungserlös steuerpflichtig. So unterliegt im *Fall 42* die Differenz zwischen den Anschaffungskosten (50.000 Euro zzgl. Erwerbsnebenkosten) und dem Verkehrswert zum Zeitpunkt der Übertragung (90.000 Euro) auf Seiten Holgers der Einkommensteuer. Umgekehrt liegt auf Seiten Kriemhildes ein entgeltlicher Anschaffungsvorgang vor, der bei einer Weiterveräußerung innerhalb der Spekulationsfrist und Vorliegen der sonstigen Voraussetzungen des § 23 EStG wiederum zu einer Einkommensteuerpflicht führen kann. Anders ist dies übrigens, wenn die Übertragung aufgrund gerichtlicher Anordnung gemäß § 1383 BGB erfolgt; in diesem Fall liegt kein privates Veräußerungsgeschäft vor, Einkommensteuer fällt nicht an.

Vorsicht ist auch bei der Auseinandersetzung bzw. Übertragung **betrieblichen Vermögens** geboten. So stellt die Übertragung eines Betriebsteils zur Abgeltung des Zugewinnausgleichs wie im *Fall 43* ein entgeltliches Veräußerungsgeschäft dar, das grundsätzlich der Einkommensteuer unterliegt.

2. Gütertrennung: „Ehegatteninnengesellschaft" und „Kooperationsvertrag"

Was sagen Gesetz und Rechtsprechung?

a) Die Gütertrennung

FALL 44. In der Hochzeitsnacht beschwören sich Nico und Selina, ihre Ehe solle eine „reine Liebesehe" sein. Sie vereinbaren deshalb per Handschlag „Gütertrennung". Jahre später – Selina schenkt ihre Liebe mittlerweile nur noch Reitlehrer Ralph – kommt es zur Scheidung. Nico begehrt Zugewinnausgleich.

FALL 45. Im Fall 44 haben Nico und Selina ehevertraglich beim Notar Gütertrennung vereinbart. Kurz darauf erwerben sie gemeinsam eine Eigentumswohnung zum Miteigentum je zur Hälfte. Nach der Trennung meint Nico, beim Erwerb der Eigentumswohnung sei offensichtlich etwas schief gelaufen, weil er und Selina doch Gütertrennung vereinbart hätten und es ihnen folglich gar nicht möglich sei, gemeinschaftliches Vermögen zu erwerben.

FALL 46. Günny besitzt am Tag der Eheschließung mit Margot ein altes Motorrad im Wert von 2.000 Euro und ein Sparbuch über 1.000 Euro. Als – dreiundzwanzig Jahre später – der Scheidungsantrag rechtshängig wird, besitzt Günny seine eigene Reparaturwerkstatt im Wert von 13.000 Euro; auf dem Sparbuch liegen mittlerweile 20.000 Euro. Margot verfügt über keinerlei Vermögen. Während der Ehe hat sich Margot um den gemeinsamen Sohn Helge und die Buchhaltung der Reparaturwerkstatt gekümmert. Günny und Margot haben zwei Tage vor der Eheschließung Gütertrennung vereinbart.

aa) Gütertrennung und Eigentumverhältnisse

Gütertrennung (§ 1414 BGB, § 7 Satz 2 LPartG) bedeutet, dass Ehegatten bzw. Lebenspartner vermögensrechtlich weitestgehend so stehen, wie wenn sie nicht miteinander verheiratet oder verlebenspartnert wären. Die Vermögen beider Partner bleiben getrennt, unabhängig davon, ob der Vermögenserwerb bereits vor Eingehung der Ehe bzw. Lebenspartnerschaft oder erst danach erfolgt ist.

Gütertrennung kann nur durch Ehe- (§ 1408 BGB) bzw. Lebenspartnerschaftsvertrag (§ 7 Satz 1 LPartG) vereinbart werden, der der **notariellen Beurkundung** bedarf (§ 1410 BGB, § 7 Satz 1 LPartG). Formlos geschlossene Vereinbarungen sind formunwirksam und damit nichtig. Im *Fall 44* ist die Vereinbarung der Gütertrennung demnach unwirksam; Ehemann Nico kann Zugewinnausgleichsansprüche geltend machen.

Andererseits schießt die Vereinbarung von Gütertrennung natürlich nicht aus, dass die Partner während der Ehe bzw. Lebenspartnerschaft gemeinschaftliches Vermögen erwerben, etwa durch gemeinsamen Erwerb des Familienheims zum Miteigentum. Durch die Ehescheidung bzw. Lebenspartnerschaftsaufhebung werden derart geschaffene Eigentumsverhältnisse nicht angegriffen; es bleibt vielmehr beim Miteigentum; zur Auseinandersetzung bei Scheidung. Im *Fall 45* haben Nico und Selina also wirksam Miteigentum erworben; auch nach der Scheidung bleiben beide Miteigentümer der Wohnung.

bb) Was bedeutet Gütertrennung?

Haben die Partner Gütertrennung vereinbart, so findet im Fall der Scheidung – anders als im gesetzlichen Güterstand der Zugewinngemeinschaft – ein Ausgleich des ehezeitlichen Vermögenserwerbs nicht statt; die Partner partizipieren mit anderen Worten nicht am Vermögensaufbau des jeweils anderen. Hätten Günny und Margot im *Fall 46* nicht Gütertrennung vereinbart, könnte Margot bei Scheidung 15.000 Euro Zugewinnausgleich verlangen; aufgrund der Gütertrennung geht sie leer aus.

Das Zusammenleben führt trotz der Gütertrennung häufig dazu, dass gemeinsam investiert und aufgebaut wird. Zu Ungerechtigkeiten führt dies vor allem dann, wenn ein Partner – wie Margot im *Fall 46* – jahrelang unentgeltlich oder nur gegen geringes Entgelt im Betrieb des anderen mitgearbeitet und dadurch nicht unwesentlich zu dessen Vermögensaufbau beigetragen hat; Gleiches gilt, wenn trotz gleicher Anteile bei der Finanzierung „formal" – zumeist aus steuerlichen oder aus Haftungsgründen – nur ein Partner Eigentümer größerer Vermögenswerte geworden ist. Nutzen die in Gütertrennung lebenden Partner einen Gegenstand, der im Alleineigentum nur eines von ihnen steht, gemeinsam, geraten die gemeinsame Nutzung und die klare Eigentumszuordnung dann schnell in Widerspruch.

b) Ehegatteninnengesellschaft

FALL 47. Johanna und Ehemann Wilhelm vereinbaren zu Beginn ihrer Ehe Gütertrennung. Zwei Jahre nach der Eheschließung gibt Johanna ihre gutdotierte Stelle als Art-director einer großen Werbeagentur auf, um künftig Wilhelm in dessen Architekturbüro als Ideengeberin zu assistieren; ein Entgelt bekommt Johanna hierfür nicht. Im Laufe der Ehe kann Wilhelm aufgrund Johannas Unterstützung mehrere lukrative Großaufträge an Land ziehen; die Einnahmen hieraus werden zum Teil für den Familienunterhalt verwendet, im Übrigen auf Wilhelms Konto angespart. Als es zur Scheidung kommt, fordert Johanna von Wilhelm Ausgleich für ihre jahrelangen unentgeltlichen Arbeitsleistungen.

FALL 48. Im Fall 47 verfügt Johanna über keine Berufsausbildung. Wegen ihres attraktiven Auftretens war sie in Wilhelm Architekturbüro als Empfangssekretärin tätig.

FALL 49. Andrea und Holger, die in Gütertrennung verheiratet sind, erwerben während der Ehe ein beträchtliches Immobilienvermögen. Zwar finanzieren beide Ehepartner den Immobilienerwerb zu gleichen Teilen,

Eigentümer der Immobilien wird aber stets ausschließlich Holger. Im Scheidungsverfahren verlangt Andrea die Übertragung des hälftigen Immobilienvermögens auf sich.

FALL 50. Barbara und Werner sind in Gütertrennung verheiratet. Barbara ist Alleineigentümerin eines Grundstücks. Das darauf errichtete Familienheim wurde ausschließlich von Werner finanziert. Als es zur Scheidung kommt, meint Werner, aufgrund seiner finanziellen Leistungen gehöre ihm das Haus allein; Barbara – als Grundstückseigentümerin – sei verpflichtet, es ihm abzukaufen.

Der Familienrichter kann zu dem Ergebnis kommen, dass einem Partner trotz vereinbarter Gütertrennung Ausgleichsansprüche gegen den anderen zustehen, und zwar Ausgleichsansprüche aus einer sogenannten Ehegatteninnengesellschaft (§§ 738 ff. BGB).

Voraussetzung für solche Ausgleichsansprüche ist, dass die Partner beim Vermögensaufbau einen über die bloße Verwirklichung der ehelichen bzw. lebenspartnerschaftlichen Lebensgemeinschaft hinausgehenden Zweck verfolgt haben und ihnen – nach ihrer Vorstellung – das gemeinsam geschaffene Vermögen bzw. dessen Ertrag (wirtschaftlich betrachtet) auch gemeinsam zustehen sollte.

Die Partner müssen ihre Beziehung dabei nicht bewusst als gesellschaftsrechtliche Beziehung einordnen. Indizien für eine nach gesellschaftsrechtlichen Grundsätzen zu bewertende Zusammenarbeit ergeben sich z. B. aus Planung, Umfang und Dauer der Vermögensbildung, aber auch aus Absprachen über die Verwendung und die Wiederanlage erzielter Erträge. Zwar kommt es nicht entscheidend darauf an, ob die Beiträge beider Partner gleichwertig waren, auch nicht darauf, welcher Art die Beiträge – ob Sach-, Geld- oder Arbeitsleistungen – waren. Voraussetzung für eine Auseinandersetzung nach gesellschaftsrechtlichen Grundsätzen ist aber, dass jeder Partner einen nennenswerten und für den erstrebten Erfolg bedeutsamen Beitrag geleistet hat. Führt ein Partner eine bloß untergeordnete, weisungsgebundene Tätigkeit aus, stehen ihm Ausgleichsansprüche nach gesellschaftsrechtlichen Grundsätzen nicht zu.

Vor allem in Fällen, in denen ein Partner im Betrieb des anderen jahrelang mitgearbeitet hat, ohne hierfür ein Gehalt zu beziehen, aber auch in Fällen, in denen ein Partner ein von beiden finanziertes erheblichen Immobilienvermögen angesammelt hat, geht die Rechtsprechung von einer stillschweigend geschlossenen Ehegatteninnengesellschaft aus. So kommen im *Fall 47* Ausgleichsansprüche von Ehefrau Johanna für ihre Mitarbeit in Wilhelms Architekturbüros in Betracht. Ebenso kann man Andrea im *Fall 49* wegen ihres Beitrags zum Aufbau von Holgers nicht unerheblichen Immobilienvermögens Ausgleichsansprüche aus Ehegatteninnengesellschaft zusprechen. Anders ist die Rechtslage in *Fall 48* zu beurteilen; weil Johanna hier lediglich eine untergeordnete und weisungsgebundene Tätigkeit ausführt, scheiden Ausgleichsansprüche aus Ehegatteninnengesellschaft aus. Im *Fall 50* fehlt es an dem für die Ehegatteninnengesellschaft notwendigen eheüberschreitenden Zweck; hier können Werner aber Ansprüche wegen Wegfalls der Geschäftsgrundlage zustehen, dazu sogleich.

Für Entstehung und Errechnung der Ausgleichsansprüche aus Ehegatteninnengesellschaft gilt (in aller Kürze):

Mit Auflösung der Gesellschaft – regelmäßig also mit der Trennung der Partner – erfolgt die „Auseinandersetzung" des Gesellschaftsvermögens, im *Fall 47* also Wilhelms Architekturbüro, im *Fall 49* Holgers Immobilienvermögens.

Das heißt: Die Aktiva des Gesellschaftsvermögens und deren Wert sind zu ermitteln, Verbindlichkeiten sind – soweit sie der Gesellschaft zuzuordnen sind – in Abzug zu bringen. War im Zeitpunkt des Entstehend der Gesellschaft bereits Gesellschaftsvermögen vorhanden (im *Fall 47* hatte Wilhelms Architekturbüro ja schon vor Johannas Mitarbeit einen gewissen Wert) oder hat ein Partner Schenkungen oder Erbschaften in die Gesellschaft eingebracht, sind diese Vermögenswerte herauszurechnen und demjenigen Partner zurückzuerstatten, der die Einlage erbracht hat. Soweit Gewinne der Gesellschaft nicht wieder in diese oder für Unterhaltszwecke verwandt wurden, sondern – wie die Ansparungen auf Wilhelms Konto im *Fall 47* – nur einem Partner alleine zugute gekommen sind, sind sie dem Gesellschaftsvermögen wieder zuzurechnen.

Die Frage, mit welchem Anteil der Partner sodann am Gesellschaftsvermögen zu beteiligten ist (also wie hoch im *Fall 47* Johannas und im *Fall 49* Andreas Ausgleichsanspruch wäre), richtet sich nach der Vereinbarung der Partner. Lässt sich eine anderweitige Verteilungsabsicht nicht feststellen, steht beiden Partnern ein gleich hoher Anteil am Gesellschaftsvermögen zu (§ 722 Abs. 1 BGB). Anhaltspunkte für eine abweichende Verteilungsabrede können sich aus ungleichen Beiträgen der Partner ergeben, wenn etwa ein Partner nur in Teilzeit gearbeitet oder einen (erheblich) geringeren Kapitalbeitrag geleistet hat. Denkbar ist übrigens, dass der im Betrieb des anderen mitarbeitende Partner nicht nur am Gewinn, sondern auch am Verlust der Ehegatteninnengesellschaft beteiligt wird.

Der Ausgleichsanspruch ist auf **Geld** gerichtet. Kein Partner kann vom anderen eine dingliche Beteiligung am Gesellschaftsvermögen verlangen. Somit scheidet im *Fall 49* ein Anspruch Andreas auf Übertragung eines hälftigen Miteigentumsanteils aus; auch wird im *Fall 47* Johann nicht etwa „Mitinhaberin" des Architekturbüros.

c) Wegfall der Geschäftsgrundlage ehebezogener Zuwendungen

FALL 51. Im Fall 50 trennen sich die Barbara und Werner 25 Jahre nach Errichtung des Familienheims

FALL 52. Im Fall 50 zieht Werner ein Jahr nach der Errichtung des Hauses aus.

FALL 53. Edgar und Beate haben 30 Jahre in Gütertrennung gelebt. Beate hat Edgar beim Aufbau seiner Firma tatkräftig unterstützt. Zum Dank dafür überträgt Edgar ein Jahr vor der Trennung an Beate die gemeinsam genutzte Villa im Wert von 2.000.000 Euro. Nach der Trennung will Edgar die Villa zurück.

Zuwendungen an den Ehegatten bzw. Lebenspartner liegt häufig die Vorstellung zugrunde, dass die eheliche bzw. lebenspartnerschaftliche Gemeinschaft auch künftig Bestand haben wird. So finanziert Werner im *Fall 50* den Bau des Familienheims in der Erwartung, dort auf Dauer gemeinsam mit Barbara zu wohnen. Juristen sprechen daher von „ehebezogenen“ Zuwendungen (im Gegensatz zu echten Schenkungen an den Ehegatten, die – wie z. B. Geburtstagsgeschenke – nicht auf der Erwartung beruhen, der Schenker werde künftig am Geschenk teilhaben; um echte Schenkungen geht es hier nicht). Mit Beendigung der Ehe bzw. Lebenspartnerschaft fällt die „Geschäftsgrundlage“ für solche ehebezogenen Zuwendungen weg und es kommen Ausgleichsansprüche nach den Grundsätzen des Wegfalls bzw. der Störung der Geschäftsgrundlage in Betracht (§ 313 BGB). Solche Ausgleichsansprüche sollen nach Ansicht der Rechtsprechung aber eher die Ausnahme sein.

Voraussetzung für einen Ausgleichsanspruch wegen Wegfalls bzw. Störung der Geschäftsgrundlage ist, dass das Beibehalten der durch die Zuwendung herbeigeführten Vermögensverhältnisse dem zuwendenden Partner unzumutbar ist. Für die Frage, ob und in welcher Höhe ein Ausgleichsanspruch besteht, kommt es auf die konkreten Umstände des Einzelfalls an. Maßgeblich sind in erster Linie die Dauer der Ehe sowie das Motiv für die Zuwendung. War die Ehe seit der Zuwendung von langer Dauer (dies wird etwa bei 20 Jahren Ehedauer angenommen), hat sich der Zweck der Zuwendung in der Regel verwirklicht, so dass Ausgleichsansprüche – wie im *Fall 51* – ausscheiden. Im *Fall 52* hingegen ist seit der Zuwendung erst ein Jahr vergangen, so dass Ausgleichsansprüche in Betracht kommen. Soll – wie im *Fall 53* – die Zuwendung den Empfänger für geleistete Dienste entlohnen, ist die Zuwendung selbst also bereits angemessener Ausgleich für Leistungen des Empfängers, werden Ausgleichsansprüche gleichfalls ausscheiden. Daneben berücksichtigt die Rechtsprechung v.a. Art und Umfang der Zuwendung und die Einkommens- und Vermögensverhältnisse der Partner sowie deren gesundheitlichen Zustand. Keine Rolle spielen hingegen Eheverfehlungen des Zuwendungsempfängers, die zur Trennung geführt haben.

Der Ausgleichsanspruch wegen Wegfalls bzw. Störung der Geschäftsgrundlage ist der Höhe nach auf den Geldbetrag begrenzt, um den das Vermögen des Zuwendungsempfängers im Zeitpunkt des Entstehens des Ausgleichsanspruchs noch gemehrt ist. Ist die

Zuwendung beim Empfänger nicht mehr vorhanden, scheidet ein Anspruch demnach aus.

Der Ausgleichsanspruch wegen Wegfalls bzw. Störung der Geschäftsgrundalge entsteht mit endgültiger Trennung der Partner und ist vom Grundsatz her auf Geld gerichtet. Zur Rückgewähr des zugewendeten Gegenstands verpflichtet der Familienrichter den Zuwendungsempfänger nur ganz ausnahmsweise, etwa dann, wenn der zuwendende Partner auf den Gegenstand aus gesundheitlichen Gründen dringend angewiesen ist.

Was können die Ehegatten/Lebenspartner vereinbaren?

Selbstverständlich können die Ehegatten bzw. Lebenspartner die Mitarbeit des einen im Unternehmen des anderen von Anfang an auf eine **arbeitsvertragliche** Grundlage stellen, die dem mitarbeitenden Partner bereits während der Ehe bzw. Lebenspartnerschaft ein laufendes Einkommen und damit einen laufenden Ausgleich für seine Mitarbeit sichert. Entsprechendes gilt für den gemeinsam finanzierten einseitigen Vermögensaufbau; hier ist vor allem an die *ausdrückliche* Gründung einer Gesellschaft – zumeist einer **Gesellschaft bürgerlichen Rechts** (GbR) – zu denken, für deren Auseinandersetzung im Scheidungsfall das Gesetz detaillierte Regelungen vorsieht (§§ 738 ff. BGB). Anders als bei der sog. Ehegatteninnengesellschaft sind die Partner, wenn sie ausdrücklich eine Gesellschaft bürgerlichen Rechts errichten, nicht auf Zwecke beschränkt, die über die Verwirklichung der ehelichen/lebenspartnerschaftlichen Lebensgemeinschaft hinausgehen; so würde – bei ausdrücklicher Errichtung einer GbR – im *Fall 50* auch die Errichtung des Familienheims gesellschaftsrechtlichen Regeln unterfallen.

Fehlen solche vorsorgenden Vereinbarungen, spricht nichts dagegen, sie im Scheidungsfall – jedenfalls vom wirtschaftlichen Ergebnis her – nachzuholen. So kann die von einem Partner geleistete Mitarbeit auch nachträglich noch vergütet werden, etwa durch Zahlung einer Abfindungssumme. Auch können die Partner eine Auseinandersetzung gemeinsam geschaffener Vermögenswerte – auch oder gerade wenn sie im Eigentum nur eines Partners stehen – in Anlehnung an die gesellschaftsrechtlichen Regeln vereinbaren. Dabei ist es ihnen auch unbenommen, Ausgleich nicht nur in Geld zu leisten; vielmehr kann auch ein realer Vermögenswert, wie etwa eine Immobilie, auf einen Partner übertragen werden.

In jedem Fall sollten Partner, die in Gütertrennung leben, bei Abschluss einer Scheidungsvereinbarung im Auge behalten, dass – wie gesehen – durch die Gütertrennung nicht sämtliche Ausgleichsansprüche im Hinblick auf den ehezeitlichen/lebenspartnerschaftszeitlichen Vermögenserwerb ausgeschlossen sind. Um überraschende „Nachforderungen" eines Partners zu vermeiden, können wechselseitige Ansprüche aus stillschweigend geschlossener Ehegatteninnengesellschaft oder wegen Wegfalls bzw. Störung der Geschäftsgrundlage **ausgeschlossen** werden. Zu den Grenzen eines solchen Verzichts s. S. 21 f.

3. Einvernehmliche Auseinandersetzung der Gütergemeinschaft

Was sagen Gesetz und Rechtsprechung?

FALL 54. Zwei Tage vor Eheschließung übernimmt Herbert den landwirtschaftlichen Betrieb seiner Eltern. Weil die ganze Familie schon mal beim Notar sitzt, vereinbart Herbert im Anschluss an die Hofübergabe mit seiner künftigen Ehefrau Beate ehevertraglich Gütergemeinschaft; immerhin haben auch Herberts Eltern und Großeltern Gütergemeinschaft. Beate ist mit der Vereinbarung von Gütergemeinschaft auf Anraten ihrer Mutter einverstanden; mit der Gütergemeinschaft verbindet Beate die Vorstellung finanzieller Absicherung, zumal sie auf Herberts Hof tatkräftig mitarbeiten wird. 30 Jahre später stehen Herbert und Beate vor den Scherben ihrer Ehe. Herbert meint nun, ihm gehöre der landwirtschaftliche Betrieb nach der Scheidung allein; Beate stehe nichts zu, da sie auch nichts in die Ehe eingebracht habe. Beate hingegen meint, ihr gehöre die Hälfte des Hofes, daran könne die Scheidung nicht rütteln.

FALL 55. Im Fall 54 übergeben die Eltern den Hof erst nachdem Herbert geheiratet und ehevertragliche Gütergemeinschaft vereinbart hat. Im Übergabevertrag – an dem Beate nicht beteiligt wird – heißt es, die Übergabe erfolge „zum Vorbehaltsgut".

FALL 56. Markus und Helene leben in Gütergemeinschaft. Beide sind ohne Vermögen in die Ehe gegangen. Bei Trennung ist als einziger Vermögensgegenstand ein Einfamilienhaus vorhanden. Helene möchte das Haus zum Alleineigentum übernehmen und Markus auszahlen. Markus ist dagegen.

a) Wirkungen der Gütergemeinschaft

Ehegatten bzw. Lebenspartner können durch Ehe- bzw. Lebenspartnerschaftsvertrag den Güterstand der Gütergemeinschaft vereinbaren, §§ 1408 Abs. 1, 1415 BGB, § 7 LPartG. Die Vereinbarung von Gütergemeinschaft bewirkt, dass sowohl Vermögen, das die Partner bei Eingehung der Ehe bzw. Lebenspartnerschaft bereits hatten, als auch Vermögen, das ein Partner während der Ehe bzw. Lebenspartnerschaft erwirbt, kraft Gesetzes gemeinschaftliches Vermögen beider Partner wird (sog. **Gesamtgut**, § 1416 BGB); dies gilt auch für Verbindlichkeiten. Lediglich nicht übertragbare Vermögensgegenstände, wie unpfändbare Gehalts- und Unterhaltsansprüche, bleiben – ohne dass es hierzu einer Vereinbarung der Partner bedürfte – Alleineigentum des jeweiligen Partners (sogenanntes **Sondergut**, § 1417 BGB). Daneben besteht die Möglichkeit, Vermögensgegenstände, die sonst ins Gesamtgut fielen, ehevertraglich zum Alleineigentum eines Partners zu erklären (sogenanntes **Vorbehaltsgut**, § 1418 BGB); Vorbehaltsgut wird auch dann begründet, wenn der ehezeitliche Erwerb eines Vermögensgegenstandes auf Schenkung oder Erbschaft beruht und der Zuwendende eine entsprechende Bestimmung (Zuwendung „zum Vorbehaltsgut") trifft. Im *Fall 54* fällt der Hof in das Gesamtgut; im *Fall 55* fällt der Hof – aufgrund entsprechender Bestimmung der Eltern im Übergabevertrag – in das Vorbehaltsgut von Herbert.

b) Auseinandersetzung des Gesamtguts bei Scheidung bzw. Lebenspartnerschaftsaufhebung

Bei Ehescheidung bzw. Lebenspartnerschaftsaufhebung verbleiben **Sondergut** und **Vorbehaltsgut** im Alleineigentum des jeweiligen Partners. Ist ein Vermögensgegenstand – wie der Hof im *Fall 55* –

Vorbehaltsgut eines Partners, so steht der andere Partner – wenngleich Gütergemeinschaft vereinbart wurde – in Ansehung des Hofes nicht anders als bei Gütertrennung; Ausgleichsansprüche des anderen Partners bestehen in Ansehung des Hofes nicht – auch nicht wegen etwa gemeinsam erwirtschafteter Wertsteigerungen. Im *Fall 55* steht Beate bei Scheidung daher schlechter als im gesetzlichen Güterstand.

Doch auch die Auseinandersetzung des **Gesamtguts** erfolgt nicht etwa schlicht durch hälftige Verteilung zwischen den Partnern. Die Teilung vollzieht sich vielmehr in den in Abb. 3 folgenden Schritten:

1. Schritt	▪ Zunächst sind alle **Gesamtgutsverbindlichkeiten** aus dem Gesamtgut zu tilgen, § 1475 BGB. Befinden sich hierfür nicht genügend Barmittel im Gesamtgut, so ist das Gesamtgut soweit zu liquidieren, als zur Befriedigung der Gesamtgutsverbindlichkeiten erforderlich.
2. Schritt	▪ Sind sämtliche Gesamtgutsverbindlichkeiten bezahlt, kann jeder Partner verlangen, dass er die zu seinem persönlichen Gebrauch bestimmten Sachen sowie die von ihm in das Gesamtgut eingebrachten, ererbten oder durch Schenkung oder Ausstattung erworbenen Gegenstände *zum Alleineigentum* erhält (sogenanntes **Übernahmerecht,** § 1477 Abs. 2 BGB). Jeder Partner darf also die von ihm in das Gesamtgut eingebrachten Gegenstände wieder entnehmen. Im *Fall 54* steht Herbert ein Übernahmerecht am landwirtschaftlichen Betrieb zu (anders im *Fall 56:* Helene hat keinen Anspruch auf Übernahme des Hauses, weil es erst während der Ehe von beiden Ehegatten angeschafft wurde). Zwar muss der übernehmende Partner Wertersatz für den übernommenen Gegenstand leisten; maßgeblich ist der Wert zum Zeitpunkt der Übernahme. Im Fall der Ehescheidung bzw. Lebenspartnerschaftsaufhebung erhält er jedoch seinerseits den Wert dessen erstattet, was er in das Gesamtgut eingebracht hat, § 1478 BGB; maßgeblich ist der Wert zum Zeitpunkt der Einbringung. Im Ergebnis muss der zur Übernahme berechtigte Ehegatte daher nur **Wertsteigerungen** des eingebrachten Gegenstandes in das Gesamtgut ersetzen.
3. Schritt	▪ Erst jetzt wird der verbleibende Rest des Gesamtgutes hälftig geteilt, § 1476 Abs. 1 BGB.

Abb. 3: Teilung des Gesamtguts

Schlussendlich werden im Fall der Scheidung bzw. Lebenspartnerschaftsaufhebung also nur die Wertsteigerungen in das Gesamtgut eingebrachter Gegenstände und der Erwerb während der Ehe bzw. Lebenspartnerschaft geteilt. Ein Ergebnis, das der Rechtslage bei Zugewinngemeinschaft im Wesentlichen entspricht. Die Gütergemeinschaft bewirkt bei Ehescheidung bzw. Lebenspartnerschaftsaufhebung also keine Besserstellung im Vergleich zum gesetzlichen Güterstand. Lediglich im Bereich land- und forstwirtschaftlicher Betriebe gilt eine Ausnahme: Da die Bewertungsvorschrift des § 1376 Abs. 4 BGB (s. S. 40) bei der Gütergemeinschaft nicht anwendbar ist, ist ein land- und forstwirtschaftlicher Betrieb – anders als im gesetzlichen Güterstand – nicht mit seinem (relativ statischen) Ertragswert, sondern mit seinem Verkehrswert zu bewerten. Dadurch kann der „Zugewinn" des im Betrieb mitarbeitenden Partners im Güterstand der Gütergemeinschaft unter Umständen höher ausfallen als im gesetzlichen Güterstand.

Im *Fall 54* hat Beate also keinen Anspruch auf Übertragung des halben Hofes. Vielmehr kann Herbert den von ihm eingebrachten landwirtschaftlichen Betrieb dem Gesamtgut – gegen Ersatz der Wertsteigerungen – entnehmen. Beate erhält (nur) die hälftige Wertsteigerung des Hofes. Im *Fall 55* geht Beate leer aus; zu etwaigen Ansprüchen aus Ehegatteninnengesellschaft *s. aber S. 65.*

Bis zur endgültigen und vollständigen Auseinandersetzung des Gesamtguts setzt sich die Gütergemeinschaft als sogenannte Liquidationsgemeinschaft fort, §§ 1471 Abs. 2, 1419 BGB. Das Gesamtgut bleibt bis zur Auseinandersetzung gesamthänderisches Vermögen, das beide Partner gemeinschaftlich verwalten, § 1422 Abs. 1 BGB, und über das kein Partner selbständig verfügen kann, §§ 1471 Abs. 2, 1419 BGB.

Jedem Partner steht nach Beendigung des Güterstands der Gütergemeinschaft – sei es durch rechtskräftige Scheidung bzw. Lebenspartnerschaftsaufhebung, sei es durch Ehevertrag – ein Anspruch auf Auseinandersetzung des Gesamtguts zu, § 1471 Abs. 1 BGB. Kommt ein Partner dem Auseinandersetzungsbegehren nicht freiwillig nach, kann der Auseinandersetzungsanspruch klageweise geltend gemacht werden (sog. **Auseinandersetzungsklage**). Die Auseinandersetzungsklage kann grundsätzlich nur auf *vollständige* Teilung des Gesamtguts gerichtet werden; eine Teilauseinandersetzung soll die Ausnahme sein. Die Klage ist nur dann begründet (d. h. erfolgreich), wenn die angestrebte Auseinandersetzung den gesetzlichen Teilungsregeln der §§ 1475 ff. BGB entspricht. Sie ist demnach unbegründet, wenn der Auseinandersetzungsanspruch nicht alle im Gesamtgut vorhandenen Aktiva und Passiva umfasst. Sie ist auch dann unbegründet, wenn noch nicht alle Gesamtgutsverbindlichkeiten berichtigt sind; das Gesamtgut darf letztlich nur noch aus Geld oder in Natur teilbaren Gegenständen bestehen. Dabei soll Teilbarkeit in Natur nur dann vorliegen, wenn sich der zu teilende Gegenstand ohne Wertminderung in gleichartige Teile teilen lässt. Eine Teilung in gleichartige Teile scheidet bei dem Einfamilienhaus im *Fall 56* aus (das Haus kann ja schlecht in der Mitte zersägt werden; und selbst wenn – die beiden Hälfte wären nicht gleichartig, wenn sich die Heizanlage nur in einer Haushälfte befände). Konsequenz ist, dass das Haus – wenn sich Markus und Helene nicht auf eine Veräußerung verständigen können – zunächst im Wege der Zwangsversteigerung (sog. Teilungsversteigerung zum Zwecke der Aufhebung der Gemeinschaft) liquidiert werden muss; der bei der Versteigerung erzielt Erlös kann dann im Auseinandersetzungsverfahren verteilt werden. Die Auseinandersetzungsklage kann im *Fall 56* insbesondere nicht darauf gerichtet werden, dass Helene das Haus zum Alleineigentum übernimmt und Markus dafür in Höhe des Verkehrswerts auszahlt.

Zur Aufstellung eines Auseinandersetzungsplans ist es unvermeidbar, den Wert sämtlicher Aktiva und Passiva des Gesamtguts zu kennen. Hierzu werden – gerade im streitigen Verfahren – Wertgutachten erforderlich sein. Problematisch ist, dass nach Ansicht der Rechtsprechung maßgeblicher Stichtag für die Bewertung der Tag ist, an dem die Gütergemeinschaft endgültig auseinandergesetzt wird. Da sich die Wertverhältnisse zwischen Einreichung der Auseinandersetzungsklage und dem Tag der endgültigen Auseinandersetzung der Gütergemeinschaft ändern können, entstehen in der Praxis – gerade bei langwierigen streitigen Auseinandersetzungsverfahren – Bewertungsprobleme, die unter Umständen die Einholung nochmaliger Wertgutachten erforderlich machen.

Was können die Ehegatten/Lebenspartner vereinbaren?

FALL 57. Nach Jahren gerichtlicher Streitigkeiten über die Auseinandersetzung des Gesamtguts haben Yvonne und Magdalena „die Nase gestrichen voll". Die – bislang erfolglosen – Gerichtsverfahren haben beide zermürbt. Yvonne und Magdalena verständigen sich nunmehr darauf, dass Yvonne das Aktienpaket und Magdalena das bis zur Trennung gemeinsam genutzte Einfamilienhaus übernimmt.

FALL 58. Helmuth und Ehefrau Heide vereinbaren, dass Helmuth das zum Gesamtgut gehörende Wohnhaus zum Alleineigentum übernimmt, und zwar gegen Zahlung von 75.000 Euro und Übernahme der noch bestehenden Verbindlichkeiten. Das restliche Gesamtgut soll einstweilen ungeteilt bleiben, da der von beiden beauftragte Wirtschaftsprüfer noch klärt, wie viel der während der Gütergemeinschaft aufgebaute Betrieb wert ist.

In der Praxis sind langjährige Streitigkeiten um die Auseinandersetzung des Gesamtguts eher der Regelfall als die Ausnahme.

Sind sich die Partner über die Auseinandersetzung des Gesamtguts einig, können sie hierüber aber eine vertragliche Vereinbarung treffen, § 1474 BGB, und so zermürbende gerichtliche Auseinandersetzungsverfahren vermeiden. Inhaltlich sind die Partner nicht an die gesetzlichen Vorgaben der §§ 1475 ff. BGB gebunden. Vielmehr sind die Partner – unter Beachtung der allgemeinen Grenzen (s. S. 21 f.) – in der Auseinandersetzung des Gesamtguts frei. Im *Fall 57* können Yvonne und Magdalena unproblematisch vertraglich vereinbaren, dass Yvonne das Aktienpaket und Magdalena das Einfamilienhaus erhält. Auch können sich die Partner auf bestimmte Wertfestsetzungen einigen und sich so teure Wertgutachten ersparen. Im Wege vertraglicher Vereinbarung ist auch – wie im *Fall 58* – eine vorläufig nur teilweise Auseinandersetzung des Gesamtguts möglich.

Wegen der Formbedürftigkeit der Auseinandersetzungsvereinbarung ist zu unterscheiden: Ist der Güterstand der Gütergemeinschaft wirksam beendet (durch rechtskräftige Scheidung oder Lebenspartnerschaftsaufhebung oder durch Ehevertrag), ist eine Auseinandersetzungsvereinbarung grundsätzlich formfrei möglich (es sei denn, das Gesetz bestimmt für die Übertragung des betreffenden Vermögensgegenstandes, wie etwa für die Übertragung von Immobilien, eine bestimmte Form s. S. 23 ff.). Ist der Güterstand noch nicht beendet, bedarf die Auseinandersetzungsvereinbarung in ihrer Gesamtheit der notariellen Beurkundung, § 1410 BGB.

II. Vereinbarungen zum Versorgungsausgleich

1. Der gesetzliche Versorgungsausgleich

FALL 59. Frieda hat mit Martin bereits acht Jahre „wild" zusammengelebt. In dieser Zeit hat sie zwei Kinder bekommen. Wegen der Betreuung der beiden Kinder hat sie sechs Jahre lang nur stundenweise gearbeitet. Erst beim dritten Kind haben beide geheiratet. Nach fünf Jahren Ehe, während der Frieda weiterhin nur halbtags tätig war, kommt es nunmehr zur Scheidung. Frieda geht davon aus, dass sie für den Nachteil, den sie die letzten 13 Jahre hinsichtlich ihrer Rente hatte, einen Ausgleich von Martin erhalten muss.

FALL 60. Manfred ist selbstständig. Er ist nicht rentenversichert, sondern hat mehrere private Kapitallebensversicherungen und außerdem mit Immobilien für sein Alter vorgesorgt. Zum Schutz des Familienunternehmens ist im Gesellschaftsvertrag vorgesehen, dass jeder Gesellschafter Gütertrennung vereinbaren muss. Dies haben Manfred und Franziska bei Eheschließung getan. Franziska ist, auch auf Wunsch ihres Mannes, zur Betreuung der Kinder, seiner Eltern und, „um ihm den Rücken freizuhalten", während der zwanzigjährigen Ehe nicht berufstätig gewesen. Franziska meint, es müsse vom Familiengericht etwas von der Altersversorgung von Manfred auf sie übertragen werden, da sie die letzten zwanzig Jahre, in denen sie nur Erziehungszeiten für ihre Rente erworben hat, keine Möglichkeit hatte, etwas für ihre Alters- und Invaliditätsvorsorge zu tun.

FALL 61. Michael und Moritz gehören zu den ersten Paaren, die nach Inkrafttreten des Lebenspartnerschaftsgesetzes am 1. 8. 2001 ihre langjährige Verbindung bei der zuständigen Behörde besiegeln ließen. Moritz hat in den letzten zehn Jahren seine Erwerbstätigkeit erheblich eingeschränkt, um die kranken Eltern von Michael zu Hause zu pflegen und deren Abschiebung in ein Altersheim zu vermeiden. Er hat in der Zeitung gelesen, dass das Bundesverfassungsgericht Lebenspartnern eine Witwenrente zugesprochen und der Gesetzgeber daraufhin den Versorgungsausgleich auch für Lebenspartner eingeführt hat. Deshalb geht er davon aus, dass ihm bei der nunmehr anstehenden Aufhebung ihrer Lebenspartnerschaft Rentenanrechte von Michael übertragen werden, um die „Lücke" in seiner sozialen Biographie zu schließen. Er überlegt, ob sich mit einer Eheschließung seine Situation geändert hätte.

Was sagen Gesetz und Rechtsprechung?

a) Wechselseitige Halbteilung – das Prinzip

Anrechte auf eine Versorgung wegen Alters oder verminderter Erwerbsfähigkeit zählen anlässlich einer Scheidung oder Lebenspartnerschaftsaufhebung zu den Folgesachen. Der Versorgungsausgleich ist in einem eigenen Gesetz, dem Versorgungsausgleichsgesetz (VersAusglG) geregelt. Der Versorgungsausgleich zielt wie der Zugewinnausgleich auf einen Ausgleich anlässlich Scheidung bzw. Lebenspartnerschaftsaufhebung. Die in der Ehe-/Lebenspartnerschaftszeit erworbenen Anteile von Anrechten (Ehe-/Lebenspartnerschaftszeitanteile) sind jeweils zur Hälfte zwischen den Partnern zu teilen. Anders als früher kommt es dabei nicht zur Saldierung der Anrechte; vielmehr wird jedes einzelne Anrecht zwischen den geschiedenen Ehegatten bzw. früheren Lebenspartnern geteilt. Der Hin- und Her-Ausgleich erfolgt regelmäßig durch einen beiderseitigen Ausgleich, wenn nicht gleichartige Versorgungsanrechte vorliegen. Der Anspruch jedes Partners besteht jeweils hinsichtlich des hälftigen Wertes jedes in der Ehe-/Lebenspartnerschaftszeit erworbenen Anrechts (§ 1 Abs. 1 VersAusglG, § 20 Abs. 1 LPartG). Dieser **Halbteilungsgrundsatz** entspricht dem Leitbild der gleichberechtigten Ehe bzw. Lebenspartnerschaft, in der Erwerbs- und Familienarbeit als gleichwertig angesehen werden.

b) Unabhängigkeit vom Güterstand

FALL 62. Als Hermann nach zwanzigjähriger Ehe die junge Gabi kennenlernt, geht er von einer raschen und unkomplizierten Scheidung von Dorothea aus, nachdem er mit dieser bereits vor der Ehe Gütertrennung vereinbart hat, die Kinder auswärts studieren und beide wieder voll erwerbstätig sind. Als ihn sein Anwalt darauf hinweist, dass der Versorgungsausgleich durchzuführen ist, meint er, dies könne im Hinblick auf die vereinbarte Gütertrennung doch nicht sein.

Der Versorgungsausgleich findet **unabhängig vom Güterstand** der Ehegatten/Lebenspartner statt. Bei Ehegatten/Lebenspartnern, die im gesetzlichen Güterstand der Zugewinngemeinschaft leben, unterliegt Vermögen, das der Altersversorgung dient, entweder dem Zugewinn- oder dem Versorgungsausgleich. Haben sie Gütertrennung vereinbart, werden lediglich die dem Versorgungsausgleich unterfallenden Anrechte (s. **interne Verweisung**) hälftig geteilt. Vermögen, das der Altersversorgung dient, aber in den Zugewinnausgleich fallen würde, ist dann nicht auszugleichen. Anders als nach früherer Rechtslage hat auch ein etwaiger vertraglicher Ausschluss des Versorgungsausgleichs keine Auswirkungen mehr auf das Güterrecht; schließen Partner den Versorgungsausgleich aus, tritt nicht zusätzlich noch Gütertrennung ein.

c) Gerichtsverfahren

Das Verfahrensrecht des Versorgungsausgleichs ist in den §§ 217 ff. FamFG enthalten. Es gilt grundsätzlich das Amtsprinzip. Der Versorgungsausgleich als Wertausgleich ist im Zusammenhang mit dem Scheidungs-/Aufhebungsverfahren **von Amts wegen durchzuführen** (§ 137 Abs. 2 Satz 2 FamFG). Es bedarf keines Antrags der Beteiligten. Das Familiengericht ermittelt von sich aus die Anrechte der Partner und entscheidet über den Versorgungsausgleich ohne diesbezüglichen Antrag.

Ein Antrag ist nur bei einer Ehe-/Lebenspartnerschaftszeit von unter drei Jahren erforderlich (§ 3 Abs. 3 VersAusglG, § 20 Abs. 1 LPartG), bei Ausländerbeteiligung, wenn das anwendbare Recht den Versorgungsausgleich nicht vorsieht, und beim schuldrechtlichen

Versorgungsausgleich. Über den Versorgungsausgleich wird gleichzeitig mit der Scheidung/Lebenspartnerschaftsaufhebung verhandelt und entschieden (**Verbundverfahren**). Nur ausnahmsweise wird das Versorgungsausgleichsverfahren abgetrennt (§ 140 FamFG) und isoliert verhandelt. Gleiches gilt, wenn die Scheidung/Aufhebung im Ausland erfolgt ist.

Zur Ermittlung der Anrechte der Beteiligten erhalten diese vom Familiengericht eine Mitteilung über die Dauer der Ehe/Lebenspartnerschaft und die erforderlichen amtlichen Vordrucke. Die Beteiligten sind verpflichtet, die Angaben zur Person, zu ihrer beruflichen Tätigkeit und dem für sie zuständigen Versorgungsträger einschließlich Versicherungsnummern zu machen. Danach erfolgt die Kontenklärung, die mit einem Antrag beginnt und mit einem Kontenklärungsfeststellungsbescheid endet. Die meisten Versicherungen haben Rentenberatungsstellen, die beim Ausfüllen der Unterlagen Hilfe leisten. Die für das Verfahren erforderlichen Auskünfte werden sodann vom Familiengericht an die betroffenen Versorgungsträger eingereicht. Das familiengerichtliche Verfahren endet mit der Übertragung oder Begründung von Anwartschaften. Bei der internen Teilung werden Anwartschaften bei einem Versorgungsträger auf beide Beteiligten übertragen. Bei der externen Teilung erfolgt eine Kapitalzahlung eines Versorgungsträgers zur Begründung von Anwartschaften für den anderen Partner.

d) Dem Versorgungsausgleich unterfallende Anrechte

FALL 63. Hermann ist selbstständig und hat lediglich eine Kapitallebensversicherung als Alters- und Invaliditätsvorsorge. Martina ist in der gesetzlichen Rentenversicherung versichert. Sie ist verwirrt, da nur sie Auskünfte hinsichtlich ihrer Rentenanwartschaften machen muss. Es könne doch nicht sein, dass sie von ihren Anwartschaften etwas übertragen müsse, und Hermann seine Lebensversicherung behalten dürfe.

Der Gesetzgeber versucht Überschneidungen zwischen Versorgungsausgleich und Zugewinnausgleich zu vermeiden. Dem Versorgungsausgleich kommt **Vorrang zu** (§ 2 Abs. 4 VersAusglG, § 20 Abs. 1 LPartG). Dem Versorgungsausgleich unterliegen im In- oder

Ausland bestehende Anwartschaften auf Versorgungen und Ansprüche auf laufende Versorgungen, insbesondere aus der gesetzlichen Rentenversicherung, der Beamtenversorgung, der berufsständischen Versorgung, der betrieblichen Altersversorgung und der privaten Alters- und Invaliditätsvorsorge. Anders ist dies bei Leistungen mit Entschädigungscharakter; diese unterfallen nicht dem Versorgungsausgleich. Hierzu gehören Leistungen aus der gesetzlichen oder privaten Unfallversicherung, Renten nach dem Bundesversorgungsgesetz und Bundesentschädigungsgesetz, Haftopferrenten, Blindengelder und erhöhte Bezüge im öffentlichen Dienst aufgrund eines Unfalls. Gleiches gilt für sozialhilferechtliche Zuwendungen, wie z. B. das Wohngeld, das Elterngeld und die Ausbildungsförderung, auch wenn diese in Form einer Rente bezahlt werden.

Anrechte sind ferner nur dann auszugleichen, sofern sie durch Arbeit oder Vermögen geschaffen oder aufrechterhalten worden sind und der Absicherung im Alter oder bei Invalidität, insbesondere wegen verminderter Erwerbsfähigkeit, Berufsunfähigkeit oder Dienstunfähigkeit, dienen und auf eine Rente gerichtet sind. Damit werden nur regelmäßig wiederkehrende Zahlungen erfasst. Eine Ausnahme hiervon gilt für Anrechte i. S. des Betriebsrentengesetzes und des Altersvorsorgeverträge-Zertifizierungsgesetzes (AltZertG). Sie sind unabhängig von der Leistungsform auszugleichen. Es kommt dabei nicht darauf an, ob die am Ende der Ehe-/Lebenspartnerschaftszeit maßgebliche Wartezeit, Mindestbeschäftigungszeit, Mindestversicherungszeit oder ähnliche zeitliche Voraussetzung erfüllt ist. Die vorgenannten Anwartschaften sind auf einen Kapitalbetrag abgeschlossen, unterliegen aber in jedem Fall dem Versorgungsausgleich und scheiden damit im Zugewinnausgleich aus.

Dem Versorgungsausgleich unterliegen somit Anrechte der gesetzlichen Rentenversicherung, der Altersversorgung der Landwirte, der Beamtenversorgung, der Versorgung aus einem öffentlich-rechtlichen Dienst- oder Arbeitsverhältnis, der berufsständischen Versorgungen, wie z. B. der Ärzteversorgung, der Anwaltsversorgung, der Notarversorgung etc., der betrieblichen Altersversorgung durch Direktzusagen, Unterstützungskassen, Direktversicherungen, Pensionskassen und Pensionsfonds sowie private Versorgungen, z. B.

private Rentenlebensversicherungen. Erforderlich ist eine **Geldzahlung**. Naturalleistungen, Wohnrechte und sonstige Nutzungs- oder Bezugsrechte (z. B. Bierdeputate, ermäßigte Beförderungsleistungen) fallen nicht hierunter. Gleiches gilt für Kapitalleistungen, da es sich um eine Rentenzahlung handeln muss. Eine Ausnahme gilt nur für Anrechte i. S. des Betriebsrentengesetzes (BetrAVG) und für Anrechte i. S. des Altersvorsorgeverträge-Zertifizierungsgesetzes (AltZertG), insbesondere die Riester-Verträge und die Rürup-Verträge. Auf die Ausgestaltung des Vertrages kommt es nicht an. Dem Altersvorsorgeverträge-Zertifizierungsgesetz unterliegende Rentenlebensversicherungen, Fondssparverträge und Bankensparpläne sind deshalb im Rahmen des Versorgungsausgleichs auszugleichen. Sie müssen auch nicht zertifiziert sein. Ausreichend ist, wenn die Voraussetzungen für eine Zertifizierung vorliegen.

In der Praxis wichtig sind **Lebensversicherungen**. Diese unterfallen dem Versorgungsausgleich, wenn sie auf Rentenbasis abgeschlossen sind. Kapitallebensversicherungen werden dagegen nicht vom Versorgungsausgleich erfasst. Besteht ein Rentenwahlrecht und ist dieses bereits vor Eintritt der Rechtshängigkeit des Scheidungsantrags ausgeübt, ist das Recht im Versorgungsausgleich auszugleichen. Umgekehrt gilt dies auch für das Wahlrecht auf eine Kapitalzahlung, wenn sich der Berechtigte bis zur Rechtshängigkeit des Scheidungsantrags hierfür entscheidet. Erfolgt die Entscheidung erst nach der Rechtshängigkeit des Scheidungsantrags, darf das Anrecht nicht mehr in den Versorgungsausgleich einbezogen werden. Dies bedeutet, dass Anrechte, bei denen das Kapitalwahlrecht ausgeübt wird, in den Zugewinnausgleich fallen.

Gefährlich kann dies sein, wenn der Zugewinnausgleich schon abschließend durchgeführt wurde, die Verjährungsfrist für den Zugewinnausgleich von drei Jahren bereits abgelaufen ist oder beim Zugewinnausgleich wegen anderweitiger Verluste während der Ehe eine Kompensation eintritt. In diesen Fällen kann der Wechsel von der Rente zur Kapitalauszahlung bei einer privaten Leibrentenversicherung mit Ausübung des Kapitalwahlrechts dazu führen, dass kein Ausgleich stattfindet. Umgekehrt hat das Unterlassen des Rentenwahlrechts ebenfalls das Ergebnis, dass ein Zugewinnausgleich durchzuführen wäre, der aber in den vorgenannten Fällen zu keinen Leistungen führt. Gerichte nehmen in Fällen, in denen das Kapitalwahlrecht während des Versorgungsausgleichsverfahrens ausgeübt wird, grobe Unbilligkeit hinsichtlich der Durchführung des Versorgungsausgleichs zu Lasten des anderen Partners an. Das (ungerechte) Ergebnis lässt sich, wenn keine Gütertrennung vereinbart ist, auch durch eine Entscheidung im familiengerichtlichen Verbund vermeiden.

e) Zeitliche Begrenzung auf die Ehe-/Lebenspartnerschaftszeit

Lediglich in der Ehe-/Lebenspartnerschaftszeit erworbene Versorgungsanwartschaften werden ausgeglichen. Als Ehe-/Lebenspartnerschaftszeit wird der **Zeitraum**, der mit dem ersten Tag des Monats der Eheschließung/Lebenspartnerschaftsbegründung beginnt (= Ehe-/Lebenspartnerschaftszeitbeginn) und am letzten Tag des Monats endet, der der Zustellung des Scheidungs-/Aufhebungsantrags vorausgeht (Ehe-/Lebenspartnerschaftszeitende, § 3 Abs. 1 VersAusglG, § 20 Abs. 2 LPartG). Erfolgte der Gang zum Standesamt am 8.8., ist der Ehezeitbeginn der 1.8.. Wird der Scheidungsantrag am 7.4. zugestellt, ist das Ehezeitende der 31.3. Betroffen ist nur die aktuelle Ehe/Lebenspartnerschaft, auch wenn die Partner im zweiten Versuch scheitern. Unerheblich ist der Zeitpunkt der Trennung. Dies kann bei einer langen Trennungszeit dazu führen, dass Zeiträume in den Ausgleich einbezogen werden, in denen keine lebensgemeinschaftsbedingten Nachteile mehr vorlagen, da bereits jeder Partner seine eigenen Wege ging. Ausnahmsweise kann das Gericht den Versorgungsausgleich für derartige Zeiträume als grob unbillig ansehen und von einem Ausgleich absehen. Dabei gibt es keine absoluten Zahlen. Entscheidend ist das Verhältnis zwischen dem Zusammenleben und der Trennungsdauer; erst wenn diesbezüglich ein Missverhältnis vorliegt, kann der Versorgungsausgleich in dieser Zeit unbillig sein. Dies ist allerdings nicht dann der Fall, wenn ein Partner während der Trennungszeit die gemeinsamen Kinder erzieht und versorgt und deshalb an einer Erwerbstätigkeit zumindest teilweise gehindert ist. Ein vor Ablauf des Trennungsjahres verfrühter Scheidungs-/Aufhebungsantrag führt dennoch zum Ehe-/Lebenspartnerschaftszeitende. Auch insoweit ist nur ein richterlicher Ausgleich bei Unbilligkeit möglich.

Das Gesetz bestimmt nicht nur den Zeitraum, der hinsichtlich des Ausgleichs maßgeblich ist, sondern auch, dass in diesem Zeitraum das auszugleichende Anrecht erworben sein muss (sog. **In-Prinzip**). Es kommt somit grundsätzlich nicht auf den Zeitpunkt der Beitragszahlung an. Nicht maßgeblich ist demgemäß, für welche Zeiten die Beiträge nachgezahlt werden und auch entrichtet werden (sog. Für-Prinzip). Allerdings sind insoweit der genaue Zeitraum der Eheschließung bzw. Lebenspartnerschaftsbegründung und die Rechtshängigkeit des Scheidungs- bzw. Aufhebungsantrags maßgeblich. Eine „Ab- bzw. Aufrundung" auf volle Monate erfolgt nicht.

Bei einer kurzen Ehe- bzw. Lebenspartnerschaftsdauer ist wiederum die gesetzliche Ehe- bzw. Lebenspartnerschaftszeit maßgeblich. Beträgt diese nicht 3 Jahre, muss der Richter mangels anderweitigen Antrags zwingend den Versorgungsausgleich ausschließen. Auf die Höhe der innerhalb dieses Zeitraums erworbenen Anrechte kommt es nicht an. Eine Berücksichtigung über den Zugewinnausgleich erfolgt ebenfalls nicht. Ein Versorgungsausgleich wird nur durchgeführt, wenn ein diesbezüglicher Antrag von einem Beteiligten gestellt wird.

f) Durchführung des Ausgleichs

Der Versorgungsausgleich erfolgt – anders als bis 1.9.2009 – nicht mehr durch Umrechnung aller Anwartschaften auf eine einheitliche Basis und anschließendem Ausgleich der Versorgungsspitze über die gesetzliche Rentenversicherung. Vielmehr werden nunmehr **sämtliche Anwartschaften** hinsichtlich ihres Ehe-/Lebenspartnerschaftszeitanteils **hälftig geteilt**. Haben beide Partner während der Ehe-/Lebenspartnerschaftszeit Anwartschaften begründet, wird jede hinsichtlich ihres Ehe-/Lebenspartnerschaftszeitanteils geteilt. Der Ausgleich erfolgt in beide Richtungen, d. h. von einem Partner an den anderen. Lediglich wenn beide Partner beim gleichen Versorgungsträger Anwartschaften begründet haben, erfolgt eine Verrechnung (§ 10 Abs. 2 VersAusglG, § 20 Abs. 1 LPartG). Dieser **interne Ausgleich** ist grundsätzlich vorrangig (§ 9 Abs. 2 VersAusglG, § 20 Abs. 1 LPartG). Bei ihm erwerben beide Partner gleiche Anwartschaften. Auch die etwaigen Risiken sind gleich. Allerdings ist das Schicksal der Anwartschaften unabhängig vom Partner. Hat beispielsweise der Mann während der Ehezeit Rentenanwartschaften in Höhe von 1.000 Euro erzielt, muss er an die Frau Rentenanwartschaften in Höhe von 500 Euro abgeben. Gleichzeitig erhält er von deren Anwartschaften bei ihrer betrieblichen Altersversorgung in Höhe von 200 Euro die Hälfte, also 100 Euro. Somit verfügt jeder Ehegatte nach der Scheidung über die gleichen Rentenanwartschaften bezogen auf die Ehezeit. Ist eine Versorgung nicht insolvenzfest, trifft beide Ex-Partner das gleiche Risiko.

Eine **externe Teilung**, bei der Anrechte des ausgleichsberechtigten Partners bei einem anderen Versorgungsträger begründet werden, erfolgt bei Rechten aus einem öffentlich-rechtlichen Dienst- oder Amtsverhältnis, wenn die öffentlich-rechtliche Versorgung keine In-Teilung zulässt (§ 16 VersAusglG). Sie ist außerdem dann zulässig, wenn dies zwischen dem Ausgleichsberechtigten und dem Versorgungsträger des Ausgleichspflichtigen vereinbart wird (§ 14 Abs. 2 Nr. 1 VersAusglG). Dies kann bei berufsständischen, betrieblichen und privaten Versorgungsträgern in Betracht kommen. Zulässig ist eine externe Teilung ferner aufgrund Verlangens des Versorgungsträgers des Ausgleichspflichtigen bei kleinen Ausgleichswerten bei bestimmten betrieblichen Versorgungen (§ 14 Abs. 2 Nr. 2 VersAusglG). In diesen Fällen wird zugunsten des Ausgleichsberechtigten in Höhe der Hälfte des auszugleichenden Anrechts ein eigenständiges Anrecht nicht bei demselben, sondern einem anderen Versorgungsträger, dem so genannten Zielversorgungsträger, begründet. Diesen kann der ausgleichsberechtigte Partner bestimmen (§ 15 VersAusglG). Erfolgt keine diesbezügliche Bestimmung, ist bei öffentlich-rechtlichen Versorgungsanwartschaften grundsätzlich der gesetzliche Rentenversicherungsträger zuständig und bei Betriebsrenten die Versorgungsausgleichskasse. Es ist der Kapitalwert auszugleichen und an die Zielversorgung zu entrichten. Die Bagatellgrenze liegt hierzu bei ca. 59 Euro monatlicher Rente und bei ca. 7.140 Euro Kapitalwert. Die Obergrenze für den Ausgleichswert als Kapitalwert liegt bei ca. 76.000 Euro. Bei der externen Teilung wird die Halbteilung der in der Ehe-/Lebenspartnerschaftszeit erzielten Anrechte nicht durchgeführt. Die Zielversorgung kann besser oder schlechter sein als das auszugleichende Anrecht. Dies ist der Grund dafür, dass dem Ausgleichsberechtigten die Wahl der Zielversorgung obliegt.

Erst an dritter Stelle steht der (schuldrechtliche) **Ausgleich nach einer Scheidung** (§§ 20 ff. VersAusglG). Wenn nur nicht ausgleichsreife Anrechte vorliegen, die auch später nicht ausgeglichen werden können, nämlich bei verfallbaren Anrechten auf Altersversorgung, Anrechten mit einer abschmelzenden Leistung und Unwirtschaftlichkeit, d. h. wenn sich eine Übertragung oder Begründung von Anrechten nicht zugunsten des Ausgleichsberechtigten auswirken würde, weil dieser Beamter, Selbstständiger oder ausländischer Staatsangehöriger ist, erfolgt ein schuldrechtlicher Versorgungsausgleich. Gleiches gilt bei einem grundsätzlich ausgleichspflichtigen Anrecht, dessen Ausgleich aufgrund von auf der Gegenseite vorhandener ausländischer, zwischenstaatlicher oder überstaatlicher Anrechte gesperrt worden ist (§ 19 Abs. 3 VersAusglG); betroffen von dieser Ausgleichssperre sind Fälle, in denen ein Ehe-/Lebenspartner im Inland berufstätig war, während der andere längere Zeit im Ausland oder bei einer zwischen- oder überstaatlichen Institution beschäftigt war. Der schuldrechtliche Ausgleich wird durch laufende Zahlung, Abtretung von Rechten, eine Kapitalzahlung oder eine Abfindung durchgeführt. Es wird insoweit keine eigenständige Anwartschaft des Ausgleichsberechtigten begründet. Dieser knüpft vielmehr an den Rentenbezug des Ausgleichsverpflichteten an. Stirbt der Ausgleichsverpflichtete, erlischt auch der Anspruch des Ausgleichsberechtigten, sofern nicht ausnahmsweise eine Hinterbliebenenversorgung besteht (§ 31 Abs. 3 VersAusglG).

Die Durchführung des Versorgungsausgleichs erfolgt auch, wenn die trennungswilligen Ehegatten/Lebenspartner **bereits eine Rente beziehen**. Die Rente/Pension wird wegen der Teilung jedes einzelnen Anrechts sogleich gekürzt. Anders als im früheren Recht gilt dies auch, wenn der ausgleichsberechtigte Partner selbst noch nicht das Rentenalter erreicht hat und deshalb eine Rentenkürzung beim Ausgleichspflichtigen eintritt, aber noch keine Rentenzahlung an den Berechtigten erfolgen muss. Haben beide Partner dagegen erst im Rentenalter die Ehe geschlossen bzw. Lebenspartnerschaft begründet, findet kein Versorgungsausgleich statt, da während der Ehe-/Lebenspartnerschaftszeit keine Anrechte begründet wurden.

Der Versorgungsträger kann von den Ehegatten bzw. Lebenspartnern den **Aufwand ersetzt** verlangen, der ihm durch die Teilung der Anwartschaften und die Aufnahme des weiteren Versorgungsberechtigten in sein Versorgungssystem entsteht. Dies betrifft insbesondere auch Mehrkosten im Zusammenhang mit der Kontenverwaltung (§ 13 VersAusglG). Diese Kosten werden meist mit 2 – 3% des ehe-/lebenspartnerschaftszeitlichen Kapitalwerts des Anrechts pauschaliert; dabei werden üblicherweise Mindest- und Höchstbeträge für jedes Anrecht vorgesehen. Diese dürfen jedoch nicht unangemessen hoch sein. Das Familiengericht prüft sie auf ihre Angemessenheit. Bei Kosten von über 500 Euro sollten die Beteiligten dies im familiengerichtlichen Verfahren beanstanden.

2. Regelungsbefugnisse

Was können die Ehegatten/Lebenspartner vereinbaren?

FALL 64. Ludwig und Michael sind beide voll berufstätig. Das soll sich nach ihrer Planung auch nicht ändern. Keiner möchte ein Kind adoptieren. Sie halten den Versorgungsausgleich bei ihrer geplanten Eheschließung deshalb für einen Unfug.

FALL 65. Manfred und Franziska sind beide in ihrem Beruf erfolgreich und wollen keine Kinder. Nachdem jeder eigene Rentenanwartschaften für das Alter und die Invalidität erwirbt, soll bei Scheidung ihrer Ehe jeder auch seine eigenen Anrechte behalten und nichts dem Partner abgeben müssen. Als Franziska schwanger wird und beide mit dem kleinen Bastian große Freude haben, erfolgt eine Umorientierung. Bastian folgen zwei weitere Kinder und eine erhebliche Einschränkung der Berufstätigkeit von Franziska. Als Manfred nach 15 Jahren Ehe die jüngere Gabi kennenlernt, erfolgt auch insoweit eine Umorientierung und dann die Scheidung. Franziska bekommt wegen des Ausschlusses des Versorgungsausgleichs kaum eigene Rentenanwartschaften. Sie hält dies für unbillig.

FALL 66. Herbert und Simone sind bereits beide 50+. Sie wollen heiraten. Für den Fall des Scheiterns ihrer Ehe soll jedoch keiner von seinen Rentenanwartschaften, die noch während der Ehe erworben werden, dem anderen etwas abgeben müssen. Beide haben bereits eine gesicherte Versorgung für den Fall des Alters und der Invalidität.

FALL 67. Heinrich und Jutta leben bereits seit fünf Jahren getrennt. Jeder hat längst einen neuen Partner. Die Scheidung der Ehe wollen sie nicht mehr beantragen, da Jutta während der gesamten Ehe nur Minijobs hatte und die Rentenanwartschaften im Fall der Scheidung geteilt würden. Sollte einer von beiden sterben, würde die Hälfte der Rente verloren gehen. Heinrich soll im Fall des Todes von Jutta die volle Rente behalten. Jutta soll im Fall des Todes von Heinrich eine Witwenrente bekommen. Allerdings sollen die Zeiten des Getrenntlebens bei einer doch nicht ausschließbaren Scheidung nicht berücksichtigt werden.

FALL 68. Stefan erhält bereits eine Rente. Anita und Stefan können jedoch nicht mehr miteinander. Sie sind sich allerdings darüber einig, dass die Rente von Stefan nicht gekürzt werden soll. Deshalb wollen sie vereinbaren, dass Stefan an Anita, sobald diese selbst Rentnerin ist, den Betrag bezahlt, den sie bei Durchführung des Versorgungsausgleichs erhalten hätte. Anita fragt, ob diese für Stefan vorteilhafte Regelung mit irgendwelchen Risiken für sie verbunden ist.

a) Richterliche Kontrolle von Vereinbarungen

Der Versorgungsausgleich gehört wegen seiner Funktion der Sicherung des Lebensunterhalts im Alter und bei Invalidität zwar zum Kernbereich des Scheidungs- und Aufhebungsfolgenrechts. Der Gesetzgeber lässt jedoch ausdrücklich zu, dass Ehegatten und eingetragene Lebenspartner Vereinbarungen über den Versorgungsausgleich schließen (§ 6 Abs. 1 Satz 1 VersAusglG, § 20 Abs. 3 LPartG). Das Familiengericht ist, sofern keine Wirksamkeits- und Durchsetzungshindernisse bestehen, sogar an die Vereinbarung gebunden (§ 6 Abs. 2 VersAusglG). Eine Genehmigung der Vereinbarung durch das **Familiengericht** ist nicht erforderlich. Dieses muss bei Vorliegen einer Vereinbarung über den Versorgungsausgleich in seiner Entscheidung lediglich feststellen, ob und inwieweit dieser nicht stattfindet. Es muss deshalb immer eine **Prüfung** der Vereinbarung vornehmen. Seine Entscheidung über die Vereinbarung der Ehegatten bzw. Lebenspartner erwächst in Rechtskraft.

Das Gericht muss allerdings stets prüfen, ob die Vereinbarung über den Versorgungsausgleich nicht einseitig ist (§ 8 Abs. 1 VersAusglG). Ergibt die umfassende Würdigung, dass die vertragliche Regelung des Versorgungsausgleichs unter Berücksichtigung der diesbezüglichen Zielsetzung und Situation sich bereits im Zeitpunkt der Vereinbarung als eine gravierende Verletzung des dem Versorgungsausgleich zugrunde liegenden Gedankens der ehelichen bzw. lebenspartnerschaftlichen Solidarität herausstellt, ist die **Vereinbarung nichtig** (§ 138 BGB). Dies erfordert zudem konkrete Feststellungen zu einer unterlegenen Verhandlungsposition des benachteiligten Partners. Beispiel ist der Ausschluss des Versorgungsausgleichs mit einer schwangeren Verlobten eine Stunde vor dem Standesamtstermin und unter dem Druck, dass andernfalls die Ehe nicht geschlossen wird, wenn diese erst kurz vor dem Standesamtstermin mit diesem Begehren konfrontiert wird. Aber auch in einem Fall einer Ehefrau, die den Entwurf des Ehevertrags erst kurz vor dem Notartermin erhalten und mit ihrem ein Monat alten Kind zur Beurkundung kam, hat der BGH eine Drucksituation angenommen. Folge der Unwirksamkeit ist, dass die gesetzliche Regelung an die Stelle des ungültigen Vertrages tritt.

Ist eine Vereinbarung zum Versorgungsausgleich nicht sittenwidrig, muss der Familienrichter im Rahmen des Scheidungsverfahrens prüfen, ob und inwieweit die früher geschlossene Vereinbarung noch **auf die nun eingetretene Situation passt**. In diesem Fall kann dem begünstigten Partner die Berufung auf die Vereinbarung versagt sein, wenn sich dadurch im Zeitpunkt des Scheiterns der Ehe bzw. Lebenspartnerschaft eine evident einseitige, unzumutbare Lastenverteilung ergeben würde. Allerdings führt dies nicht zur Unwirksamkeit des Vereinbarten und damit zur Geltung der gesetzlichen Regelung. Der Richter hat vielmehr diejenige Rechtsfolge anzuordnen, die den berechtigten Belangen beider Partner in der eingetretenen Situation in ausgewogener Weise Rechnung trägt.

Wurde beispielsweise bei einer Doppelverdienerpartnerschaft der Versorgungsausgleich ausgeschlossen und sind dann doch Kinder geboren worden, müssen die hierdurch eingetretenen Nachteile beim Aufbau der Rentenanwartschaften ausgeglichen werden. Hierbei muss auch berücksichtigt werden, dass sich bei zunehmender Berufserfahrung und steigendem Lebensalter das Einkommen erhöht hätte, so dass die eingetretenen Rentennachteile annähernd vollständig kompensiert werden.

b) Formelle Anforderungen an Vereinbarungen

Nach früherer Rechtslage waren ehevertragliche Vereinbarungen zum Versorgungsausgleich, die im Jahr vor Rechtshängigkeit des Scheidungsantrags getroffen wurden, unwirksam. Damit sollte verhindert werden, dass der Partner, der den anderen unbedingt halten wollte, auf seinen Versorgungsausgleichsanspruch verzichtet. Nur mit **Genehmigung** des Richters konnte eine diesbezügliche Scheidungsvereinbarung wirksam werden. Dieses Genehmigungserfordernis ist **entfallen**.

Eine Vereinbarung über den Versorgungsausgleich, die **vor Rechtskraft der Entscheidung über den Wertausgleich** bei der Scheidung geschlossen wird, bedarf jedoch zum Schutz vor Übereilung und zur Sicherung einer sachverständigen Beratung der notariellen Beurkundung. Erfolgt die Vereinbarung im Zusammenhang mit einem Ehe- oder Lebenspartnerschaftsvertrag, müssen beide Vertragsteile bei der Beurkundung anwesend sein, können sich allerdings mittels Vollmacht vertreten lassen. In einer sonstigen Vereinbarung ist es auch möglich, dass ein Partner dem anderen ein notarielles Angebot macht, das der andere ebenfalls zu notarieller Urkunde annimmt. Die Parteien können statt der notariellen Beurkundung auch mit zwei Rechtsanwälten im familiengerichtlichen Verfahren einen Vergleich über den Versorgungsausgleich schließen.

Der **Formzwang** betrifft auch Änderungen einer bereits formwirksam getroffenen Vereinbarung. Dagegen soll die Aufhebung einer Vereinbarung nach überwiegender Ansicht formlos möglich sein. Ein einvernehmlicher Verzicht auf das Formerfordernis ist nicht möglich. Vereinbarungen, die gegen diese formellen Anforderungen verstoßen, sind nichtig. Daran ändert sich auch nichts, wenn die Ehe geschieden wird. Wird der Versorgungsausgleich aus dem Scheidungs-/Aufhebungsverbund getrennt, besteht das Formerfordernis auch nach der Rechtskraft der Scheidung bzw. Aufhebung fort. Erst nach der Rechtskraft der Entscheidung über den Wertausgleich können Vereinbarungen formfrei abgeschlossen werden. Derartige Vereinbarungen können jedoch keine Anrechte mehr übertragen und nach vollzogenem Ausgleich auch nicht mehr rückgängig machen. Wenn ein Abänderungsverfahren möglich ist, können diesbezügliche Regelungen formfrei getroffen werden. Ebenso ist dies bei schuldrechtlich wirkenden Vereinbarungen zwischen den Beteiligten; deshalb kann beispielsweise eine Erstattung von Rentenzahlungen, die ein Beteiligter bei Durchführung des Versorgungsausgleichs erhält, zwischen diesen vereinbart werden.

c) Praxisrelevante Vereinbarungsmöglichkeiten

Das Gesetz nennt selbst drei **Beispiele** von Vereinbarungen, nämlich die Einbeziehung des Versorgungsausgleichs in eine Gesamtregelung der Vermögensverhältnisse, den teilweisen und/oder ganzen Ausschluss des Versorgungsausgleichs sowie die Vereinbarung des (schuldrechtlichen) Versorgungsausgleichs nach der Scheidung/Lebenspartnerschaftsaufhebung allein zwischen den Vertragsteilen (§ 6 Abs. 1 VersAusglG). Dies schließt weitere Vereinbarungen jedoch nicht aus.

Eine wichtige **Grenze** ergibt sich daraus, dass die Ehegatten bzw. Lebenspartner Anrechte durch Vereinbarungen nur übertragen oder begründen können, wenn dies die maßgeblichen Regelungen zulassen und die betroffenen Versorgungsträger zustimmen (§ 8 Abs. 2 VersAusglG). Insbesondere in der gesetzlichen Rentenversicherung, der Beamtenversorgung und der Alterssicherung der Landwirte bestehen Verbote hinsichtlich der Verfügung über Anrechte. Auch Satzungsbestimmungen von Zusatzversorgungen und berufsständischen Versorgungen enthalten diesbezügliche Einschränkungen. Vereinbarungen über die Ehe-/Lebenspartnerschaftszeit sind den Vertragsteilen ebenfalls nicht möglich. Nach überwiegender Ansicht ist ferner eine die Halbteilung übersteigende Teilungsvereinbarung nicht erlaubt. Unzulässig ist danach auch die Einbeziehung von Zeiten des Zusammenlebens vor der Ehe bzw. vor der eingetragenen Lebenspartnerschaft in den Ausgleich. Eine externe Teilung, d. h. die Übertragung von Anwartschaften eines Partners auf einen anderen Versorgungsträger des Partners, ist nur in den gesetzlich geregelten Fällen zulässig. Schließlich ist es unzulässig, eine isolierte Hinterbliebenenversorgung zu vereinbaren. Die ausgleichsberechtigte Person soll nicht eine Hinterbliebenenversorgung über die gesetzliche Höhe hinaus erhalten. Vereinbarungen, die gegen dieses Verbot verstoßen, sind unwirksam. Ausländische Anrechte sollten nicht vergessen werden; bei ihnen ist allerdings zu beachten, dass sie in anderen Staaten meist keinem eigenen Verfahren unterliegen, sondern zusammen mit dem übrigen Vermögen geteilt werden.

Ein **vollständiger Ausschluss** des Versorgungsausgleichs wird häufig von älteren Paaren vereinbart, die bereits über sichere Anrechte verfügen und bei denen keine lebensgemeinschaftsbedingten Nachteile, z. B. durch Kindererziehung, Betreuung von Angehörigen des Partners etc., mehr eintreten. Im Zusammenhang mit der Scheidung wird ein Ausschluss oft dann vereinbart, wenn der verzichtende Teil hierfür eine Entschädigung erhält. Beispiel ist der Verzicht der Ehefrau, die bisher nur Kindererziehungszeiten hat und die Wartezeit nicht erfüllt, gegen Übertragung des Eigenheims zum Alleineigentum. Ist sie noch jung und hat sie dadurch die Möglichkeit, noch eine eigene Versorgung aufzubauen, ist ein derartiger Vertrag, wenn die Wertverhältnisse einigermaßen ausgeglichen sind, nicht einseitig. Allerdings ist zu beachten, dass die bisher nicht erfüllte Wartezeit noch bis zum Bezug der Altersrente erreicht werden kann; dies ist auch durch Leistung freiwilliger Beiträge möglich (§ 7 SGB VI).

Im Zusammenhang mit der Scheidung werden häufig **einzelne Versorgungen**, wie z. B. eine berufsständische Versorgung oder eine Zusatzversorgung, vom Versorgungsausgleich ausgenommen. In diesem Fall behält der begünstigte Partner diese Versorgung. Auch hier bietet sich häufig eine vermögensrechtliche Kompensation durch Übertragung einer Lebensversicherung oder eines Miteigentumsanteils an einer Immobilie an. Dabei ist als Faustregel zu beachten, dass Anrechte in Höhe einer monatlichen Rente von 100

Euro einem Wert von ca. 23.000 Euro entsprechen. Der teilweise Ausschluss ist auch dann geboten, wenn ein Partner selbstständig tätig ist und keinerlei ausgleichspflichtige Anrechte erwirbt, sondern für sein Alter und eine Invalidität z. B. durch private Kapitallebensversicherungen vorsorgt, während der andere Ehegatte/Lebenspartner lediglich in die gesetzliche Rentenversicherung einbezahlt. Wird in diesem Fall Gütertrennung vereinbart, wäre der unternehmerisch tätige Partner nicht zum Ausgleich verpflichtet, während der als Arbeitnehmer beschäftigte Ehegatte/Lebenspartner die Hälfte seiner in der Ehe-/Lebenspartnerschaftszeit erworbenen Anrechte übertragen müsste. Dies sollte beim Versorgungsausgleich berücksichtigt werden.

Bei Differenzehen/-lebenspartnerschaften mit unterschiedlich hohen Einkommen kann auch eine unter der Halbteilung liegende Quote vereinbart werden. Eine **langjährige Trennungszeit** kann zwar nicht über eine Veränderung der Ehe-/Lebenspartnerschaftszeit, aber mit ähnlichem Ergebnis dadurch ausgeschlossen werden, dass Anwartschaften ab einem bestimmten Stichtag im Versorgungsausgleich keine Berücksichtigung mehr finden sollen. Haben sich die Partner bereits im August 2017 getrennt, können sie beispielsweise vereinbaren, dass der Versorgungsausgleich ab diesem Zeitpunkt oder nach Ablauf des Trennungsjahres am 1. August 2018 in der Weise nicht mehr durchgeführt wird, dass die ab diesem Zeitpunkt erworbenen Anwartschaften in den Versorgungsausgleich nicht einbezogen werden. Ehe-/Lebenspartner können den Versorgungsausgleich auch in der Weise ausschließen, dass sie nicht nur eine dreijährige Ehe bzw. Lebenspartnerschaft als kurz ansehen, sondern auch eine solche, die länger, z. B. sechs Jahre, dauert oder aus der keine Kinder hervorgehen und in der beide voll berufstätig bleiben. Umgekehrt können die Partner auch die gesetzlich geregelte kurze Ehedauer von 3 Jahren, während der kein Versorgungsausgleich durchgeführt wird, verkürzen oder sogar ganz streichen.

Häufig wird bei Partnern mit großem Einkommensunterschied der Versorgungsausgleich auf das reduziert, was ein Partner im Rahmen der Einschränkung seiner Berufstätigkeit als Nachteile erfährt. Dies kann dadurch erfolgen, dass der Versorgungsausgleich auf die Durchführung dieser Zeiten beschränkt wird oder, was häufiger der

Fall ist, der Ausgleich selbst auf die Höhe der eigenen Versorgung beschränkt wird, die ohne **ehe- bzw. lebenspartnerschaftsbedingte Einschränkungen** der eigenen Berufstätigkeit hätte erzielt werden können. Allerdings kann die Bestimmung der hypothetischen beruflichen Karriere in diesem Zusammenhang bei einer längeren Kindererziehung Probleme bereiten. Ferner sind Vereinbarungen über die Kostentragung zulässig.

Vereinbarungen sind auch unter **Bedingungen** und unter dem **Vorbehalt von Rücktrittsrechten** möglich. So kann beispielsweise bei einer Doppelverdienerehe für den Fall der zunächst für unwahrscheinlich gehaltenen Geburt eines gemeinschaftlichen Kindes eine auflösende Bedingung oder ein Rücktrittsrecht in die Ausschlussvereinbarung aufgenommen werden. Gleiches gilt beim Ausschluss des Versorgungsausgleichs durch gleichgeschlechtliche Ehegatten oder eingetragene Lebenspartner, wenn sich einer von ihnen entgegen der beabsichtigten beiderseitigen Erwerbstätigkeit um den erkrankten Partner oder dessen Eltern kümmert und dazu seine eigene Berufstätigkeit aufgibt.

Die Vertragsteile können auch einen Verzicht auf Durchführung des Wertausgleichs, bei dem Anwartschaften jeweils wechselseitig übertragen werden, unter **Vorbehalt des Ausgleichs nach einer Scheidung** (früher der sog. schuldrechtliche Versorgungsausgleich) vereinbaren. Eine Rolle spielt dies bei einem großen Altersunterschied der Partner, der dazu führt, dass durch den Wertausgleich der ältere Partner lange Zeit nur eine gekürzte Rente erhält. Wird dagegen durch Vereinbarung auf die Durchführung des Wertausgleichs verzichtet, behält der ältere Partner seine Rente. Dieser verpflichtet sich dann üblicherweise, an den jüngeren einen höheren oder zusätzlichen Unterhalt zu bezahlen. Dieser Anspruch fällt allerdings weg, wenn der ältere Partner stirbt. Insofern ist der Versorgungsausgleich, der lediglich zwischen den Partnern durchgeführt wird, höchst gefährlich, da er zu keinen Anrechten des Begünstigten führt. Dieser hängt hinsichtlich seiner Geldleistungen von dem anderen Partner ab. Dieses Risiko besteht nicht, wenn der Verzicht auf die Durchführung des Wertausgleichs gegen eine sofortige Zahlung oder sonstige Vermögensübertragung (z. B. Immobilie) erfolgt.

Ähnlich ist dies, wenn statt der Rentenanwartschaften, die beim älteren Partner verbleiben sollen, hierfür eine private Lebensversicherung mit Zustimmung des Versorgungsträgers übertragen wird.

Hat ein **gleichgeschlechtliches Paar vor dem 1. Januar 2005** eine eingetragene Lebenspartnerschaft begründet und bis zum 31. Dezember 2005 gegenüber dem Wohnsitzamtsgericht nicht durch notariell beurkundete Erklärung zur Durchführung des Versorgungsausgleich optiert, findet dieser nicht statt. Die Vereinbarung des Wertausgleichs ist den Partnern nachträglich nicht möglich. Allerdings können sie ihre Lebensgemeinschaft durch Erklärung vor dem Standesbeamten in eine Ehe umwandeln, dann wird für die gesamte Lebenspartnerschafts- und Ehedauer der Versorgungsausgleich durchgeführt (Art. 3 Abs. 2 Gesetz zur Einführung des Rechts der Eheschließung für Personen gleichen Geschlechts). Ob dies allerdings noch in der Trennungsphase möglich ist, wenn keine Ehe auf Lebenszeit mehr gewünscht wird, sondern eine anschließende Scheidung, ist fraglich (§ 20a Satz 1 LPartG). Als Ausweg bliebe nur die Vereinbarung des schuldrechtlichen Versorgungsausgleichs.

Das Gesetz sieht vor, dass bei einer wesentlichen Änderung der Versorgung auch Vereinbarungen über den Versorgungsausgleich später auf Antrag noch geändert werden können (§ 227 FamFG). Eine unterschiedliche Wertentwicklung führt noch nicht zur Abänderbarkeit einer Vereinbarung. Der Umstand, dass eine verfallbare Betriebsrentenanwartschaft später unverfallbar wird, rechtfertigt keine Abänderung, weil diese nur auf die Regelsicherungssysteme (§ 32 VersAusglG) beschränkt ist, zu denen die Betriebsrente nicht gehört. Praktisch wird die Abänderung bei der nachträglichen Zuerkennung von Kindererziehungszeiten in der gesetzlichen Rentenversicherung und der vorzeitigen Dienstunfähigkeit eines Beamten, die zu einer geänderten Bewertung seines Anrechtes führt. Gleiches gilt, wenn das Familiengericht versehentlich davon ausgeht, dass ein Versorgungsausgleich nicht stattfindet. Im Rahmen einer Vereinbarung kann auch die **Abänderungsmöglichkeit** ausgeschlossen werden, so dass die Vereinbarung der Ehegatten/Lebenspartner „abänderungfest“ ist. Wenn mit der Vereinbarung eine endgültige streitschlichtende Regelung gewollt ist, sollte dies erfolgen.

3. Steuerliche Folgen des Versorgungsausgleichs

Die interne Teilung ist steuerfrei (§ 3 Nr. 55a EStG); in der Auszahlungsphase müssen beide Partner die ihnen zufließenden Leistungen versteuern, der Ausgleichsberechtigte in der Einkunftsart, die der Ausgleichsverpflichtete verwirklicht. Auch die externe Teilung, die Bildung eines Anrechts bei einem anderen Versorgungsträger als demjenigen des Ausgleichspflichtigen, ist grundsätzlich steuerfrei. Eine Steuerpflicht tritt nur dann ein, wenn durch den Wechsel der Art der Besteuerung beim Ausgleichspflichtigen oder beim Ausgleichsberechtigten eine Steuerlücke entstehen würde (§ 3 Nr. 55b EStG). Der Verzicht auf die Durchführung des Versorgungsausgleichs im Zusammenhang mit einer Scheidung kann **steuerliche Auswirkungen** haben. Wird für den Verzicht eine Abfindung, z. B. in Form einer Immobilie, übertragen, handelt es sich bei der Immobilie um einen entgeltlichen Anschaffungsvorgang. Ein Sonderausgabenabzug der Abfindungszahlung zur Vermeidung des Versorgungsausgleichs setzt die Zustimmung des Empfängers und die entsprechende Besteuerung bei ihm voraus (§ 10 Abs. 1a Nr. 3 EStG). Ausgleichszahlungen im Rahmen des Versorgungsausgleichs muss zunächst der Verpflichtete versteuern, kann sie allerdings als Sonderausgaben absetzen; korrespondierend dazu, muss sie der Empfänger versteuern (§ 10 Abs. 1a Nr. 4 EStG). Hierzu sollte dringend steuerlicher Rat eingeholt werden.

III. Unterhaltsvereinbarungen

1. Trennungsunterhalt

a) Unterhaltspflicht trotz Trennung?

FALL 69. Manfred hat darauf bestanden, dass seine attraktive Frau Franziska zu Hause bleibt und sich um die gemeinsame Tochter und den Haushalt kümmert. Er hält es auch nicht für angemessen, dass sie als Frau eines Chefarztes als ungelernte Kraft in einem Discountmarkt weiterhin Regale auffüllt. Nach der Trennung sieht er das anders, widerruft sämtliche Kontovollmachten und stoppt seine Zahlungen auf ihr Konto. Da die gemeinsame Tochter bereits 16 Jahre alt ist, gäbe es keinen Grund mehr dafür, dass sie nicht sofort wieder in einem Einkaufsmarkt arbeite.

FALL 69a. Manfred und Franziska haben vor 2½ Jahren die „Flucht nach vorne" angetreten und geheiratet. Schnell mussten sie einsehen, dass der Trauschein als „Partnerschaftskitt" nicht taugt. Nun ist Franziska ausgezogen und fordert, obwohl sie als Krankenschwester sofort eine Vollerwerbstätigkeit aufnehmen kann, im Trennungsjahr Unterhalt. Die Tätigkeit als Krankenschwester entspräche nicht ihrem Status als „Bankdirektorsehegattin". Manfred, der immer mehr zur Erkenntnis kommt, dass er beim Standesamt besser „Nein" gesagt hätte, möchte nicht zahlen.

Was sagen Gesetz und Rechtsprechung?

Ehegatten und eingetragene Lebenspartner sind während des Bestehens ihrer Lebensgemeinschaft gesetzlich verpflichtet, durch ihre Arbeit und mit ihrem Vermögen zum Unterhalt beizutragen. Betroffen ist nicht nur der Unterhalt des Partners, sondern der gesamten Familie, also insbesondere die Kosten der Haushaltsführung und der Unterhalt von gemeinsamen Kindern, aber darüber hinausgehend auch von Stief- und Pflegekindern. Der allein verdienende Ehegatte bzw. Lebenspartner muss auch die Kosten für die persönlichen Bedürfnisse des Partners tragen. Ist einem Partner die Haushaltsführung überlassen, so ist diese Familienarbeit der Erwerbsarbeit des Partners gleichgestellt (§ 1360 BGB, § 5 LPartG). Wichtig ist, dass eine Bedürftigkeit des Partners nicht Voraussetzung für die **Unterhaltspflicht während des Bestehens der Lebensgemeinschaft** ist.

Leben Ehegatten oder eingetragene Lebenspartner dagegen getrennt (vgl. S. 2 ff.), so kann ein Partner von dem anderen den nach den Lebensverhältnissen und den Erwerbs- und Vermögensverhältnissen des Paares angemessenen Unterhalt verlangen (§ 1361 Abs. 1 BGB, § 12 LPartG). Dieser Anspruch zeigt einerseits, dass trotz der Trennung von „Tisch und Bett" die Ehe bzw. eingetragene Lebenspartnerschaft und damit die sich aus ihr wirtschaftlich ergebenden

Verpflichtungen weiterhin bestehen. Andererseits **endet mit der Trennung** die tatsächliche Lebensgemeinschaft und damit die **Verpflichtung, zum Familienunterhalt** beizutragen. Der Anspruch richtet sich nunmehr nicht mehr auf Deckung des Unterhalts für die gesamte Familie. An seine Stelle tritt ein einseitiger Unterhaltsanspruch auf Deckung des eigenen Lebensbedarfs durch Zahlung einer Geldrente, also nicht mehr durch Naturalleistungen.

Der Trennungsunterhalt setzt voraus, dass der ihn fordernde Partner bedürftig ist. Dies ist aufgrund der fortbestehenden Ehe allerdings bereits dann der Fall, wenn er den gewohnten Lebensstandard nicht selbst finanzieren kann. Deshalb kann ein nicht berufstätiger Partner nur dann auf eine eigene Erwerbstätigkeit verwiesen werden, wenn dies von ihm nach seinen persönlichen Verhältnissen, z. B. wegen der Kinderbetreuung, seinem Alter, Gesundheitszustand und der Ausbildung sowie insbesondere wegen einer früheren Erwerbstätigkeit unter Berücksichtigung der Dauer der Ehe oder Lebenspartnerschaft nach den wirtschaftlichen Verhältnissen des Paars erwartet werden kann. Durch die bloße Trennung des Paares soll sich nämlich, jedenfalls für eine gewisse Zeit, unterhaltsrechtlich möglichst nichts ändern. Nicht erwerbstätige Partner sollen nicht sofort zur Aufnahme einer **Erwerbstätigkeit** gezwungen sein, vielmehr soll ihm der bisherige Lebensstandard erhalten bleiben. Je länger die Trennung allerdings dauert und sich verfestigt, desto stärker tritt der Grundsatz der Eigenverantwortung und mit ihm die Pflicht zur Erwerbstätigkeit in den Vordergrund. Nach Ablauf des Trennungsjahres besteht deshalb auch für denjenigen Partner, der vor der Trennung längere Zeit nicht berufstätig war, die Pflicht zu einer eigenen Erwerbstätigkeit. Er ist zu Erwerbsbemühungen verpflichtet. Eine Teilzeitbeschäftigung ist fortzusetzen und zu einer Vollzeittätigkeit auszuweiten. Auch während des Trennungsjahres kann ausnahmsweise eine Erwerbsverpflichtung bestehen, wenn beide Partner die Scheidung bzw. Lebenspartnerschaftsaufhebung wollen und diese auch mit Sicherheit zu erwarten ist. Bei Betreuung gemeinsamer Kinder besteht eine Erwerbsobliegenheit in etwa in dem Umfang, in dem sie auch beim nachehelichen bzw. nachpartnerschaftlichen Unterhalt bestünde. Allerdings kann auch die Betreuung nicht gemeinschaftlicher Kinder, z. B. von Pflegekindern oder aufgrund einer konsentierten Elternschaft vorhandenen (Samenspender)Kinder, beim Trennungsunterhalt, anders als beim nachehelichen oder nachpartnerschaftlichen Unterhalt einer Erwerbstätigkeit entgegenstehen. Gleiches gilt auch nach Erreichen des 3. Lebensjahres des jüngsten gemeinsamen Kindes, wenn eine Rollenverteilungspartnerschaft praktiziert wurde und fortbestehen sollte, bei der ein Partner berufstätig war und der andere sich der Haushaltsführung und der Kinderbetreuung widmetet.

Eine **kurze Ehe- bzw. Lebenspartnerschaftsdauer** führt – anders als beim nachehelichen und nachpartnerschaftlichen Unterhalt – nicht zum Ausschluss oder zur Herabsetzung des Unterhalts. Bei einer kurzen Ehe- bzw. Lebenspartnerschaftsdauer von bis zu 2 ½ Jahren zwischen Eheschließung bzw. Lebenspartnerschaftsbegründung und Trennung besteht bei kinderlosen Paaren die Erwerbsobliegenheit jedoch grundsätzlich schon im Trennungsjahr. Eine Berufung auf einen höheren Status aufgrund der Ehe bzw. Lebenspartnerschaft hinsichtlich der Zumutbarkeit einer Erwerbstätigkeit unzulässig. Anders kann dies wiederum im Hinblick auf eine einvernehmliche ausschließliche Haushaltsführung, das Alter und eine etwaige Krankheit des Partners sein.

b) Umfang des Trennungsunterhalts

FALL 70. Franziska reicht die Scheidung ein, nachdem Manfred sie wegen einer Jüngeren verlassen hat. Sie betreut die gemeinsame neunjährige Tochter Sonja und den zweijährigen Pflegesohn Peter. Sie fordert von Manfred monatliche Unterhaltszahlungen für sich und beide Kinder. Sie ist bisher keiner Erwerbstätigkeit nachgegangen und will das auch zunächst nicht tun. Sie geht davon aus, dass Manfred in ein paar Monaten einsieht, dass seine neue Freundin für ihn viel zu jung und außerdem zu anstrengend ist.

Was sagen Gesetz und Rechtsprechung?

Insbesondere eine Kinderbetreuung kann während des Getrenntlebens einer Erwerbstätigkeit entgegenstehen. Anders als nach einer Scheidung bzw. Lebenspartnerschaftsaufhebung muss auch bei der

Betreuung von kleinen nicht gemeinschaftlichen, aber gemeinsam aufgenommenen Stief- und Pflegekindern keine Erwerbstätigkeit aufgenommen werden. Der Unterhaltsanspruch des nicht erwerbstätigen Partners betrifft allerdings nicht den Familienunterhalt, sondern nur noch den **Unterhalt für die eigene Person**. Kinder müssen, gegebenenfalls vertreten durch den Elternteil, bei dem sie sich aufhalten, ihren Unterhalt selbst geltend machen. Der dem Partner geschuldete Unterhalt ist durch Zahlung einer Geldrente monatlich im Voraus zu gewähren. Er umfasst den angemessenen Lebensbedarf des berechtigten Partners. Die Möglichkeit, der Unterhaltspflicht durch eine Haushaltsführung oder Naturalleistungen nachzukommen, wie dies bei Bestehen der Lebensgemeinschaft noch der Fall gewesen ist, besteht nicht mehr.

Zum angemessenen Trennungsunterhalt gehören nach Zustellung des Scheidungs- bzw. Aufhebungsantrags, gleichgültig von wem dieser gestellt wurde, neben dem Elementarunterhalt auch den **Vorsorgeunterhalt**. Er umfasst die Kosten einer angemessenen Versicherung für den Fall des Alters und der Invalidität (**Altersvorsorge**) und die Kosten für die **Kranken- und Pflegeversicherung**, wenn keine Familienversicherung mehr besteht. Grundsatz ist, dass der bisherige Lebensstandard, wenn dies für den in Anspruch genommenen Partner aufgrund seiner Leistungsfähigkeit möglich ist, beibehalten werden soll: Kann sich der nicht erwerbstätige Partner die Kosten eines Anwalts nicht leisten, besteht auch ein Anspruch auf **Kostenvorschuss**.

Der Unterhaltsberechtigte kann verlangen, dass ihm diese Kosten vorgeschossen werden. Diese Zahlung ist neben dem laufenden Unterhalt zu entrichten und gegenüber der staatlichen Prozess- bzw. Verfahrenskostenhilfe vorrangig. Der Trennungsunterhalt ist unabhängig vom Güterstand. Kein Ehegatte/Lebenspartner kann danach unter Berufung auf eine vereinbarte Gütertrennung die Unterhaltszahlung ablehnen.

Die Berechnung des Trennungsunterhalts erfolgt wie beim nachehelichen bzw. nachpartnerschaftlichen Unterhalt (vgl. S. 126 ff.). Ist der unterhaltspflichtige Partner selbst nicht leistungsfähig, richtet sich der Unterhalt nach der Billigkeit. Begrenzt wird die Leistungsfähigkeit durch den Betrag, den der Unterhaltspflichtige zur Sicherung seiner eigenen Lebensexistenz benötigt (sog. **ehe- bzw. lebenspartnerschaftsangemessener Selbstbehalt**). Er liegt zwischen dem notwendigen und dem gegenüber volljährigen Kindern geltenden angemessenen Selbstbehalt. Diesen Selbstbehalt gibt die Düsseldorfer Tabelle mit 1.200 Euro monatlich an, wobei in diesem Betrag 430 Euro für Unterkunft einschließlich umlagefähiger Nebenkosten und Heizung (Warmmiete) enthalten sind.

Der Getrenntlebensunterhalt unterscheidet sich nicht nur vom Unterhalt während Bestehens der Lebensgemeinschaft. Er ist auch vom nachehelichen- bzw. nachpartnerschaftlichen Unterhalt zu unterscheiden, obwohl es zwischen beiden zahlreiche Berührungspunkte gibt. Insbesondere hinsichtlich der Unbilligkeit des Unterhalts verweist der Trennungsunterhalt auf die Vorschriften der nachehelichen bzw. nachpartnerschaftlichen Unterhaltspflicht. Jedoch umfasst nach der Rechtsprechung eine während des Getrenntlebens ergangene **Unterhaltsentscheidung** nicht den nachehelichen bzw. nachpartnerschaftlichen Unterhalt; der Geschiedene bzw. frühere Lebenspartner muss deshalb erneut einen Antrag beim Familiengericht stellen. Eine Vollstreckung aus einer zum Trennungsunterhalt ergangenen Entscheidung ist nach der Scheidung bzw. Lebenspartnerschaftsaufhebung unzulässig. Gegen eine Vollstreckung aus dem früheren Titel kann sich der Unterhaltspflichtige wehren.

Was können die Ehegatten/Lebenspartner vereinbaren?

FALL 71. Moritz und Frieda können nicht mehr miteinander. Da sie schon „ewig" verheiratet sind und keiner von ihnen eine neue Ehe plant, wollen sie sich nicht scheiden lassen. Ihre Anwältin empfiehlt ihnen einen Trennungsvertrag, in dem sämtliche Ehefolgen abbedungen werden. Im einzelnen soll Gütertrennung vereinbart, der Versorgungsausgleich und der nacheheliche Unterhalt ausgeschlossen, die gegenseitigen Erb- und Pflichtteilsrechte abbedungen sowie auf Trennungsunterhalt verzichtet werden. Jeder von ihnen ist berufstätig. Sie wollen auf jeden Fall vermeiden, dass einer für den anderen aufkommen muss, wenn dieser beispielsweise Schwerstpflegefall wird und die Kosten nicht durch die eigenen Einkünfte und das Vermögen gedeckt sind. Der Notar meint, dass es eine Ehe ohne Pflichten nicht gibt, da müssten sich die beiden schon scheiden lassen. Ein Freund hat im Internet recherchiert und rät ihnen, in die Trennungsvereinbarung die Verpflichtung aufzunehmen, einen Getrenntlebensunterhalt nicht geltend zu machen

Der Trennungsunterhalt steht nur dann zur Disposition der Beteiligten, wenn es um Unterhaltsansprüche aus der Vergangenheit geht. Auf diese kann verzichtet werden. Sie können auch in die gesamte Vermögensauseinandersetzung einbezogen werden. Dagegen ist ein **Verzicht** auf Trennungsunterhalt **für die Zukunft nicht möglich** (§§ 1361 Abs. 4 Satz 3, 1360a Abs. 3, 1614 BGB, § 5 Satz 2 LPartG). Trotz dieses Verzichtsverbots geht die Rechtsprechung davon aus, dass vertragliche Vereinbarungen über den Trennungsunterhalt diesen ausgestalten und konkretisieren können. Deshalb kann beispielsweise ein Streit über die Höhe des Unterhalts durch eine Vereinbarung beigelegt werden. Sofern hierdurch die gesetzliche Unterhaltspflicht für die Zukunft gekürzt wird, hat dies die Rechtsprechung akzeptiert, wenn es sich um eine Abweichung von bis zu höchstens 20 % gegenüber dem gesetzlichen Anspruch handelt. Dagegen verstößt eine Vereinbarung über den Trennungsunterhalt, wenn der vereinbarte Höchstbetrag den gesetzlichen Unterhalt um mehr als ein Drittel unterschreitet, gegen das gesetzliche Verbot und ist unwirksam. Die Beurteilung, ob eine unzulässige Unterschreitung des angemessenen Unterhalts und damit ein unwirksamer Verzicht auf künftigen Trennungsunterhalt vorliegt, setzt voraus, dass zunächst die Höhe des angemessenen Unterhaltsanspruchs festgestellt wird. Das gesetzliche Verbot des Verzichts auf Trennungsunterhalt für die Zukunft kann auch nicht dadurch umgangen werden, dass die Partner vereinbaren, keiner werde einen höheren Anspruch gerichtlich geltend machen.

Zulässig sind dagegen Vereinbarungen, die über die gesetzlichen Ansprüche hinausgehen. So kann beispielsweise auch bei einer längeren Trennung der unterhaltspflichtige Partner auf Erwerbsbemühungen des ohnehin nur schwer vermittelbaren anderen Teils verzichten. Erfolgt eine derartige Vereinbarung vergleichsweise, so liegt hierin auch keine steuerpflichtige Schenkung. Allerdings darf sich eine diesbezügliche Regelung nicht zu Lasten vorrangiger Unterhaltspflichtiger auswirken, wie z. B. minderjähriger unterhaltsberechtigter Kinder oder eines kinderbetreuenden neuen Partners, wenn nicht ausnahmsweise eine lange Ehe- bzw. Lebenspartnerschaftsdauer vorliegt. Trotz bestehender Ehe oder Lebenspartnerschaft steht nämlich der Unterhaltsberechtigte, wenn er weder Kinder zu betreuen hat noch auf eine lange Ehe- bzw. Lebenspartnerschaftsdauer verweisen kann, im dritten Rang nach minderjährigen Kindern, kinderbetreuenden Elternteilen und verheirateten und geschiedenen Ehegatten bzw. ver- und entpartnerten Lebenspartnern, bei welchen jeweils eine Ehe oder Lebenspartnerschaft von langer Dauer vorliegt.

2. Nachehelicher und nachpartnerschaftlicher Unterhalt

a) Eigenverantwortlichkeit als Grundsatz

FALL 72. Franziska weiß es noch sehr gut. Als sich ihre Eltern scheiden ließen, war sie schon 14 Jahre alt. Ihre Schwester machte gerade das Abitur. Ihr Bruder studierte bereits Medizin. Die Mutter musste, obwohl sie erst 52 Jahre alt war, nicht mehr arbeiten. Der Vater musste für sie bis zur Rente Unterhalt bezahlen. Sie geht davon aus, dass auch Manfred, der bereits zu seiner neuen Freundin gezogen ist und sich scheiden lassen möchte, für ihren Unterhalt aufkommen muss. Sie hat zwar nur zwei Kinder. Die Große ist bereits berufstätig und lebt mit ihrem Freund zusammen. Der vierjährige Sven ist ein Nachzügler. Er wurde bisher von Franziska betreut, die davon ausgeht, dass sie frühestens bei Besuch einer weiterführenden Schule von Sven zu einer Halbtagstätigkeit verpflichtet wäre.

Was sagen Gesetz und Rechtsprechung?

Die Zahlung nachehelichen Unterhalts war durch die Rechtsprechung bis zum Inkrafttreten des Unterhaltsrechtsänderungsgesetzes 2007 am 1. 1. 2008 von der Ausnahme zum Regelfall geworden. Bereits nach einer Ehe von zehn Jahren musste derjenige Partner, der sich um die Haushaltsführung und Kinderbetreuung gekümmert hatte, bis zur Rente häufig nicht mehr arbeiten. Zumindest erhielt er gleichsam eine **Lebensstandardgarantie**. Die Krankenschwester, die einen Chefarzt geheiratet hatte, blieb dadurch unterhaltsmäßig stets „Chefarzt-Frau". Nach geltendem Recht ist, wenn auch nicht perfekt, der nacheheliche Unterhalt auf den Ausgleich ehebedingter Nachteile reduziert. Dies wird vor allem durch eine strenge Erwerbsobliegenheit selbst bei Betreuung schulpflichtiger Kinder sowie die zeitliche Begrenzung und die Möglichkeit der Herabsetzung des Unterhalts erreicht. Diese Reduzierung der Unterhaltspflicht nach der familiengerichtlichen Entscheidung über das Ende der Ehe/Lebenspartnerschaft betrifft auch den nachpartnerschaftlichen Unterhalt (§ 16 LPartG), der zunächst ohnehin nur auf Ausnahmefälle beschränkt war und erst im Jahr 2005 dem nachehelichen Unterhalt gleichgestellt wurde.

Die lebenslange „Unterhaltsehe" war nie der Normalfall des Gesetzes. Vielmehr war bereits vor der Unterhaltsrechtsreform 2008 jeder Ehegatte und Lebenspartner grundsätzlich verpflichtet, nach einer Scheidung bzw. Aufhebung für seinen Unterhalt selbst zu sorgen. Das nacheheliche bzw. nachpartnerschaftliche Unterhaltsrecht wird vom **Grundsatz der Eigenverantwortung** geprägt. Die Unterhaltspflicht ist die Ausnahme. Nur wer außer Stande ist, für seinen Unterhalt zu sorgen, hat einen Anspruch auf Entrichtung von Unterhalt, wenn ein Unterhaltstatbestand gegeben ist (§ 1569 BGB, § 16 LPartG). Die Unterhaltsrechtsreform 2013 hat die Dauer der Ehe bzw. Lebenspartnerschaft wieder gleichwertig bei der Berechnung des Unterhalts neben anderen Nachteilen berücksichtigt (§ 1578b Abs. 1 Satz 2 BGB). Dadurch sollen vor allem Frauen, die sich unter Geltung des früheren Rechts der Haushaltsführung und Kinderbetreuung gewidmet hatten, länger Anspruch auf Unterhalt haben. Das Recht des nachehelichen bzw. nachpartnerschaftlichen Unterhalts bleibt ein „Dauerbrenner" der rechtspolitischen Diskussionen. Es geht dabei, wie weit die nacheheliche bzw. nachpartnerschaftliche Solidarität für den Partner und dessen Eigenverantwortung reichen.

In **grenzüberschreitenden Fällen** ist nach Art. 3 Haager Protokoll Nr. 39 v. 23. 11. 2007 (HUP) das Recht des Staates maßgebend, in dem die unterhaltsberechtigte Person ihren gewöhnlichen Aufenthalt hat.

Was können die Ehegatten/Lebenspartner vereinbaren?

Unabhängig vom Vorliegen eines Unterhaltstatbestandes können die Partner eine Unterhaltsvereinbarung treffen. Dies kann bereits in guten Tagen in einem Ehe- oder Lebenspartnerschaftsvertrag erfolgen. Hierzu sieht das Gesetz zur Sicherung des schwächeren Teils die Einhaltung der **notariellen Beurkundung** vor (§ 1585c Satz 2 BGB, § 16 Satz 2 LPartG). Auch im Scheidungs- bzw. Aufhebungsverfahren können sich die Beteiligten noch beim Notar oder beim Familiengericht entsprechend einigen. Sämtliche Vereinbarungen unterliegen einer richterlichen **Inhalts- und Ausübungskontrolle**. Vorsorgende Verträge dürfen nicht zu einer evident einseitigen, unzumutbaren Lastenverteilung führen, so dass der Verlierer bereits bei der Vereinbarung feststeht. Dabei ist auch die Unterlegenheit des benachteiligten Partners in der Verhandlungssituation zu berücksichtigen. Kann dieser den Vertrag nicht mitbestimmen, sondern wird ihm dieser einseitig diktiert, was die Gerichte insbesondere bei einer Schwangerschaft der Frau und einer Abhängigkeit der kurz bevorstehenden Eheschließung von der Unterzeichnung des Vertrages angenommen haben, ist dies im Rahmen der richterlichen Kontrolle besonders zu berücksichtigen.

Grundsätzlich müssen ehe- bzw. lebenspartnerschaftsbedingte **Nachteile,** und zwar auch in Vereinbarungen anlässlich einer Trennung, ausgeglichen werden. Dies betrifft insbesondere die Betreuung von Kindern oder Angehörigen des Partners, die zu einer Einschränkung der eigenen Berufstätigkeit führt. Die Rechtsprechung hat darüber hinausgehend auch im Rahmen der **Solidarität** der Partner Unterhaltspflichten angenommen, selbst wenn diese nicht zu einem lebensgemeinschaftsbedingten Nachteil geführt haben. Ein Unterhaltsverzicht darf sich auch nicht **zu Lasten der Sozialhilfe** oder anderer Unterhaltsverpflichteter (z. B. Kindern) auswirken. Dies ist der Fall, wenn bei Vertragsabschluss bereits absehbar ist, dass der verzichtende Partner für den eigenen Unterhalt nicht selbst sorgen kann und deshalb auf staatliche Leistungen oder Unterhaltszahlungen anderer Unterhaltsverpflichteter angewiesen ist.

Unterhaltsvereinbarungen können die gesetzliche **Unterhaltspflicht** auch **erweitern**. So kann beispielsweise der die Kinder betreuende und seine Erwerbstätigkeit einschränkende Partner die Erfüllung des Kinderwunsches davon abhängig machen, dass über die gesetzliche Regelung hinaus ein nachehelicher bzw. nachpartnerschaftlicher Unterhalt entrichtet wird. Dies gilt auch bei einer Adoption oder die Kinderwunscherfüllung auf andere Weise durch gleichgeschlechtliche Paare. Eine diesbezügliche vorsorgende Vereinbarung, die „in guten Tagen" geschlossen wurde, bleibt auch nach einer Scheidung oder Lebenspartnerschaftsaufhebung wirksam. Allerdings darf sie nicht dazu führen, dass der Unterhaltsverpflichtete selbst über sein Existenzminimum nicht mehr verfügt. Zusätzlich darf sich eine derartige Vereinbarung nicht zu Lasten anderer unterhaltsberechtigter Personen, insbesondere minderjähriger Kinder aus einer neuen Verbindung auswirken.

Auch eine **zunächst wirksame Vereinbarung** kann vom Familiengericht im späteren Scheidungs- bzw. Aufhebungsverfahren noch daraufhin überprüft werden, ob das Vereinbarte jetzt **noch angemessen** ist. War zunächst eine Doppelverdienerlebenspartnerschaft geplant, ist aber dann doch ein Partner zur Versorgung der kranken Eltern des anderen zu Hause geblieben, kann die Berufung auf den Verzicht auf nachpartnerschaftlichen Unterhalt unbillig sein. Das Familiengericht wird deshalb dem begünstigten Partner die Berufung auf den Verzicht verwehren. Gleiches kann auch dann gelten, wenn eine unterhaltsverstärkende Vereinbarung getroffen wurde und der Unterhaltsverpflichtete nunmehr selbst arbeitslos ist und deshalb auf Sozialhilfe angewiesen wäre. Gleiches ist wohl der Fall, wenn er seine Unterhaltsverpflichtungen gegenüber minderjährigen Kindern aus einer neuen Beziehung wegen des vertraglich erhöhten Unterhaltsanspruchs des Ex-Partners nicht mehr erfüllen kann.

In **grenzüberschreitenden Fällen** kann ein Unterhaltsverzicht nur vereinbart werden, wenn es nach dem Recht des Staates zugelassen ist, in dem die unterhaltsberechtigte Person zum Zeitpunkt der Rechtswahl ihren gewöhnlichen Aufenthalt hat (Art. 8 Abs. 4 HUP). Allerdings kann eine diesbezügliche Rechtswahl unwirksam sein, wenn sie für eine der Parteien unangemessen und unbillige Folgen hat und sie nicht umfassend über die Folgen aufgeklärt wurde (Art. 8 V HUP).

b) Die einzelnen Unterhaltstatbestände

Das Bestehen eines **Unterhaltsanspruchs** hängt davon ab, dass der geschiedene Ehegatte bzw. frühere Lebenspartner für seinen Unterhalt durch Ausübung einer ihm zumutbaren Erwerbstätigkeit oder aus sonstigen Einkünften nicht selbst aufkommen kann. Grundsätzlich soll dies die Ausnahme sein. Jeder Ex-Partner hat nämlich die Pflicht, eine angemessene **Erwerbstätigkeit** auszuüben. Nur wenn ihm dies nicht möglich ist **und** zusätzlich einer der nachstehend dargestellten **Unterhaltstatbestände** vorliegt, kann ein Unterhaltsanspruch bestehen.

aa) Kinder und Küche oder Beruf und Krippe?

FALL 73. Franziska betreut die achtjährige Tanja und den vierjährigen Bastian. Manfred meint, sie könne ganztags arbeiten gehen; schließlich gäbe es Ganztagsschulen und einen Kindergarten. Franziska geht anlässlich der 14 Ferienwochen, der Notwendigkeit des „Fahrdienstes" und des sonstigen mit der Kinderbetreuung verbundenen Zeitaufwandes (Wäsche waschen, Zimmer aufräumen, Kochen etc.) davon aus, dass ihr lediglich eine Halbtagstätigkeit zumutbar wäre.

FALL 74. Lisa und Julia, die in eingetragener Lebenspartnerschaft leben, haben ihren Kinderwunsch dadurch erfüllt, dass Lisa mit dem Samen eines befreundeten homosexuellen Mannes im beiderseitigen Einvernehmen künstlich befruchtet wurde. Julia war als Co-Mutter hiermit einverstanden. Als sich die beiden trennen, möchte Julia nicht für den Unterhalt der Lebenspartnerin nach einer Aufhebung aufkommen. Schließlich sei die einjährige Tonia nicht ihr Kind. Lisa möge sich an den Vater halten.

FALL 75. Frieda betreut die gemeinsame zehnjährige Tochter Tatjana und ihren zweijährigen Sohn Tobias, dessen Ehelichkeit Manfred erfolgreich angefochten hat. Er ist allerdings mit Frieda noch eineinhalb Jahre zusammengeblieben und während dieser Zeit für den Unterhalt von Frieda und Tobias aufgekommen. Manfred meint gleichwohl, dass sich nach einer Scheidung Frieda an den Vater des Kindes wegen der Zahlung von Unterhalt wegen Kinderbetreuung wenden müsse, nicht an ihn.

FALL 76. Frieda betreut neben dem gemeinsamen sechs Monate alten Sohn Bastian auch noch ihre zweijährige voreheliche Tochter Tatjana. Manfred möchte nicht allein Unterhalt zahlen, da Frieda nicht nur wegen Bastian zu Hause bleibt.

FALL 76a. Frieda betreut den zweijährigen Benjamin und die sechs Monate alte Tina. Sie geht keiner Berufstätigkeit nach. Manfred möchte nur den halben Unterhalt zahlen, da er beide Kinder jedes zweite Wochenende bei sich hat, mitunter sogar zwei Wochenenden nacheinander. Er geht von einem „Wechselmodell" aus.

Was sagen Gesetz und Rechtsprechung?

Ein geschiedener Ehegatte bzw. ein Ex-Lebenspartner kann mindestens drei Jahre nach der Geburt wegen der Pflege oder Erziehung **eines gemeinschaftlichen Kindes** Unterhalt verlangen (§ 1570 Abs. 1 Satz 1 BGB, § 16 Satz 2 LPartG). Dies gilt nicht nur für gemeinsam gezeugte Kinder, sondern auch für solche aus einer homologen oder heterologen Insemination und für gemeinsam adoptierte Kinder. In dieser Zeit wird keinem Elternteil eine Erwerbstätigkeit zugemutet. Das Sorgerecht hat für den Unterhaltsanspruch keine Bedeutung.

Auch wenn der gemeinsame Kinderwunsch eines Lesbenpaares durch künstliche Befruchtung erfüllt wird, sieht das Gesetz nach seinem Wortlaut keinen Unterhaltsanspruch der betreuenden Frau gegen die Co-Mutter vor. Ebenso ist dies bei einer Leihmutterschaft im Ausland, wenn mit dem Sperma eines Lebenspartners das gemeinsam gewollte Kind gezeugt und die Elternschaft des anderen Partners nicht rechtlich festgestellt wird. Entsprechendes gilt, wenn das **einseitige Kind eines Partners** (Stiefkind) während der Ehe bzw. Lebenspartnerschaft mitversorgt und unterhalten wurde. Lediglich aus Billigkeit (§ 1576 BGB, § 16 Satz 2 LPartG) kann in diesen Fällen ein Unterhaltsanspruch bestehen.

Betreut ein Partner neben dem gemeinschaftlichen Kind ein **weiteres** nicht gemeinschaftliches **Kind**, so besteht ein Unterhaltsanspruch wegen Kinderbetreuung nur, wenn das gemeinsame Kind Grund dafür ist, dass eine Erwerbstätigkeit nicht oder nicht in vollem Umfang aufgenommen werden kann. Der sein eigenes Kind betreuende Partner in der Patchworkfamilie kann deshalb nicht darauf vertrauen, dass er vom Ex-Partner Unterhalt erhält. Versorgt der kinderbetreuende Ehegatte bzw. Lebenspartner neben gemeinschaftlichen Kindern noch ein weiteres Kind, haften der geschiedene Ehegatte und der Elternteil des weiteren Kindes für den Betreuungsunterhalt entsprechend § 1606 Abs. 3 Satz 1 BGB anteilig. Versorgt jeder Elternteil ein gemeinschaftliches Kind, kann dies dennoch zu einer Unterhaltspflicht eines Partners gegenüber dem anderen führen. Maßgeblich sind die Kriterien der Bedürftigkeit und Leistungsfähigkeit. Von einem „Wechselmodell" mit Teilung der Kinderbetreuung ist nur bei annährend gleicher Betreuung auszugehen. Auch bei beiderseitiger Kinderbetreuung kann deshalb ein Partner möglicherweise vom anderen Unterhalt fordern.

Bis zur **Vollendung des dritten Lebensjahres** des jüngsten Kindes geht das Gesetz davon aus, dass dieses betreuungsbedürftig ist und die Betreuung durch einen Elternteil erfolgen kann. Dieser ist somit nicht gezwungen, ein unter drei Jahre altes Kind in die Krippe zu geben, um arbeiten zu können. Ein Anspruch auf den Unterhalt (sog. **Basisunterhalt**) besteht in dieser Zeit unabhängig von der konkreten Betreuungsbedürftigkeit. Dies gilt auch dann, wenn eine „tatkräftige" Oma die Kinderbetreuung gerne übernehmen würde. Derjenige Partner, bei dem sich das Kind aufhält, kann somit frei entscheiden, ob er die Betreuung fortsetzen oder berufstätig sein will. Schafft er es, z. B. wegen der vorgenannten Großmutter, nebenbei erwerbstätig zu sein, ist sein derartiges Einkommen obligationsmäßig und beim Unterhalt nicht zu berücksichtigen.

Nach Vollendung des dritten Lebensjahres des jüngsten Kindes kommt es auf die konkrete Betreuungsbedürftigkeit an. Ein Vorrang der persönlichen Betreuung durch einen Elternteil besteht nicht mehr. Die Notwendigkeit einer Betreuung ist vielmehr im konkreten Fall individuell zu prüfen. Anders als früher gibt es keine bestimmten generellen Anhaltspunkte, wie z. B. Grundschule, 16. Lebensjahr etc. Das **frühere Altersphasenmodell** wird von den Familiengerichten nicht mehr angewandt. Damit ergibt sich ein verstärkter Zwang zur Fremdbetreuung der Kinder. Auch ein gestufter Übergang in eine

Vollerwerbstätigkeit ist, abhängig von den Betreuungsmöglichkeiten, denkbar. Lediglich wenn ein Kind wegen in seiner Person liegender Gründe oder unzureichender Möglichkeiten der Fremdbetreuung einer ganzen oder teilweisen Betreuung durch den Elternteil bedarf, besteht über das dritte Lebensjahr hinaus ein Unterhaltsanspruch. Beispiele sind eine andauernde Krankheit, eine Behinderung, schulische Probleme, Verhaltensauffälligkeiten und eine psychische Störung; dies gilt auch für Freizeitaktivitäten des Kindes (musische oder sportliche Begabung) bei fehlenden öffentlichen Verkehrsmitteln. Weitere **kindbezogene Gründe** können auch nach Erreichen der Volljährigkeit noch bestehen. Hinsichtlich der Betreuungsmöglichkeiten ist grundsätzlich nur auf diesbezügliche Einrichtungen, nicht auf die verwandtschaftliche Betreuung abzustellen. Die Betreuung durch die Großmutter soll nämlich regelmäßig nicht den Unterhaltspflichtigen entlasten. Institutionelle Fremdbetreuungsmöglichkeiten müssen eine adäquate Versorgung bieten. Hierzu gehören bei der Schule auch die Mittagsverköstigung und eine Hausaufgabenbetreuung. Zu beachten ist, dass ab dem 3. Lebensjahr ein Anspruch auf einen Kindergartenplatz besteht (§ 24 Abs. 1 SGB VIII).

Der Unterhaltsanspruch kann sich auch aus **Gründen des** das Kind betreuenden **Elternteils** verlängern. Dies ist dann der Fall, wenn unter Berücksichtigung der bisherigen Kinderbetreuung eine Erwerbstätigkeit während der Ehe und zusätzlich unter Berücksichtigung der diesbezüglichen Ehe-/Lebenspartnerschaftsdauer unbillig wäre. Geschützt wird das Vertrauen desjenigen Partners, der im Hinblick auf die gemeinsam gewünschte und gelebte Rollenverteilung wegen der Ausgestaltung der Kinderbetreuung seine eigene Berufstätigkeit aufgegeben oder dauerhaft zurückgestellt hat. Hierbei spielen auch das Alter, der Gesundheitszustand und die Möglichkeit des beruflichen Wiedereinstiegs bzw. die Notwendigkeit von Fortbildungsmaßnahmen eine Rolle. Anders ist dies, wenn von vornherein eine möglichst baldige Rückkehr in das Berufsleben nach Erreichen des Kindergartenalters geplant war. Im Hinblick hierauf gehen die Familiengerichte auch insoweit weiterhin von einem gestuften Übergang zur Erwerbstätigkeit aus, wenn einem Partner zunächst die alleinige Erziehungsverantwortung übertragen wurde.

Was können die Ehegatten/Lebenspartner vereinbaren?

FALL 77. Moritz und Frieda wollten keine Kinder und haben deshalb unter anderem einen wechselseitigen Verzicht auf nachehelichen Unterhalt vereinbart. Als Frieda heimlich die Pille absetzt und schwanger wird, kommt es zum Streit. Moritz beantragt die Scheidung und möchte auch keinen Kinderbetreuungsunterhalt für das von ihm nicht gewünschte Kind bezahlen.

FALL 78. Manfred und Franziska sind beide Ärzte. Sie wollen auch nach der Geburt eines gemeinsamen Kindes berufstätig bleiben und dieses durch staatliche Einrichtungen (Krippe, Kindergarten, Ganztagsschule) betreuen lassen. Aus diesem Grund wird ein wechselseitiger Verzicht auf nachehelichen Unterhalt vereinbart. Als Bastian fünf Jahre alt ist, lassen sich die beiden scheiden. Franziska geht davon aus, dass der Unterhaltsverzicht sittenwidrig ist, da er auch den Kinderbetreuungsbasisunterhalt umfasst.

Der **Betreuungsunterhalt** gehört zu denjenigen Scheidungsfolgen, den Familiengerichte am wichtigsten ansehen. Hintergrund ist nicht nur, dass derjenige Partner, der gemeinsame Kinder betreut, damit auf jeden Fall einen Nachteil hinsichtlich seiner Erwerbsbiographie im gemeinsamen Interesse auf sich nimmt. Auch die Interessen Dritter, nämlich der zu betreuenden Kinder, werden durch diesbezügliche Vereinbarungen betroffen. Deshalb unterliegen diesbezügliche Vereinbarungen einer besonders strengen richterlichen Kontrolle. Allerdings gilt auch insoweit der Grundsatz, dass bezüglicher sämtlicher Scheidungsfolgen eine einvernehmliche Vereinbarung getroffen werden kann, wenn diese nicht einen Partner unbillig benachteiligt. Deshalb können Paare vereinbaren, dass sie trotz gemeinsamer Kinder beide berufstätig bleiben und die diesbezüglichen Kinderbetreuungseinrichtungen nutzen wollen. Eine diesbezügliche Vereinbarung ist nicht vornherein sittenwidrig. Bedarf allerdings ein Kind dann doch der Betreuung eines Elternteils, kann sich der hierdurch begünstigte andere Partner nicht auf die Vereinbarung berufen, solange die diesbezüglichen kindbezogenen Gründe für eine Betreuung vorliegen.

Der Unterhaltsanspruch wegen Kinderbetreuung besteht auch dann, wenn ein Paar nicht verheiratet ist. Grundsätzlich kann deshalb auf den **Basisunterhalt** bis zum dritten Lebensjahr des (jüngsten) Kindes nicht verzichtet werden. Für die **Zeit danach** sind Vereinbarungen möglich, allerdings dürfen diese nicht zu Lasten des Kindeswohls gehen. Zudem müssen Nachteile, die ein Partner wegen der Kinderbetreuung auf sich nimmt, angemessen ausgeglichen werden. Denkbar ist es, bei einer Differenzehe/-lebenspartnerschaft den Unterhaltsanspruch der Höhe nach auf dasjenige zu begrenzen, was dem kinderbetreuenden Partner als Nachteil entsteht, also auf seinen eigenen Einkommensverzicht. Hierbei sollte allerdings nicht zu geizig vorgegangen werden, da der kinderbetreuende Partner auf eine berufliche Karriere verzichtet. Umgekehrt kann auch eine Vereinbarung getroffen werden, die den Unterhaltsanspruch verstärkt. Beispielsweise kann ein Paar auch regeln, dass bis zur Vollendung des sechsten Lebensjahres des Kindes, also der Einschulung, keine Erwerbstätigkeit des kinderbetreuenden Partners geschuldet ist. Auch das frühere Altersphasenmodell (z. B. keine Erwerbstätigkeit bis zur Einschulung, Halbtagstätigkeit bis zur Vollendung des 14. Lebensjahres und erst danach Vollerwerbstätigkeit) kann vertraglich vorgesehen werden, sofern es sich in Mangelfällen nicht zu Lasten jüngerer betreuungsbedürftiger Kinder oder eines ein Kleinkind betreuenden neuen Partners auswirkt.

bb) Unterhalt wegen Alters

FALL 79. Frieda, die im Alter von 45 Jahren von Moritz geschieden wurde, hat ein gemeinsames behindertes Kind bis zum 58. Lebensjahr aufopfernd gepflegt. Als dieses verstirbt, will ihr geschiedener Mann keinen Unterhalt mehr bezahlen.

FALL 80. Franziska, die mit 50 Jahren von Manfred geschieden wurde, war nach der Scheidung zunächst bei einer Drogeriemarktkette als Verkäuferin beschäftigt. Nachdem die Kette Insolvenz angemeldet hat und sie mit nunmehr 60 Jahren nicht mehr vermittelbar ist, möchte sie von Manfred Unterhalt. Schließlich habe sie bis zur Scheidung die zwei gemeinsamen Kinder betreut und deshalb ihren erlernten Beruf aufgegeben. Hätte sie diesen mit Fortbildungsmaßnahmen statt der Kindererziehung fortgesetzt, würde sie jetzt nicht „auf der Straße stehen".

Was sagen Gesetz und Rechtsprechung?

Wenn von einem Ehegatten/Lebenspartner wegen seines **Alters** eine Erwerbstätigkeit nicht mehr erwartet werden kann, besteht zu seinen Gunsten ein Unterhaltsanspruch (§ 1571 BGB, § 16 Satz 2 LPartG). Das Gesetz gibt hierzu keine Altersgrenze an. Auf die Dauer der Ehe oder Lebenspartnerschaft kommt es nicht an. Insbesondere ist es nicht erforderlich, dass die Ehegatten oder Lebenspartner miteinander alt geworden sind. Die Unterhaltspflicht besteht auch dann, wenn zwei „Oldies" heiraten und sich später wieder scheiden lassen, sofern ein Partner nicht für sich selbst sorgen kann.

Auch wenn eine feste **Altersgrenze** nicht besteht, geht die Rechtsprechung davon aus, dass eine Erwerbstätigkeit dann nicht mehr erwartet werden kann, wenn das berufsübliche Ruhestandsalter, derzeit noch das 65. Lebensjahr, erreicht ist. Freiberufler haben Pech, wenn es bei ihnen üblich ist, auch über das Erreichen des regulären Rentenalters hinaus tätig zu sein und dies der unterhaltspflichtige Partner ohne die Scheidung oder die Lebenspartnerschaftsaufhebung getan hätte. Da der Gesetzgeber denjenigen Ehegatten bzw. Lebenspartner schützen will, der nach einer langen Berufsunterbrechung nicht mehr in eine angemessene Erwerbstätigkeit vermittelt werden kann, kann auch bereits vor Erreichen des berufsüblichen Ruhestandsalters ein Altersunterhaltsanspruch gegeben sein. Beispiel ist die Ausübung eines Berufes, z. B. bei einer Tänzerin oder einem Fußballspieler, der an ein bestimmtes Alter gebunden ist. Betroffen sind ferner die Fälle, in denen ein Partner nach langjähriger Berufsunterbrechung ohne eine qualifizierte Ausbildung im fünften Lebensjahrzehnt nunmehr erwerbstätig sein soll. Die Gerichte prüfen insoweit, ob eine Rückkehr ins Erwerbsleben, zumindest im Rahmen einer Teilzeitbeschäftigung oder einer Geringverdienertätigkeit nach der Arbeitsmarktlage und der seelischen und körperlichen Konstitution des Betroffenen zumutbar ist. Häufig wird dies nicht der Fall sein. Allerdings reicht der Rentenbezug aufgrund des Erreichens einer flexiblen Altersgrenze nicht aus; insoweit besteht die Erwerbsobliegenheit fort. Grundsätzlich muss derjenige Partner, der Altersunterhalt vor Erreichen des allgemeinen Rentenalters verlangt, nachweisen, dass er keine angemessene Erwerbstätigkeit findet. Hierzu ist es erforderlich, dass fehlgeschlagene Bemühungen, beispielsweise durch Zeitungsinserate, Vermittlungsversuche der Bundesagentur für Arbeit und erfolglose Vorstellungsgespräche durch Bestätigung des jeweiligen Arbeitgebers, dokumentiert werden.

Allein das Alter und die fehlende Beschäftigungsmöglichkeit nach einer Ehe oder Lebenspartnerschaft, auch wenn diese teilweise mitursächlich für die fehlende Vermittelbarkeit am Arbeitsmarkt ist, führen noch nicht zur Unterhaltsberechtigung. Die Situation muss vielmehr zu einem bestimmten **Einsatzzeitpunkt** gegeben sein. Bis zu diesem Zeitpunkt muss lückenlos ein Unterhaltsanspruch bestanden haben; es darf also keine Lücke in der Unterhaltskette geben. Maßgeblicher Zeitpunkt für das Vorliegen des Alters und das Fehlen eines angemessenen Arbeitsplatzes sind der Zeitpunkt der Scheidung bzw. Lebenspartnerschaftsaufhebung, Beendigung der Pflege oder Erziehung eines gemeinschaftlichen Kindes, das Ende einer Krankheit oder der Ablauf des Zeitraums, in dem eine Möglichkeit zur angemessenen Erwerbstätigkeit nicht bestand. Eine spätere altersbedingte fehlende Vermittelbarkeit am Arbeitsmarkt fällt nicht mehr in den Risikobereich des Ex-Ehegatten oder Ex-Lebenspartners. Grund für diese Regelung ist, dass der Altersunterhalt nicht spezifisch ehe-/lebenspartnerschaftsbedingt ist, sondern teilweise auch von der Arbeitsmarktsituation abhängt. Allerdings muss das Lebensalter als Solches und nicht die Arbeitsmarktsituation für die Unterhaltsbedürftigkeit ursächlich sein. Dies ist nur dann der Fall, wenn im konkreten Alter des Unterhalt begehrenden Partners eine Erwerbstätigkeit in seinem Beruf nicht mehr zu erreichen ist.

Was können die Ehegatten/Lebenspartner vereinbaren?

Der Unterhaltsanspruch wegen Alters ist nicht spezifisch lebensgemeinschaftsbedingt, sondern hängt vom Arbeitsmarkt ab. Obwohl die diesbezüglichen Nachteile nicht ehe- bzw. lebenspartnerschaftsbedingt sind, sieht die Rechtsprechung den Unterhalt wegen Alters in Bezug auf die diesbezüglichen Regelungsmöglichkeiten der Ehegatten bzw. Lebenspartner als wichtige Pflicht der Partner an. Der Altersunterhalt soll **Ausdruck nachehelicher/nachlebenspartnerschaftlicher Solidarität** sein und deshalb nur unter besonderen Umständen durch Vertrag ausgeschlossen werden können. Zugelassen haben dies die Familiengerichte, wenn die Partner erst im Rentenalter heiraten oder eine Lebenspartnerschaft begründen und sich kurz darauf wieder trennen. Vielfach wollen Paare, die beide berufstätig bleiben und keine Nachteile hinsichtlich ihrer Erwerbsbiographie aufgrund des Zusammenlebens erfahren, auch diesen Unterhaltstatbestand mit der Begründung abbedingen, dass das Risiko einer Insolvenz des Arbeitsgebers und der Nichtvermittelbarkeit am Arbeitsmarkt nichts mit ihrer Partnerschaft zu tun habe, sondern unabhängig davon bestehe. Ob die Verantwortung für den Partner wirklich auch das allgemeine Arbeitsplatzrisiko umfasst, ist fraglich. Soll der Ausschluss des Altersunterhalts mit weiteren Vereinbarungen verbunden werden, ist es jedenfalls ratsam, bis zum Vorliegen einer diesbezüglichen höchstrichterlichen Rechtsprechung, eine Ersatzregelung für den Fall zu treffen, dass der Ausschluss des Altersvorsorgeunterhalts unwirksam ist. Zweckmäßigerweise soll es dann diesbezüglich bei der gesetzlichen Regelung verbleiben und werden die übrigen Vereinbarungen des Vertrages unabhängig von der unwirksamen Bestimmung fortgelten.

cc) Unterhalt wegen Krankheit und Gebrechen

FALL 81. Moritz hat Frieda geheiratet, die an Multiple Sklerose erkrankt ist. Die Ehe scheitert an den Problemen, die die Bewältigung der Situation beiden Ehegatten bereitet. Moritz will keinen Unterhalt leisten, da die Krankheit von Frieda nicht auf ihrer Ehe beruht.

FALL 82. Ludwig hat mit dem aidskranken Ivan, der aus Moskau zu ihm nach Deutschland gezogen ist, eine eingetragene Lebenspartnerschaft begründet. Ivan spricht kaum Deutsch und kann deshalb seinen Beruf als Klavierlehrer auch nicht ausüben. Nach der Lebenspartnerschaftsaufhebung möchte Ludwig keinen Unterhalt entrichten, da die Krankheit nichts mit der Lebenspartnerschaft zu tun hat.

FALL 83. Klaus ist Extremsportler, Sven dagegen Kettenraucher. Beide lieben sich und wollen eine Lebenspartnerschaft begründen und berufstätig bleiben. Da Sven gegen den Extremsport von Klaus ist und dieser umgekehrt stets auf Sven einredet, endlich das Rauchen aufzugeben, wollen beide nicht für den anderen aufkommen, wenn ihre Lebenspartnerschaft scheitern sollte und zwischenzeitlich aufgrund der „Sucht" beider eine Krankheit eintritt.

Was sagen Gesetz und Rechtsprechung?

Solange und soweit von einem geschiedenen Ehegatten oder „entpartnerten" Lebenspartner wegen **Krankheit** oder **anderer Gebrechen** oder **Schwächen seiner körperlichen oder geistigen Kräfte** eine Erwerbstätigkeit nicht erwartet werden kann, besteht zu seinen Gunsten ein Unterhaltsanspruch (§ 1572 BGB, § 16 Satz 2 LPartG). Krankheit ist dabei sozialversicherungsrechtlich (§ 240 Abs. 2 SGB VI), also wie bei einer Krankschreibung durch den Arzt zu verstehen. Entscheidend ist, dass der Betreffende aufgrund der Krankheit einer Erwerbstätigkeit nicht nachgehen kann. Dies betrifft auch psychische Erkrankungen, insbesondere Suchtkrankheiten. Dabei kann es sich auch um selbstverschuldete Süchte wie Alkohol-, Drogen-, Medikamenten- und Magersucht handeln. Auch Übergewichtigkeit kann als diesbezügliche Krankheit angesehen werden. Der Betroffene muss sich allerdings ärztlich behandeln lassen und sich den entsprechenden ärztlichen Maßnahmen (z. B. Therapie, Operation) unterziehen. Insbesondere bei psychischen Krankheiten besteht die Pflicht, Entziehungskuren und Depressionstherapien nicht abzulehnen oder nach ihrer Aufnahme nicht später wieder abzubrechen.

Es ist nicht erforderlich, dass die Krankheit oder das Gebrechen durch besondere körperliche oder seelische Belastungen während der Ehe oder Lebenspartnerschaft hervorgerufen worden ist. Ein **Zusammenhang mit der Lebensgemeinschaft** muss **nicht** bestehen. Die Krankheit kann auch bei der Heirat oder Lebenspartnerschaftsbegründung schon bestehen. In Betracht kommt auch eine Krankheit aufgrund eines Unfalls. Entscheidend ist, dass die Krankheit und die auf ihr beruhende fehlende Möglichkeit, einer eigenen Erwerbstätigkeit nachzugehen, bei Scheidung bzw. Lebenspartnerschaftsaufhebung, Beendigung einer Kinderbetreuung, einer Aus- oder Fortbildung oder des Fehlens einer angemessenen Erwerbstätigkeit besteht. Auch hier darf – ebenso wie beim Altersunterhalt – die Unterhaltskette nicht unterbrochen werden. Umstritten ist, ob es ausreicht, dass die Erkrankung zu dem vorgenannten Zeitpunkt bereits latent vorhanden ist. Dies hat die Rechtsprechung bei einer latenten Depression bejaht, auch wenn die Krankheit erst später ausbricht. Allerdings soll insoweit noch ein angemessener zeitlicher Zusammenhang erforderlich sein. Bei einem Zeitraum von fast zwei Jahren oder noch länger soll der erforderliche Zusammenhang nicht mehr gegeben sein.

Der Unterhalt begehrende Partner muss seine Krankheit notfalls durch ein detailliertes ärztliches Attest nachweisen. Gegebenenfalls ist ein **medizinisches Gutachten** eines Amtsarztes, der über die nötige Sachkunde verfügt, vorzulegen. Kann der Unterhalt begehrende Partner trotz seiner Krankheit eine leichtere Arbeit verrichten, ist ihm dies zuzumuten.

Was können die Ehegatten/Lebenspartner vereinbaren?

Ähnlich wie der Altersunterhalt wird der Krankheitsunterhalt von der Rechtsprechung als besonders wichtig angesehen. Er soll ebenso wie dieser auf der nachehelichen bzw. nachlebenspartnerschaftlichen **Solidarität** beruhen und nur bei Vorliegen besonderer Umstände abdingbar sein. Beispiel ist, dass die Krankheit bereits bei Eheschließung bzw. Lebenspartnerschaftsbegründung bestand. Auch beim Krankheitsunterhalt ist der Grund für die Zahlungspflicht nicht ehe- bzw. lebenspartnerschaftsbedingt. Deshalb wollen auch hier viele Paare den Unterhaltanspruch abbedingen.

Insbesondere bei gesundheitsgefährdenden Tätigkeiten (z. B. Rauchen, Workaholic, Extremsportarten, Alkohol, ungesunde Ernährung etc.), wollen Partner häufig nicht bei einem Scheitern der Lebensgemeinschaft für den anderen einstehen, wenn sie dessen „ungesunden Lebenswandel" ohnehin stets abgelehnt haben und – wie z. B. beim (Passiv-)Rauchen – sogar darunter gelitten. Dieser Grund sollte bei einer Abbedingung des Krankheitsunterhalts offengelegt werden. Im Hinblick darauf, dass eine höchstrichterliche Rechtsprechung nicht vorliegt, ist es ratsam, wenn weitere Vereinbarungen getroffen werden, für den Fall der **Unwirksamkeit des Ausschlusses des Krankheitsunterhalts** eine Regelung zu treffen. Auch hier empfiehlt es sich, es bei der gesetzlichen Regelung zu belassen und die Geltung der übrigen Vereinbarungen unabhängig vom unwirksamen Ausschluss des Krankheitsunterhalts anzuordnen.

dd) Unterhalt wegen Erwerbslosigkeit (§ 1573 Abs. 1 BGB, § 16 Satz 2 LPartG) und wegen Wegfalls einer nicht nachhaltig gesicherten Erwerbstätigkeit (§ 1573 Abs. 4 BGB, § 16 Satz 2 LPartG)

FALL 84. Ludwig ist Lehrer. Während seiner Lebenspartnerschaft mit Erich hat er den Haushalt versorgt, sich um dessen Mutter gekümmert und Nachhilfestunden gegeben. Nach der Lebenspartnerschaftsaufhebung gibt er in einen privaten Einrichtung Nachhilfeunterricht. Er hat nur ein Drittel des Gehalts eines Lehrers. Eine Anstellung an einer Schule erhält er gegenwärtig nicht. Er möchte die Differenz von Erich haben.

FALL 85. Andrea hat bis zur Eheschließung in einer großen Anwaltskanzlei gearbeitet. Sie hat von den Prozessneurosen der Mandanten, der Stundenschinderei bei der Abrechnung und den Kuhhandeln vor Gericht „die Schnauze voll". Sie widmet sich deshalb der Betreuung der gemeinsamen beiden Kinder und arbeitet stundenweise in einer Wirtschaftsprüferkanzlei mit. Ihr Mann Oliver, der Unternehmensberater ist, meint, sie könne nach der Scheidung halbtags in einer Kinderbetreuungseinrichtung und zusätzlich in der Wirtschaftsprüferkanzlei arbeiten. Andrea möchte jedoch wieder in ihrem Beruf als Volljuristin arbeiten.

FALL 86. Sabine ist Lehrerin. Sie widmet sich im Einvernehmen mit Paul der Betreuung der beiden Kinder und arbeitet stundenweise im Supermarkt an der Kasse. Nach der Scheidung meint Paul, sie könne weiterhin im Supermarkt tätig sein und dort eine Vollzeitstelle annehmen. Sabine möchte dagegen als Lehrerin arbeiten, bekommt aber kurzfristig keine Stelle.

Was sagen Gesetz und Rechtsprechung?

Besteht kein Unterhaltsanspruch wegen Betreuung eines gemeinschaftlichen Kindes oder wegen Krankheit bzw. Gebrechen, hat jeder Ehegatte/Lebenspartner grundsätzlich selbst für seinen Lebensunterhalt aufzukommen. Er ist insoweit verpflichtet, eine Erwerbstätigkeit aufzunehmen. Allerdings muss er nicht jede, sondern nur eine ihm angemessene Erwerbstätigkeit annehmen (§§ 1573, 1574 BGB, § 16 Satz 2 LPartG). Solange und soweit ihm das nicht gelingt, kann er von dem Ex-Partner Unterhalt verlangen. Er muss sich allerdings ernsthaft um eine angemessene **Erwerbstätigkeit bemühen**. Hieran stellen die Familiengerichte hohe Anforderungen. Der Unterhalt begehrende Partner muss alle zumutbaren und möglichen Mittel einsetzen, um eine Arbeitsstelle zu finden. Er muss die diesbezüglichen Anstrengungen dokumentieren. Nicht ausreichend ist allein die Meldung bei der Bundesagentur für Arbeit. Zusätzlich muss er auf Stellenanzeigen in der Zeitung und im Internet reagieren und hierzu schriftliche Bewerbungen abgeben. Auch bei einer vorübergehenden Arbeitsunfähigkeit besteht bereits in der Zeit des Krankengeldbezugs die Verpflichtung, sich zu bewerben. Die Bewerbung muss ernsthaft sein. Der Unterhalt fordernde Ehegatte darf sich nicht bewusst „schlecht" machen. Er muss seinen beruflichen Werdegang objektiv schildern. Hinweise auf den Grund der Arbeitsplatzsuche sollten unterbleiben. Auch die Zahl der Bewerbungen ist wichtig. Eine Bewerbung pro Monat ist jedenfalls zu wenig. Wenn es zur Aufnahme einer angemessenen Erwerbstätigkeit erforderlich ist, muss sich der geschiedene Ehegatte oder Ex-Lebenspartner auch **ausbilden**, **fortbilden** oder **umschulen** lassen. Er muss sich allerdings nicht auf Stellen bewerben, die aufgrund des Anforderungsprofils von vornherein keine Aussicht für eine erfolgreiche Bewerbung bieten.

Nicht so einfach ist die Beurteilung dessen, welche Erwerbstätigkeit **angemessen** ist. Nur zu einer solchen ist nämlich der Ehegatte bzw. Lebenspartner verpflichtet, der Unterhalt fordert. Er soll nicht sozial absteigen müssen. Angemessen ist eine Erwerbstätigkeit die der **Ausbildung**, den **Fähigkeiten**, einer **früheren Erwerbstätigkeit,** dem **Lebensalter** und dem **Gesundheitszustand** des geschiedenen Ehegatten bzw. Lebenspartners entspricht. Nicht erheblich sind dagegen die bisherigen ehelichen bzw. lebenspartnerschaftlichen Lebensverhältnisse. Sie können nur im Rahmen einer Billigkeitskorrektur von Bedeutung sein. Entscheidend ist eine Gesamtwürdigung der im Gesetz genannten Kriterien.

Kein Partner soll gezwungen sein, eine Erwerbstätigkeit auszuüben, die unter seiner Qualifikation liegt. Maßgeblich ist die berufliche Ausbildung. Allerdings darf sich der Unterhalt Fordernde nicht auf die klassischen Berufsfelder seiner Ausbildung beschränken. Er muss auch in angrenzenden Berufsbereichen tätig werden. In diesem Zusammenhang kommt es auch auf das Alter und den Gesundheitszustand des Betreffenden an. Auch die Entfernung des Arbeitsplatzes kann berücksichtigt werden. **Unzumutbar** sind Tätigkeiten, die ihn körperlich oder geistig überfordern würden. Eine Ausbildung selbst hat nach einem langen zeitlichen Abstand gegenüber einer ausgeübten Erwerbstätigkeit weniger Bedeutung. Die ehemalige Chefsekretärin muss deshalb bei einem schweren Bandscheibenleiden, das ihr eine sitzende Tätigkeit verbietet, nicht in ihrem alten Beruf tätig werden. Sie ist auch nicht verpflichtet, eine Arbeit als Reinigungskraft anzunehmen. Insofern können allerdings außerberufliche Fertigkeiten, wie z. B. eine durch die Betreuung von Kindern oder von Eltern erworbene pflegerische Qualifikationen, von Bedeutung sein. War eine Lehrerin während der Ehe in der Altenpflege tätig, kann sie nicht darauf bestehen, nach jahrelanger beruflicher Abstinenz in ihrem erlernten Beruf, wieder nur als Lehrerin arbeiten zu wollen.

Das Gesetz möchte zwar den Partner vor einem sozialen Abstieg bewahren. Gleichzeitig betont es aber den Grundsatz der Eigenverantwortung. Deshalb ist eine Erwerbstätigkeit in einem **früher ausgeübten Beruf** stets angemessen. Die ehelichen Lebensverhältnisse, nämlich die wirtschaftliche Situation und die erlangte gesellschaftliche Stellung, die mit der Dauer der Ehe und dem Zeitraum der Kinderbetreuung an Gewicht gewinnen wird, können die Erwerbsobliegenheit weiter einschränken. Freilich gilt dies nicht unbegrenzt; mit zunehmendem Abstand von der Ehe bzw. Lebenspartnerschaft tritt der frühere soziale Status gegenüber der Erwerbsobliegenheit in dem bereits während der Ehe bzw. Lebenspartnerschaft ausgeübten oder erlernten Beruf zurück.

Der Unterhalt begehrende Ex-Ehegatte bzw. Ex-Lebenspartner muss nachweisen, dass er nach der Scheidung bzw. Lebenspartnerschaftsaufhebung, nach dem Ende der Betreuung gemeinsamer Kinder oder bei Wegfall des Krankheits-, Alters- oder Ausbildungsunterhalts trotz diesbezüglicher Bemühungen keine Erwerbstätigkeit findet. Insofern trägt der Unterhaltsschuldner in gewisser Weise das Arbeitsmarktrisiko. Noch deutlicher wird dies, wenn es dem Ehegatten oder Lebenspartner nicht gelingt, seinen Unterhalt durch die Erwerbstätigkeit **nachhaltig zu sichern**. Eine solche ist nur bei der Dauerbeschäftigung, nicht aber bei einer vorübergehenden Tätigkeit zu bejahen. Verliert der erwerbstätige Partner nach einigen Monaten aufgrund von Rationalisierungsmaßnahmen seinen Arbeitsplatz wieder, hat er erneut Anspruch auf Unterhalt, auch wenn bei der Scheidung bzw. Lebenspartnerschaftsaufhebung der Unterhaltsanspruch zunächst nicht gegeben war. Entscheidend ist, ob die Erwerbstätigkeit nach objektiven Gesichtspunkten und allgemeiner Lebenserfahrung mit einer gewissen Sicherheit als dauerhaft angesehen werden kann. Dies ist jedenfalls dann der Fall, wenn ein Arbeitnehmer Kündigungsschutz genießt, also das Arbeitsverhältnis länger als sechs Monate gedauert hat. Der frühestmögliche Zeitpunkt für diese Beurteilung einer nachhaltigen Erwerbssicherung ist der Zeitpunkt der Scheidung bzw. der Lebenspartnerschaftsaufhebung.

Was können die Ehegatten/Lebenspartner vereinbaren?

Ehegatten und Lebenspartner können im Rahmen eines Ehevertrags, aber ebenso einer Trennungs- und Scheidungsvereinbarung auch Regelungen bezüglich des Unterhalts wegen Erwerbslosigkeit treffen. Da das Arbeitsplatzrisiko nicht lebensgemeinschaftsbedingt ist, ist hier der Spielraum größer als beispielsweise bei dem von beiden Partnern „verursachten“ Unterhalt wegen Kinderbetreuung. So kann beispielsweise eine Frau vor Erfüllung des beiderseitigen Kinderwunsches, nach dem sie zumindest teilweise ihre Berufstätigkeit einschränkt, die Bandbreite derjenigen Tätigkeiten in ihrem erlernten Beruf festlegen, die sie nach einer Scheidung ausüben muss. Sie vermeidet dadurch, dass ihr später eine sozial niederwertige Tätigkeit zugemutet wird. Umgekehrt kann der Partner darauf verzichten, die Unangemessenheit der von ihm aufgenommenen Erwerbstätigkeit geltend zu machen, wenn er dafür beispielsweise das Miteigentum des Unterhaltsschuldners an dem früheren Familienwohnheim als Ausgleich übertragen erhält. Ebenso ist ein Handel unangemessene Erwerbstätigkeit gegen Verzicht auf Durchführung des Versorgungsausgleichs, der sich zu Lasten des Unterhaltsgläubigers auswirken würde, zulässig.

ee) Aufstockungsunterhalt (§ 1573 Abs. 2 BGB, § 16 Satz 2 LPartG)

FALL 87. Max und Moritz haben sich bereits in der Schule kennen und lieben gelernt. Beide haben gemeinsam studiert und die gleiche berufliche Qualifikation erlangt. Max ist Finanzbeamter, Moritz ist dagegen freiberuflicher Steuerberater. Er verdient mehr als das Doppelte gegenüber Max. Moritz geht wegen des Grundsatzes der Eigenverantwortung davon aus, dass er an Max keinen Unterhalt zahlen müsse, da dieser die gleichen Berufschancen hatte und nur wegen der Bequemlichkeit und des Urlaubs im öffentlichen Dienst geblieben ist.

Was sagen Gesetz und Rechtsprechung?

Während der Unterhalt wegen Erwerbslosigkeit den Fall betrifft, dass der frühere Partner keine angemessene Erwerbstätigkeit erhält, geht es beim Aufstockungsunterhalt darum, dass eine angemessene Erwerbstätigkeit zwar ausgeführt, aber die daraus erzielten Einkünfte den vollen Unterhalt nach den ehelichen bzw. lebenspartnerschaftlichen Lebensverhältnissen nicht decken können. In diesem Fall hat er Anspruch auf den Differenzbetrag. Der Aufstockungsunterhalt wird praktisch, wenn beide Partner nicht über gleich hohe Einkommen verfügen. Nach einer Scheidung oder Lebenspartnerschaftsaufhebung bedeutet dies, dass der weniger verdienende Teil den während der Lebensgemeinschaft erlangten Lebensstandard verlieren würde. Der trotz seiner Erwerbstätigkeit schlechter verdienende Partner soll den ehelichen bzw. lebenspartnerschaftlichen **Lebensstandard** zumindest für eine bestimmte Zeitdauer **beibehalten** dürfen. Zu rechtfertigen ist diese „Nerzklausel“ jedoch nur dann, wenn die Einkommensdifferenz ehe- bzw. lebenspartnerschaftsbedingt ist. Der Anspruch auf Aufstockungsunterhalt ist somit nur dann gerecht, wenn der Unterhaltsgläubiger unter Berücksichtigung der Gestaltung der Lebensgemeinschaft auf eine eigene Berufstätigkeit und eine Weiterqualifikation verzichtet hat und deshalb nunmehr wegen dieser beruflichen Nachteile auch seinen Lebensstandard nicht beibehalten kann. Anders ist dies, wenn eine Einkommensdifferenz auf einer geringeren Qualifikation beruht, die nicht lebensgemeinschaftsbedingt ist.

Der Aufstockungsunterhalt besteht in dem **Unterschiedsbetrag** zwischen dem vollen Unterhalt einerseits und den aus einer angemessenen Erwerbstätigkeit erzielten eigenen Einkünften des Unterhaltsberechtigten. Ist der Unterhalt fordernde Partner teilweise erwerbstätig, so besteht ein Anspruch auf Aufstockungsunterhalt nur, wenn das Einkommen aus der eigenen Erwerbstätigkeit zusammen mit dem beispielsweise wegen Kinderbetreuung geschuldeten Unterhalt nicht ausreicht, um den vollen Lebensbedarf zu decken. Maßgeblich hinsichtlich des Unterhalts sind die ehelichen bzw. lebenspartnerschaftlichen Lebensverhältnisse. Wegen der Gleichwertigkeit der Erwerbs- und Familienarbeit geht die Rechtsprechung davon aus, dass die nach einer Scheidung oder Lebenspartnerschaftsaufhebung aufgenommene Berufstätigkeit die früher geleistete Haushaltstätigkeit ersetzt. Bei einer diesbezüglichen Berechnung ist ein Erwerbstätigenbonus von einem Zehntel bzw. einem Siebtel des Nettoeinkommens zu berücksichtigen. Erzielt z. B. der Ehemann ein Einkommen von 5.000 Euro und die Ehefrau nach der Scheidung von 2.000 Euro, beträgt das anzusetzende Einkommen des Ehemanns bei einem Erwerbstätigenbonus von einem Zehntel 4.500 Euro und das der Ehefrau 1.800 Euro. Der Differenzbetrag von 2.700 Euro wird geteilt. Der Unterhaltsanspruch beträgt somit 1.350 Euro. Auch hier sind die Verhältnisse zum Zeitpunkt der Scheidung bzw. Lebenspartnerschaftsaufhebung, dem Ende einer Betreuung gemeinsamer Kinder und bei Wegfall des Krankheits-, Alters- oder Ausbildungsunterhalts maßgebend. Der Aufstockungsunterhalt kann außerdem wegen Entfallens einer nicht nachhaltigen Erwerbstätigkeit einsetzen. Die vorübergehende fehlende Bedürftigkeit oder Leistungsfähigkeit führt nicht zum Wegfall.

Was können die Ehegatten/Lebenspartner vereinbaren?

Auch hinsichtlich des Aufstockungsunterhalts können die Partner Vereinbarungen treffen. Soll er ehe- bzw. lebenspartnerschaftsbedingte Nachteile kompensieren, ist allerdings fraglich, ob dies im Einzelfall die Familiengerichte akzeptieren werden. Eine Kompensation für denjenigen Partner, der im gemeinsamen Interesse Nachteile auf sich genommen hat, ist nämlich ein Gebot der Fairness. Deshalb kann auch insoweit derjenige Partner, der nach der gemeinsamen Planung auf eine Karriere verzichtet, zu seiner Sicherheit eine bestimmte Zeitdauer vertraglich vereinbaren, während der ein Aufstockungsunterhalt geschuldet ist. Beispiel ist das zweite Kind, das dazu führt, dass ein Partner auf eine angebotene Sozietät, die zeitliche Einschränkungen nicht zulässt, in einer Kanzlei verzichtet. Gleiches gilt, wenn ein Partner die durch die Trennung der Eltern möglicherweise psychisch beeinträchtigten Kinder im gemeinsamen Interesse auf Anraten einer Kinderpsychologin persönlich betreuen soll, was aber dazu führt, dass eine Stelle mit Aufstiegsmöglichkeiten im Hinblick auf die hiermit verbundene Arbeitsbelastung nicht angenommen werden kann.

ff) Unterhalt wegen Ausbildung, Fortbildung und Umschulung (§ 1575 BGB, § 14 Satz 2 LPartG)

FALL 88. Frieda und Moritz führen vor der Heirat zunächst eine „Ehe auf Probe". Aufgrund einer Versetzung musste Moritz während dieser Zeit von Weihenstephan nach Hamburg ziehen. Frieda hat deshalb ihre Ausbildung als Brauerin aufgegeben. Nach sechzehnjähriger Ehe lassen sich beide scheiden. Die sechsundvierzigjährige Frieda möchte nunmehr Heilpraktikerin werden. Sie fordert von Moritz Unterhalt bis zum Abschluss dieser Ausbildung.

FALL 89. Linda hat ihr Lehramtsstudium aufgegeben, um zu Eva zu ziehen. Nach der Aufhebung der Lebenspartnerschaft möchte sie ihre Ausbildung fortsetzen. Eva meint, Linda könne als Bedienung im Gastronomiebereich jederzeit eine Arbeit finden. Es bestehe ohnehin eine Lehrerschwemme.

Was sagen Gesetz und Rechtsprechung?

Hat ein Partner im Zusammenhang mit der Eheschließung bzw. Lebenspartnerschaftsbegründung oder während der Ehe bzw. Lebenspartnerschaft eine Schul- oder Berufsausbildung nicht begonnen oder abgebrochen, muss er keine Erwerbstätigkeit aufnehmen. Er hat vielmehr unmittelbar nach der Scheidung bzw. Lebenspartnerschaftsaufhebung die Möglichkeit, die **berufliche Qualifikation nachzuholen**. In der Zeit der Ausbildung ist ihm der Ex-Partner unterhaltspflichtig. Der Unterhaltsanspruch steht dem geschiedenen Ehegatten bzw. früheren Lebenspartner, der eine Berufsausbildung abgeschlossen hat, auch dann zu, wenn er sich fortbilden oder umschulen lässt, um ehe- bzw. lebenspartnerschaftsbedingte berufliche Nachteile auszugleichen (§ 1575 BGB, § 16 Satz 2 LPartG).

Wurde die Ausbildung vor der Eheschließung bzw. Lebenspartnerschaftsbegründung abgebrochen, muss der Unterhaltsgläubiger nachweisen, dass dies **durch die geplante Heirat bzw. Lebenspartnerschaftsbegründung** veranlasst war. Dies muss allerdings nicht der einzige Grund gewesen sein. Erfolgt der Abbruch der Ausbildung während der Ehe bzw. Lebenspartnerschaft, ist das Motiv für den Abbruch unerheblich. Deshalb kann die unglückliche Jurastudentin, die froh ist, wegen ihrer nunmehrigen Schwangerschaft ihr Studium an den Nagel hängen zu können, von ihrem geschiedenen Mann eine Berufsausbildung fordern. Sie muss nicht einmal ihr ungeliebtes Fach weiterstudieren, sondern kann die Finanzierung einer anderen gleichwertigen Ausbildung verlangen. Nicht zu finanzieren ist dagegen eine den ehelichen bzw. lebenspartnerschaftlichen Lebensverhältnissen nicht entsprechende Ausbildung. Wurde die Krankenschwesternausbildung abgebrochen, kann somit nicht die Finanzierung eines Medizinstudiums gefordert werden.

Zweck der Ausbildung muss es sein, später in diesem Beruf erwerbstätig zu sein. Ein Prestige- oder Selbstverwirklichungsstudium muss der Ex-Partner nicht finanzieren. Eine Promotion ist grundsätzlich nicht geschuldet. Eine Fortbildung muss nach abgeschlossener Berufsausbildung finanziert werden, wenn die Ehe bzw. Lebenspartnerschaft für die fehlende Weiterbildung ursächlich war. Eine Altersschranke besteht für den „Lernhunger“ grundsätzlich nicht.

Der Unterhaltsanspruch ist jedoch auf die Zeit begrenzt, in der eine Ausbildung im Allgemeinen abgeschlossen werden kann.

Findet der Ehegatte bzw. Lebenspartner nach Abschluss der Ausbildung keinen Arbeitsplatz, kann er Unterhalt nur verlangen, wenn er auch keine seinem früheren Ausbildungsstand entsprechende Stelle findet. Für die übliche Stellenausschreibungs- und Besetzungsdauer ist aufgrund der neuen Qualifikation eine **Arbeitssuche** gestattet. Die Grundschullehrerin, die sich zur Privatdozentin für Kunstgeschichte hat ausbilden lassen, muss aber gegebenenfalls nach der üblichen Bewerbungsdauer wieder Erstklässler unterrichten, anstatt sich schöngeistigen Dingen zu widmen. Für den Ex-Ehemann, der das Studium finanziert hat, bleibt es jedoch dabei: Außer Spesen nichts gewesen.

Was können die Ehegatten/Lebenspartner vereinbaren?

Der Ausbildungsunterhalt, der wegen der Unterbrechung einer Ausbildung oder des Unterlassens einer Weiterbildung zu gewähren ist, hat regelmäßig seine Ursache in ehe- bzw. lebenspartnerschaftsbedingten Umständen. Beispiele sind die Kindererziehung, die Pflege von Angehörigen des Partners und die Fürsorge für diesen selbst. Gleichwohl lässt die Rechtsprechung in weitem Umfang diesbezügliche Vereinbarungen zu. Neben dem möglicherweise nicht fairen **Ausschluss** dieses Unterhaltstatbestandes ist die **Festlegung von Einzelheiten** zur Streitvermeidung möglich. So kann sich ein Partner wiederum vor einer Schwangerschaft oder der Adoption eines Kindes verpflichten, dem anderen, der seine Berufstätigkeit einschränkt, eine Fortbildungsmaßnahme bei der Scheidung der Ehe oder Aufhebung der Lebenspartnerschaft zu finanzieren. Insbesondere eine Weiterbildungsmaßnahme kann auch über den geschuldeten Umfang hinausgehen. So kann sich ein Partner beispielsweise verpflichten, Unterhalt während des Medizinstudiums der Krankenschwester zu bezahlen, auch wenn nur eine Fortbildung zur Fachkrankenschwester geschuldet wäre. Ebenso kann die Finanzierung einer Doktorarbeit, die wegen des Partners nicht geschrieben wurde, vereinbart werden. Vereinbarungen können auch bezüglich des Zeitraums, bis zu dessen Ablauf eine der neuen Qualifikation entsprechende Stelle gesucht werden darf, getroffen werden. Gleiches gilt für diesbezüglich erforderliche Umzugskosten.

gg) Billigkeitsunterhalt (§ 1576 BGB, § 16 Satz 2 LPartG)

FALL 90. Manfred lernt Fritzi kennen, als diese gerade schwanger ist. Sie möchte das Kind abtreiben, da sie den Vater, einen heftigen Flirt im Urlaub, nicht kennt. Manfred, der selbst keine Kinder bekommen kann, drängt sie, das Kind zu behalten. Er liebt den kleinen Bastian wie seinen eigenen Sohn und drängt Fritzi, wegen der Kinderbetreuung zu Hause zu bleiben. Diese tut sich nach der Scheidung schwer, wieder eine Berufstätigkeit in ihrem erlernten Beruf zu erhalten. Manfred möchte nunmehr weder von ihr noch von Bastian etwas wissen. Vor allem möchte er keinen Unterhalt bezahlen.

FALL 91. Jutta und Lisa lieben sich. Sie wollen ein Kind. Jutta lässt sich im Ausland mit dem Sperma eines anonymen Spenders künstlich befruchten. Lisa adoptiert das Kind nicht. Als sich beide trennen, möchte sie auch keinen Kinderbetreuungsunterhalt zahlen, schließlich sei die kleine Tina zweifelsohne nicht ihr Kind.

FALL 92. Martin lässt sich kurz nach der Silberhochzeit von Christa scheiden, mit der er drei Kinder hat. Grund ist die dreißig Jahre jüngere Gerda, mit der er neu anfangen möchte. Christa sieht nicht ein, wieso sie mit fünfzig Jahren nochmals in die Arbeit gehen soll. Schließlich werde Martin „schuldig geschieden" und müsse deshalb bis zu ihrer Rente für sie zahlen. Dies sei auch nur recht und billig.

Was sagen Gesetz und Rechtsprechung?

Wenn die Voraussetzungen eines Unterhaltstatbestandes nicht vorliegen, kann in Ausnahmefällen Unterhalt vom Ex-Ehegatten und Ex-Lebenspartner verlangt werden, wenn aus sonstigen schwerwiegenden Gründen eine Erwerbstätigkeit nicht erwartet werden kann. In diesen Ausnahmefällen können die **sonstigen schwerwiegenden Gründe** den Anspruch nur rechtfertigen, wenn die Versagung von Unterhalt unter Berücksichtigung der Belange beider Partner grob unbillig wäre. Die Versagung von Unterhalt muss somit dem Gerechtigkeitsempfinden in unerträglicher Weise widersprechen. Gründe dürfen nicht allein deshalb berücksichtigt werden, weil sie zum Scheitern der Ehe bzw. der Lebenspartnerschaft geführt haben.

Ein Scheidungs- bzw. Aufhebungsverschulden kann somit keinesfalls eine Unterhaltspflicht rechtfertigen.

Die Familiengerichte haben in den Billigkeitsunterhalt nur bei **besonders loyalem Verhalten** eines Partners, wie beispielsweise dem Teilen der Migration, der Nichtabwendung bei einer längeren Strafhaft, der Mitarbeit im Beruf oder Geschäft des Partners und der Finanzierung eines Studiums oder sonstigen Ausbildung angenommen. Die aufopfernde Pflege von Angehörigen des Partners vor und nach der Scheidung bzw. Aufhebung gehört ebenfalls zu den Billigkeitsunterhalt rechtfertigenden Fällen. Die Mitverantwortung für eine Krankheit oder Behinderung des Partners kann ebenfalls zur Bejahung von Billigkeitsunterhalt führen. Eine besondere Rolle spielen in diesem Zusammenhang **Kinder**. Die Betreuung eigener Kinder aus einer früheren Beziehung führt nicht zu einem Billigkeitsunterhalt, auch wenn der Stiefelternteil damit einverstanden war, dass nicht gemeinschaftliche Kinder im Haushalt aufgezogen werden. Anders ist dies, wenn die Erwerbstätigkeit wegen einer Betreuung eines gemeinsam aufgenommenen Pflegekindes nicht möglich ist. Inwieweit die Familiengerichte bei Lebenspartnern mit gemeinsam gewünschten Kindern, die lediglich ein Partner bekommt oder adoptiert, und der damit verbundenen einvernehmlichen Einschränkungen der Erwerbstätigkeit Billigkeitsunterhalt gewähren werden, ist derzeit noch nicht entschieden. Bei der gemeinsamen Kinderwunscherfüllung ist Unterhalt aus Billigkeitsgründen zu bejahen, wenn das biologische oder rechtliche Kind des Partners wie ein eigenes angenommen wird.

c) Unterhaltsbemessung und Art der Unterhaltsgewährung

aa) Unterhaltsumfang

FALL 93. Moritz ist bereit, an seine geschiedene Frau Frieda den nach der maßgeblichen Unterhaltstabelle berechneten Unterhalt zu bezahlen. Sie möchte zusätzlich einen Geldbetrag in Höhe der Miete ihrer Wohnung. Der Unterhalt betrifft nach ihrer Meinung nur den Lebensbedarf, nicht die Kosten der Unterkunft. Gleiches gilt für die Krankenversicherung, die sie nunmehr abschließen muss, da sie nicht mehr familienversichert ist.

Was sagen Gesetz und Rechtsprechung?

Der bei Vorliegen eines Unterhaltstatbestandes zu leistende Unterhalt umfasst den **gesamten Lebensbedarf** (§ 1578 Abs. 1 Satz 2 BGB, § 16 Satz 2 LPartG). Hierunter sind die Kosten für Nahrung, Kleidung, Wohnung, kulturelle Interessen, die Freizeitgestaltung, Urlaubsreisen zu verstehen (sog. **Elementarunterhalt**), nicht aber ein Anspruch auf einen Verfahrenskostenvorschuss. Zum Lebensbedarf gehört auch der so genannte Vorsorgebedarf. Zu diesem zählen die Kosten einer angemessenen Krankenversicherung (**Krankenvorsorgeunterhalt**) und einer Pflegeversicherung (**Pflegevorsorgeunterhalt**). Ferner können bei Vorliegen eines entsprechenden Unterhaltstatbestandes auch die Kosten einer Ausbildung zu finanzieren sein. Schließlich sind auch die Beiträge zu entrichten, die der unterhaltsberechtigte Partner für seine angemessene Alters- und Invaliditätsvorsorge braucht. Es handelt sich dabei um unselbstständige Teile eines einheitlichen Unterhaltsanspruchs. Die Höhe des **Altersvorsorgeunterhalts** bestimmt sich nach dem Elementarunterhalt, also dem Unterhalt, der ohne Vorsorgeunterhalt zu zahlen wäre. Als Vorsorgeunterhalt ist der Betrag zu entrichten, der an die gesetzliche Rentenversicherung zu zahlen wäre, wenn der Unterhaltsberechtigte aus einer versicherungspflichtigen Tätigkeit Einkünfte in Höhe des Elementarunterhalts hätte. Berechnet wird dies nach der Bremer Tabelle (https://beck-online.beck.de/?vpath=bibdata/ges/BremTab/cont/BremTab.Amtabschnitt1.htm; Stand: 1.1.2017/wird jährlich fortgeschrieben). Danach wird zunächst der Elementarunterhalt ohne Vorsorgeunterhalt berechnet. Dieser wird durch Zuschlag der Lohnsteuer (nach Steuerklasse I) und des Arbeitnehmeranteils an den Sozialabgaben (jedoch ohne Krankenkassenbeitrag) zu einem sozialversicherungspflichtigen Bruttoeinkommen hochgerechnet. Aus diesem wird dann mit dem Beitragssatz der gesetzlichen Rentenversicherung (derzeit 18,70 %) der Altersvorsorgeunterhalt errechnet. Nach dessen Abzug vom Nettoeinkommen des Unterhaltspflichtigen wird der Unterhalt bestimmt.

Schließlich kann ein **Sonderbedarf,** z. B. für einen Zahnersatz, eine Operation oder einen Umzug an einen anderen Ort, an dem sich eine neue Arbeitsstelle befindet, zu leisten sein, falls nicht der Elementarunterhalt ohnehin so hoch ist, dass davon entsprechende Rücklagen gebildet werden können.

Was können die Ehegatten/Lebenspartner vereinbaren?

Die Beteiligten können den Unterhalt grundsätzlich auch regeln. Allerdings darf eine **Erhöhung** nicht zu Lasten vorrangiger Unterhaltsberechtigter gehen. Eine **Herabsetzung** darf nicht dazu führen, dass der unterhaltsberechtigte Partner auf Sozialhilfe oder auf Leistungen anderer unterhaltsverpflichteter Personen angewiesen ist. Sowohl der Elementarunterhalt als auch der Vorsorgeunterhalt sind grundsätzlich einheitlich an den Partner zu entrichten. Auch insoweit können die Beteiligten vereinbaren, dass eine **Zahlung** unmittelbar vom Unterhaltsschuldner an den Versicherungsträger zu entrichten ist. Dies kann beispielsweise auch eine private Lebensversicherung des Ex-Partners sein. Sofern sich die Beteiligten jedoch darauf nicht einigen, besteht ein derartiges Recht nicht.

bb) Maß des Unterhalts

FALL 94. Als Manfred und Franziska geschieden werden, ist Manfred noch Regierungsrat in einem Ministerium. Später steigt er zum Regierungsdirektor auf. Franziska gratuliert ihm und fordert eine höhere Unterhaltszahlung. Manfred meint, seine Beförderung habe nichts mehr mit der längst geschiedenen Ehe zu tun. Seine Ex bekomme lediglich einen Unterhalt aus seinem Nettoeinkommen eines Regierungsrats.

FALL 95. Ludwig lebte mit dem bekannten Volksmusiksänger Daniel in eingetragener Lebenspartnerschaft. Dieser verdient monatlich ca. 100.000 Euro. Ludwig möchte zumindest für ein Jahr 50.000 Euro im Monat, mindestens jedoch 42.800 Euro. Daniel will jedoch nur 4.000 Euro bezahlen. Mehr hätte Ludwig als Tänzer beim Staatsballett nie verdient.

Was sagen Gesetz und Rechtsprechung?

Der nacheheliche oder nachpartnerschaftliche Unterhalt bestimmt sich nach den **ehelichen bzw. lebenspartnerschaftlichen Lebensverhältnissen.** Diese bilden den Maßstab für die Höhe des Unterhalts. Hierin kommt in gewisser Weise trotz des Grundsatzes der

Eigenverantwortung nach der Scheidung bzw. Lebenspartnerschaftsaufhebung die diese überdauernde Verantwortung der Partner füreinander zum Ausdruck. Ein Anspruch auf Teilhabe am künftigen, nicht mehr in der Ehe oder Lebenspartnerschaft angelegten Vermögenserwerb des Ex-Partners besteht jedoch nicht. Insoweit tritt wiederum der Grundsatz der wirtschaftlichen Eigenverantwortung in den Vordergrund. Dagegen muss der Ex-Partner eine negative Einkommensentwicklung des anderen mittragen, wenn sie dauerhaft und nicht vermeidbar ist. Auch während des Bestehens der Ehe und der Lebenspartnerschaft hätten sich nämlich die ehelichen bzw. lebenspartnerschaftlichen Lebensverhältnisse entsprechend geändert.

Maßgeblicher **Zeitpunkt** ist derjenige der Scheidung bzw. Lebenspartnerschaftsaufhebung, also nicht die Trennung der Partner. Maßgeblich ist ein objektiver Maßstab hinsichtlich der Bedarfsdeckung. Eine besonders aufwändige oder sparsame Lebensführung bleibt grundsätzlich außer Betracht. Allerdings steht im Normalfall, insbesondere aber bei gut verdienenden Personen das Einkommen nicht in vollem Umfang für den Lebensunterhalt zur Verfügung, sondern wird teilweise auch zur Vermögensbildung verwendet. Dieser Teil des Einkommens prägt nicht die Lebensverhältnisse und ist deshalb bei der Unterhaltsbemessung außer Betracht zu lassen. Gleiches gilt für Einkommen, das aus einer überobligatorischen (unzumutbaren) Tätigkeit erzielt wird. Dies gilt beispielsweise für Einkünfte aus einer Nebentätigkeit des Unterhaltspflichtigen, jedenfalls dann, wenn dieser schon in seinem Hauptberuf Überstunden leistet und dem Unterhaltsberechtigten ein deutlich über dem Mindestbedarf liegender Unterhaltsbetrag zur Verfügung steht. Andererseits können Einnahmen aus einer Vortragstätigkeit, aus Publikationen und aus wissenschaftlichen Gutachten, die aus der beruflichen Tätigkeit folgen, bei einem Arzt zum unterhaltspflichtigen Einkommen zählen.

Die Maßgeblichkeit des Zeitpunkts der Rechtskraft der Scheidung bzw. Lebenspartnerschaftsaufhebung bedeutet jedoch nicht, dass der geschuldete Unterhalt unverändert feststeht. Einkommensveränderungen zwischen Trennung und Scheidung bzw. Lebenspartnerschaftsaufhebung sind regelmäßig als prägend für die ehelichen bzw. lebenspartnerschaftlichen Verhältnisse zu berücksichtigen. Etwas anderes gilt bei einer Veränderung der Einkommensverhältnisse nur, wenn diese auf einer unerwarteten Entwicklung beruhen (z. B. Sachbearbeiter zu Abteilungsleiter, Bankangestellter zu Bankdirektor). Prägend sind auch Zinsen aus dem Kaufpreis für das veräußerte Familienheim. Nach der Scheidung bzw. Lebenspartnerschaftsaufhebung wirkt sich eine Einkommenssteigerung auf den Unterhalt grundsätzlich nicht mehr aus. Der unterhaltsberechtigte Partner nimmt jedoch am Anstieg der Löhne und Gehälter, aber auch an **Entwicklungen** teil, die schon zu Ehe- bzw. Lebenspartnerschaftszeiten mit hoher Wahrscheinlichkeit zu erwarten waren. Dies betrifft die normale Berufsentwicklung und die übliche Karriere, insbesondere die Regelbeförderung im öffentlichen Dienst, aber auch den Aufstieg der Krankenschwester zur Stationsschwester. Anders ist dies bei einem Karrieresprung, der nicht zu erwarten war und sich vor allem in einem Wechsel der Tätigkeit manifestiert. Beispiel hierfür ist die Berufung eines Lehrers zum Hochschulprofessor, des Leiters einer Lokalredaktion zum Chefredakteur einer überregionalen Zeitung, eines Geschäftsführers eines Unternehmens zum Manager eines internationalen Konzerns oder der Wechsel von einer Stelle als Oberarzt in eine selbstständige Praxis. Einkünfte sind auch ehe- bzw. lebenspartnerschaftsprägend, wenn sie Ersatz für bereits in der Ehe bzw. in der Lebenspartnerschaft vorhandene Entwicklungsmöglichkeiten sind. Beispiel hierfür ist die Berufstätigkeit der zunächst kindererziehenden Frau. Gleiches gilt für spätere Renteneinkünfte, soweit diese während der Ehe bzw. Lebenspartnerschaft oder im Rahmen des Versorgungsausgleichs erworben werden.

Prägend sind auch **Einkommenssteigerungen**, die bereits in der Ehe- oder Lebenspartnerschaftszeit zu erwarten waren. Beispiele sind das Abbezahlen eines Darlehens, das für den Eigenheimkauf aufgenommen wurde, aber auch der Wegfall von Kindesunterhalt infolge deren wirtschaftlicher Selbstständigkeit. Dagegen ist der Splittingvorteil einer neuen Ehe beim Unterhalt zugunsten des geschiedenen Partners nicht zu berücksichtigen, sondern kommt allein der neuen Beziehung zu Gute.

Einkommensminderungen sind generell zu berücksichtigen. Etwas anderes gilt nur bei einer Verletzung der Erwerbsobliegenheit (z. B. Kündigung oder Stundenreduzierung durch den Unterhaltspflichtigen) und bei dessen freiwilligen beruflichen oder wirtschaftlichen Dispositionen (z. B. „Sprung" in die Selbstständigkeit, Kündigung eines sicheren Arbeitsverhältnisses). Beispiele einer unterhaltsrelevanten Erwerbsminderung sind eine Arbeitslosigkeit in dem ausgeübten Beruf, eine Einkommensreduzierung infolge des Bezugs der Altersrente und eine Krankheit, die nach Wegfall der Lohnfortzahlung zur Einkommensminderung führt.

Was können die Ehegatten/Lebenspartner vereinbaren?

Die Anknüpfung an die ehelichen Lebensverhältnisse führt mitunter zu einer, wenn auch zeitlich begrenzten, Lebensstandardgarantie. Der Ex-Ehegatte bzw. Ex-Lebenspartner erhält unterhaltsrechtlich ein Einkommen, das er selbst aufgrund seiner beruflichen Qualifikation nie hätte erzielen können. Unterhaltsrechtlich kann es sich deshalb lohnen, einen „Elite-Partner" zu suchen, damit nicht nur während der funktionierenden Lebensgemeinschaft, sondern auch im Zeitraum der Trennung und sogar nach der Scheidung bzw. Lebenspartnerschaftsaufhebung der „erheiratete" Lebensstandard eine Zeit lang garantiert wird. Während die Krankenschwester, die einen Krankenpfleger geheiratet hat, mit einem Unterhalt, der ihrer Ausbildung entspricht, auskommen muss, bleibt die Kollegin, die sich einen Chefarzt „geangelt" hat, auch nach der Scheidung unterhaltsrechtlich zunächst „Chefarzt-Ehefrau". Diese Fälle waren beliebter Kritikpunkt der Boulevardpresse am alten Unterhaltsrecht, bei dem die **Lebensstandardgarantie** nach spätestens zehnjähriger Ehe von vielen Familiengerichten bis zum Lebensende aufrecht erhalten wurde. Für die gesetzliche Anknüpfung an die ehelichen bzw. lebenspartnerschaftlichen Lebensverhältnisse gibt es allerdings auch einen guten Grund. Der Ex-Partner soll nicht in ein soziales Loch fallen. Insbesondere soll er bei Kinderbetreuung nicht der „Hartz IV-Empfänger" der Restfamilie sein. Während nämlich die Kinder einen Individualunterhalt entsprechend dem „hohen" Einkommen des barunterhaltspflichtigen Elternteils fordern können, müsste der sie betreuende Elternteil mit einem Unterhalt entsprechend seiner Ausbildung auskommen. Dies ist auch bei „Trotz-Vereinbarungen", die unter der Prämisse „ich kann für mich selber sorgen" geschlossen werden, zu beachten.

Die Familiengerichte sind großzügig. Partner können das Maß des Unterhalts auch herabsetzen und nicht an die ehelichen bzw. lebenspartnerschaftlichen Lebensverhältnisse, sondern an das Einkommen anknüpfen, das der unterhaltsberechtigte Partner aufgrund eigener Erwerbstätigkeit hätte erzielen können. Derartige **Unterhaltsbegrenzungen** nach oben sind nicht selten. Zu warnen ist vor allzu großer Knausrigkeit seitens des unterhaltspflichtigen Partners. Zumindest der übliche berufliche Aufstieg sollte, möglicherweise zeitlich gestaffelt, mitberücksichtigt werden. Das Anknüpfen an den entsprechenden Tariflohn oder ein adäquates Beamtengehalt kann insoweit hilfreich sein. Es müssen auf jeden Fall die ehebedingten Nachteile ausgeglichen werden, wenn der unterhaltspflichtige Partner hierzu in der Lage ist. Dies kann teuer werden, wenn sich der Unternehmer leistet, seine im öffentlichen Dienst beschäftigte Frau nach der Heirat zur Kindererziehung zwanzig Jahre zu Hause zu lassen. Der ehebedingte Nachteil besteht in der Höhe der Differenz zwischen dem angemessenen Lebensbedarf und der unterhaltsberechtigten Frau und dem Einkommen, das diese tatsächlich erzielt bzw. erzielen könnte. Mitunter werden auch Einnahmen aus einer Nebentätigkeit, unabhängig davon, ob diese überobligatorisch ist oder nicht, aus der Bemessungsgrundlage ausgeklammert. Dies soll dem unterhaltspflichtigen Partner die Möglichkeit geben, selbst über die Beibehaltung dieser zusätzlichen Tätigkeit zu entscheiden. Allerdings darf auch hier nicht verkannt werden, dass diese Mehreinnahmen möglicherweise nur deshalb erzielt werden konnten, weil der Partner die entsprechenden Defizite im Rahmen der Familien- und Haushaltsarbeit ausgeglichen hat und dies möglicherweise im Rahmen der Kinderbetreuung weiterhin noch tut. Das Unterhaltsrecht versucht hier einen gerechten Ausgleich, indem es überobligatorische Tätigkeiten hinsichtlich der Unterhaltsbemessung ausklammert, aber gleichzeitig Nebeneinnahmen, die im Rahmen der Arbeitsteilung durch zusätzliche Nebenarbeiten des anderen Teils ermöglicht wurden („Rücken frei halten"), auch im Rahmen des nachehelichen Unterhalts berücksichtigt werden.

cc) Die Unterhaltsberechnung

FALL 96. Franziska hat Martin geheiratet, als sie ihre Ausbildung als Friseuse noch nicht abgeschlossen hatte. Es kamen dann zwei gewollte und ein „passiertes" Nachzüglerkind. Franziska blieb wegen der Haushaltsführung und Kinderbetreuung fast zwanzig Jahre zu Hause. Sie bekommt nur einen Job als Aushilfskraft im Friseurladen auf „450-Euro-Basis". Sie fordert von Manfred die Hälfte seines Nettoeinkommens, da er erwerbstätig war und sie dafür die gesamte Familienarbeit erledigt hatte. Deshalb hätten nach ihrer Ansicht beide den gleichen Anspruch auf Teilhabe am erzielten Einkommen. Martin sei als Arbeiter in einem Möbelhaus auch nicht besser qualifiziert als sie. Dieser meint allerdings, wenn ihm nur die Hälfte seines Einkommens verbleibe, höre er lieber auf zu arbeiten.

FALL 97. Ludwig hat ein In-Cafe in München-Schwabing und außerdem eine Nobeldisco am Tegernsee. Sein Lebenspartner Sven war bei ihm als Bedienung beschäftigt, bis er krankheitsbedingt nicht mehr arbeiten konnte. Nach zehnjähriger Lebenspartnerschaft kommt es nunmehr, auch wegen der Krankheit von Sven und dem neuen Partner von Ludwig, zur Beendigung der Lebenspartnerschaft. Sven möchte von dem zwischen zwanzig- und vierzigtausend Euro monatlich schwankenden Einkommen von Ludwig nicht die Hälfte oder drei Siebtel, sondern lediglich das Zweieinhalbfache von dem, was er als Bedienung verdient hat. Ludwig meint, dass ein Unterhalt in Höhe des Bruttoentgelts als Bedienungskraft schon großzügig wäre, da Sven nicht mehr dafür arbeiten müsse.

Was sagen Gesetz und Rechtsprechung?

Soll bei Bestehen eines Unterhaltstatbestandes dem unterhaltsberechtigten Partner die Beibehaltung des bisherigen Lebensstandards ermöglicht werden, müsste das erzielte Einkommen halbiert werden. Dieser **Halbteilungsgrundsatz** ist zunächst auch Ausgangspunkt für den nachehelichen bzw. nachpartnerschaftlichen Unterhalt. Allerdings wird er von den Familiengerichten in mehrfacher Hinsicht eingeschränkt: Ist der Unterhaltspflichtige erwerbstätig und der Bedürftige nicht, so wird dem Unterhaltsschuldner ein höherer Anteil als dem nicht erwerbstätigen Ex-Partner zugebilligt.

Damit soll der mit der Berufstätigkeit gewöhnlich verbundene höhere Aufwand berücksichtigt und zugleich ein Anreiz zur Beibehaltung der Erwerbstätigkeit geschafft werden. Es erfolgt somit keine hälftige Teilung.

Zur Berechnung des Unterhalts verwenden die Familiengerichte **Tabellen und Leitlinien**. Sie werden von den Oberlandesgerichten jeweils in ihrem Gerichtsbezirk angewandt. Am verbreitetsten ist die Düsseldorfer Tabelle des Oberlandesgerichts Düsseldorf (kostenfrei jeweils aktuell im Internet unter www.olg-duesseldorf.nrw.de/infos/Duesseldorfer_Tabelle/index.php). An dieser Tabelle orientieren sich sämtliche Familiengerichte in Deutschland. Sie wenden dazu zusätzliche Tabellen und Richtlinien an, die zu beachten sind, da sie teilweise Abweichungen zu dieser Tabelle vorsehen. Hinsichtlich der Aufteilung des Einkommens zwischen einem nicht berufstätigen und einem berufstätigen Partner geht die Düsseldorfer Tabelle von einem Verhältnis von vier Siebtel für den erwerbstätigen und von drei Siebtel für den nicht erwerbstätigen Partner aus. Die Süddeutsche Tabelle reduziert die drei Siebtel, da der Erwerbstätigenbonus bei der Bedarfsermittlung ein Zehntel beträgt. Sind beide Partner berufstätig, muss ihnen jeweils der Erwerbstätigenbonus zu Gute kommen. Diese Pauschalierung greift allerdings nur, wenn eine Quotenberechnung entsprechend den Tabellen erfolgt und keine konkrete Ermittlung durchgeführt wird.

Die pauschalierte Unterhaltsberechnung nach den Tabellen wird nur bei normalen Einkommen angewandt. Bei weit überdurchschnittlichen Einkommensverhältnissen ist der Bedarf dagegen nicht nach einer Quote des Einkommens, sondern aufgrund einer **konkreten Bedarfsbewertung** des Unterhaltsberechtigten nach dem Zuschnitt der ehelichen bzw. lebenspartnerschaftlichen Lebensverhältnissen zu ermitteln. Zunächst gilt der Grundsatz, dass es beim Unterhalt keine absolute **Sättigungsgrenze** gibt. Deshalb sind auch Unterhaltszahlungen von 7.500 Euro neben einem mietfreien Wohnen und der Altersvorsorge nicht ungewöhnlich. Eine ältere Gerichtsentscheidung hat einer fünfzigjährigen Arztehefrau umgerechnet nach der zwischenzeitlichen Preisentwicklung für Kleidungskosten 250 Euro, für Kosmetik und Friseur 167 Euro, für eine Haushalts- und Gartenhilfe 280 Euro, für den PKW 557 Euro, für den Urlaub 445 Euro, für Restaurantbesuche 84 Euro und zusätzlich für den allgemeinen Lebensbedarf 445 Euro zugebilligt. Bei dem monatlichen Einkommen des Mannes von 38.950 Euro ist in einem anderen Fall ein Unterhaltsbetrag von 8.345 Euro als angemessen angesehen worden. Grundsätzlich wird bei einem Spitzeneinkommen freilich nicht der gesamte Betrag zugrunde gelegt, sondern ein – auch erheblicher – Teil als der Vermögensbildung dienend außer Betracht gelassen. Die gesamten Einkünfte prägen deshalb auch nicht die Lebensverhältnisse. Sinn des Unterhalts ist die Deckung des laufenden Lebensbedarfs, nicht die Vermögensbildung des Unterhaltsberechtigten. Die Bedarfsermittlung erfolgt in diesen Fällen konkret nach Einzelpositionen wie z. B. Kosten für Lebensmittel, Putzmittel, Wohnung, Kleidung etc. Es ist ein objektiver Maßstab anzulegen. Lebten die Partner besonders sparsam, braucht sich der Unterhaltsberechtigte nach einer Scheidung bzw. Lebenspartnerschaftsaufhebung an diesem Konsumverzicht nicht mehr festhalten zu lassen. Ebenso wie es keine Obergrenze gibt, besteht auch kein von den Lebensverhältnissen unabhängiger Anspruch auf einen Mindestbetrag.

Was können die Ehegatten/Lebenspartner vereinbaren?

Wie das obige Beispiel der Ehefrau zeigt, kann ein Feilschen um **einzelne Bedarfspositionen** entwürdigend sein. Die Beteiligten können sich deshalb, im Interesse beider Teile auch bei hohen Einkommen auf Prozentsätze die unterhalb der drei Siebtel der Düsseldorfer Tabelle liegen, einigen. Es kann auch ein konkreter Betrag, der an die Entwicklung der Lebenshaltungskosten gekoppelt sein sollte, vereinbart werden. Aber auch im Bereich der Normaleinkommen ist es denkbar, die berufsbedingten Aufwendungen abweichend von den Pauschalierungen von einem Siebtel oder einem Zehntel konkret festzulegen. Dies bietet sich vor allem dann an, wenn die Aufwendungen über diese Pauschalen hinausgehen, aber für die Erzielung des Einkommens notwendig sind. Beispiel ist ein Autor, der selbst sehr viele Bücher als Literatur für seine Werke benötigt.

dd) Die Bedürftigkeit des Unterhaltsberechtigten

FALL 98. Paula ist nach ihrer Scheidung von Paul nicht lange allein geblieben. Sie lebt mit Gerhard zusammen, dessen Kinder sie betreut. Außerdem führt sie ihm den Haushalt. Deshalb ist sie nur halbtags erwerbstätig. Paul ist der Ansicht, dass er nicht den vollen Unterhalt bezahlen müsse. Gerhard könne sich nicht auf seine Kosten eine billige Kinderpflegerin und Putzhilfe leisten.

FALL 99. Ludwig verdient als Gastwirt sehr gut. Sein Ex-Lebenspartner Martin bekommt als Jurist keine feste Anstellung. Er übernimmt als freier Rechtsanwalt für Großkanzleien diejenigen Fälle, die diese nicht bearbeiten wollen. Damit kann er seinen Lebensunterhalt nicht bestreiten. Er hat allerdings noch das große Haus, in dem er und Ludwig gelebt haben, sowie die Zinseinkünfte aus der Erbschaft seiner Eltern. Ludwig ist der Ansicht, Martin könne das Haus vermieten und auch die Zinserträge für seinen Unterhalt einsetzen. Martin meint dagegen, er brauche sein Vermögen für das Alter und könne dies nicht für seinen Lebensunterhalt verwenden. Fremde Leute in seinem Haus brauche er nicht zu dulden.

FALL 100. Martin nimmt sich nach der Trennung und Scheidung von Michael eine Auszeit. Er möchte zur Besinnung kommen, zieht zu Gerhard und führt dessen Haushalt. Gerhard selbst lebt von Hartz IV. Martin fordert von Michael Unterhalt. Dieser meint, Martin solle gefälligst arbeiten gehen.

FALL 101. Frieda kümmert sich nach der Scheidung von Manfred um den einjährigen Bastian und die zweieinhalbjährige Lisa. Weil ihr ihre Mutter dabei hilft, schafft sie es, halbtags als Sprechstundenhilfe und abends, wenn die Kinder im Bett sind, als Putzhilfe zu arbeiten. Manfred meint, dies funktioniere doch ganz gut, und möchte deshalb, und weil seine neue Partnerin Gerda auch etwas kostet, nur die Differenz zwischen dem erzielten Einkommen und dem eheangemessenen Unterhalt entrichten.

Was sagen Gesetz und Rechtsprechung?

Das Vorliegen eines Unterhaltstatbestandes führt nicht dazu, dass Unterhalt zu entrichten ist. Anspruch auf Zahlung von Unterhalt hat der Ex-Partner nur, wenn er bedürftig ist. Dies ist der Fall, solange und soweit er sich aus seinen **Einkünften** und seinem **Vermögen nicht selbst** unterhalten kann. Dies muss er darlegen und erforderlichenfalls beweisen. Anzusetzen sind bei ihm alle aus einem zumutbaren Einsatz seiner Arbeitskraft und seines Vermögens erzielbaren Einkünfte (§ 1577 BGB, § 16 Satz 2 LPartG).

Zu den **Einkünften** gehören Arbeitseinkommen einschließlich einer Abfindung, Wohngeld, die Altersrente, eine Unfallrente, für Pflegepersonen bezahltes Pflegegeld (nicht jedoch Pflegegeld für die eigene Pflegebedürftigkeit), Arbeitslosengeld, BAföG, eine Leibrente und Nebeneinkünfte. Auch Gebrauchsvorteile wie insbesondere der Wohnvorteil aus einem mietfreien Wohnen im eigenen Haus oder der eigenen Eigentumswohnung oder aufgrund eines Wohnrechts ist in Höhe der ortsüblichen Miete abzüglich der verbrauchsunabhängigen Nebenkosten zu berücksichtigen. Bei einem zu großen Haus oder einer zu großen Wohnung wird der Unterhaltsberechtigte dadurch gezwungen, diese durch Vermietung oder auch durch Veräußerung einer angemessenen wirtschaftlichen Verwertung zuzuführen. Ein Kredit mindert den Wohnvorteil, jedoch nur hinsichtlich des Zinsaufwandes, nicht bezüglich des Tilgungsanteils der zu leistenden Zahlungen. Das Kindergeld, das den Kindern zusteht, die Arbeitslosenhilfe oder die wiederauflebende Hinterbliebenenrente und ebenso Sozialleistungen, die infolge eines Körper- oder Gesundheitsschadens gewährt werden, sind dagegen grundsätzlich nicht bei den Einkünften zu berücksichtigen. Bei den letztgenannten Sozialleistungen gilt dies jedoch nur, soweit die Vermutung, dass sie lediglich einen Mehraufwand decken, nicht entkräftet ist. Führt der unterhaltsberechtigte Ex-Partner einem neuen Lebensgefährten den Haushalt und betreut er möglicherweise auch dessen Kinder, ist für diese Versorgungsleistungen ein fiktives Entgelt anzurechnen. Dies gilt jedoch wiederum nur, wenn der neue Partner leistungsfähig ist, das heißt dieses „Arbeitseinkommen" zu zahlen vermag. Dagegen sind freiwillige Leistungen eines neuen Lebensgefährten nicht unterhaltsmindernd zu berücksichtigen.

Den Unterhaltspflichtigen trifft eine **Erwerbsobliegenheit**. Auch der Unterhalt fordernde Ex-Partner ist verpflichtet, erwerbstätig zu sein. Das Bereitstehen für eine Pflege der Eltern lässt die Erwerbsobliegenheit des Unterhaltsberechtigten nicht entfallen. Bemüht er sich mutwillig nicht um eine ihm zumutbare Erwerbstätigkeit, wird ihm ein fiktives Einkommen zugerechnet. Die Erwerbsbemühungen müssen bereits beim Scheitern der Beziehung, also auch schon vor der familiengerichtlichen Entscheidung über die Ehescheidung bzw. Lebenspartnerschaftsaufhebung einsetzen. Die Zurechnung eines fiktiven Einkommens erfolgt auch, wenn sich der Unterhaltsberechtigte selbstständig macht und zunächst defizitär arbeitet; dies gilt jedenfalls nach einer Anlaufphase von drei Jahren. Klappt der Sprung in die Selbstständigkeit nicht, muss der unterhaltsbegehrende Ex-Partner wieder eine abhängige Erwerbstätigkeit annehmen, die ihm ein Einkommen garantiert. Dies gilt auch, wenn er zugunsten der Haushaltsführung in einer neuen Beziehung auf eine ihm zumutbare Erwerbstätigkeit verzichtet. Trotz der Freiheit der Rollenwahl muss ein Unterhalt begehrender geschiedener Ehegatte oder früherer Lebenspartner bei seinen Überlegungen die Interessen des Ex-Partners mitberücksichtigen. Demgegenüber sind Einkünfte aus einer Erwerbstätigkeit, zu welcher der Unterhaltsberechtigte nicht verpflichtet ist, entweder weil er überhaupt keine Berufstätigkeit ausüben muss oder weil die ausgeübte Tätigkeit nicht angemessen ist, nur eingeschränkt zu berücksichtigen (§ 1577 Abs. 2 BGB, § 16 Satz 2 LPartG). Hauptanwendungsfall ist die Aufnahme einer nicht geschuldeten Erwerbstätigkeit neben einer Kinderbetreuung. Verdienen Partner durch unzumutbare Arbeit etwas hinzu, so wird der Hinzuverdienst nicht angerechnet, wenn dieser und der bezahlte Unterhalt den Betrag nicht erreichen, der zur Deckung des vollen Unterhalts benötigt wird. Verbleibt dem Unterhaltsberechtigten unter Berücksichtigung berufsbedingter Aufwendungen und des Erwerbstätigenbonus mehr, als zum vollen Unterhalt nötig ist, erfolgt eine Anrechnung nach der Billigkeit. Dem Unterhaltsberechtigten ist insbesondere bei der Versorgung kleiner Kinder ein Betreuungsbonus abzuziehen. In der Praxis der Familiengerichte wird meist die Hälfte des erzielten Einkommens als unterhaltsmindernd berücksichtigt. Dem Unterhaltsberechtigten soll jedenfalls ein spürbarer Vorteil aus seiner überobligatorischen Tätigkeit verbleiben.

Vorhandenes **Vermögen** ist grundsätzlich zur Einkunftserzielung mitheranzuziehen. Auch die Vermögenserzielung kann im Rahmen des Unterhaltsanspruchs eine Rolle spielen. Deshalb müssen Erbschaften angenommen und Pflichtteilsansprüche grundsätzlich geltend gemacht werden. Vermögen ist so ertragreich wie möglich anzulegen. Deshalb sind beispielsweise Zinseinkünfte aus einem Kapital als Einkünfte beim Unterhalt zu berücksichtigen. Es ist gleichgültig, woher das Geld stammt. Es kann auch durch Veräußerung eines Wohnungseigentums oder als Schmerzensgeld gezahlt worden sein. Unterlässt der Unterhaltsberechtigte eine ertragreiche Anlage, so werden ihm die erzielten Erträge dennoch angerechnet. Für das im Sparstrumpf versteckte Geld und finanzielle Mittel, die zur Anschaffung einer Eigentumswohnung statt für eine teilweise Unterhaltsdeckung verwendet werden, sind deshalb bankübliche Zinsen anzurechnen. Neben den Erträgen muss der Ex-Partner auch den Stamm seines Vermögens angreifen. Anders ist dies, wenn es unwirtschaftlich oder mit Rücksicht auf die beiderseitigen Vermögensverhältnisse unbillig ist. Dies ist insbesondere dann der Fall, wenn der Unterhaltsberechtigte durch die Verwertung seines Vermögens eine langfristige teilweise Sicherung seines Unterhalts verlieren würde. Die Rechtsprechung gesteht dem unterhaltsberechtigten Ehegatten bzw. Lebenspartner ferner zu, gewisse Rücklagen für Not- und Krankheitsfälle zu behalten.

Die Berücksichtigung eigenen Einkommens richtet sich nach den von der Rechtsprechung angewandten **Berechnungsmethoden**. Wichtig ist, dass ein Erwerbstätigenbonus nur für Einkünfte anfällt, die auf einer Erwerbstätigkeit beruhen. Dies ist beispielsweise bei Renten, Pensionen, Mieteinnahmen, Zinseinkünften, dem Wohnwert der eigengenutzten Wohnung, Abfindungen, Kranken- und Arbeitslosengeld nicht der Fall. Bei ihnen beträgt die Unterhaltsquote die Hälfte. Bei Erwerbseinkünften ist ein Erwerbstätigenbonus von einem Siebtel (so die Düsseldorfer Tabelle) oder einem Zehntel (so die Oberlandesgerichte Bamberg, Karlsruhe, München, Nürnberg, Stuttgart und Zweibrücken; OLG Naumburg: 5% des Nettoeinkommens) zu berücksichtigen.

Werden die ehelichen bzw. lebenspartnerschaftlichen Lebensverhältnisse vom Erwerbseinkommen beider Parteien bestimmt, was im Regelfall auch bei einer Haushaltsführung wegen der Surrogatstheorie der Fall ist, ist die Differenzmethode heranzuziehen. Von der **Differenz** des bereinigten Nettoeinkommens des Unterhaltspflichtigen wird die Unterhaltsquote errechnet. Bei der Differenzmethode beträgt der Unterhalt drei Siebtel der Differenz zwischen dem bereinigten monatlichen Nettoeinkommen des Unterhaltspflichtigen und dem prägenden, bereinigten monatlichen Nettoeinkommen des Unterhaltsberechtigten. Beträgt der Erwerbstätigenbonus nur ein Zehntel ist die Quote aus der Differenz nicht drei Siebtel, sondern 45 %. Hatte das Einkommen des Unterhaltspflichtigen die ehelichen bzw. lebenspartnerschaftlichen Lebensverhältnisse bestimmt, während der Berechtigte lediglich nicht in der Ehe bzw. Lebenspartnerschaft angelegte Einkünfte hat, ist die **Anrechnungsmethode** maßgeblich. Sie kommt praktisch nur bei Vermögenseinkünften vor. In diesem Fall wird das bereinigte Nettoeinkommen des Unterhaltspflichtigen zunächst gequotelt, und zwar nach der Düsseldorfer Tabelle in drei Siebtel und vier Siebtel bei Erwerbseinkünften und in zwei Hälften für sonstige Einkünfte. Im zweiten Schritt wird auf die ermittelte Quote, die dem Unterhaltspflichtigen zusteht, angerechnet, das heißt abgezogen. Als Anreiz für ihn ist vom nicht in der Ehe bzw. Lebenspartnerschaft angelegten Erwerbseinkommen des Unterhaltsbedürftigen vorweg nach der Düsseldorfer Tabelle ein Siebtel, sonst ein Zehntel, abzuziehen. In allen Varianten kann auch die **Additionsmethode** zur Anwendung kommen. Bei ihr wird in der ersten Stufe der Bedarf nach den ehelichen bzw. lebenspartnerschaftlichen Lebensverhältnissen ermittelt. Sodann wird der Erwerbstätigenbonus vom bereinigten Nettoeinkommen abgezogen. Aufwendungen einer anderen Einkommensart sind dort anzusetzen. Der Bedarf des Berechtigten beträgt die Hälfte der Summe der gemeinsam in der Ehe bzw. Lebenspartnerschaft erzielten bereinigten Einkünfte. In der zweiten Stufe wird von dem ermittelten Bedarf das gesamte bereinigte und bei Erwerbseinkünften um den Erwerbstätigenbonus gekürzte in der Ehe bzw. Lebenspartnerschaft angelegte und nicht angelegte Einkommen des Unterhaltsberechtigten im Wege der Anrechnungsmethode abgezogen. Der verbleibende Rest bildet den Unterhaltsanspruch. Die Berechnung wird noch komplizierter, wenn zwei Ex-Partner unterhaltsberechtigt sind, beispielsweise beide jeweils gemeinschaftliche Kinder des unterhaltspflichtigen Mannes betreuen. In diesem Fall ist beim Bedarf nicht von der Hälfte, sondern von einem Drittel auszugehen.

Was können die Ehegatten/Lebenspartner vereinbaren?

Die Berechnung nach den einzelnen Methoden fällt Partnern häufig schwer. Sie ist in der Tat unendlich kompliziert. Hintergrund ist der Versuch der Familiengerichte, zu einer für die Beteiligten gerechten Lösung zu gelangen. In der Praxis rechnet der Partner, der die Kinder betreut, meist aus, welcher **Betrag für die Restfamilie** erforderlich ist, um deren Unterhaltsbedarf zu decken. Derartige Vereinbarungen sind allerdings gefährlich, da beispielsweise bei Wegfall eines unterhaltsberechtigten Kindes durch Umzug zum Unterhaltsverpflichteten die gesamte Berechnung nicht mehr zutrifft. Ex-Ehegatten und Ex-Lebenspartner können eine derartige Vorgehensweise praktizieren, solange sie sich verstehen. Ein Verzicht auf künftigen Unterhalt sollte damit keinesfalls verbunden sein. Auch wenn die Unterhaltsberechnung kompliziert klingt. Für Rechtsanwältinnen und Rechtsanwälte, die im Familienrecht tätig sind, ist dies tägliches Brot.

ee) Leistungsfähigkeit und Selbstbehalt

FALL 102. Zwischen Michael und Martin herrscht totaler Krieg. Michael, der mit einem neuen Partner, der Hartz IV-Empfänger ist, zusammenlebt, ist krank und kann nicht mehr arbeiten. Martin ist sauer, weil er seinen Ex-Partner und dessen Neuen unterhalten soll. Er kündigt deshalb seine Arbeit, lebt von seinen Ersparnissen und sagt, er habe auch ein Recht, sich zu pflegen. Er sei schließlich nicht die Sozialhilfebehörde für seinen Ex-Partner Michael.

FALL 103. Max lebt in München. Er hat ein Nettoeinkommen von 1.300 Euro. Davon muss er 700 Euro Kaltmiete für sein Einzimmerappartement bezahlen. Frieda fordert 500 Euro. Max weiß nicht, wie er von 100 Euro im Monat leben soll. Allein die Fahrkarte für den Verkehrsverbund kostet 54,50 Euro.

Was sagen Gesetz und Rechtsprechung?

Ein Unterhaltsanspruch des Ex-Partners gegen den anderen besteht nur, wenn dieser selbst leistungsfähig ist (§ 1581 BGB, § 16 Satz 2 LPartG). Zur Erfüllung seiner Unterhaltsverpflichtung muss der Unterhaltsschuldner grundsätzlich sein gesamtes Einkommen und Vermögen einsetzen. Es obliegt ihm, seine **Arbeitskraft** so gewinnbringend wie möglich einzusetzen und einer ihm zumutbaren und möglichen Erwerbstätigkeit nachzugehen. Die unterhaltsrechtliche Verantwortung für den Ex-Partner endet nicht mit der Scheidung oder Lebenspartnerschaftsaufhebung. Deshalb wurde auch die Tatsache, dass ein Unterhaltspflichtiger zu 70% schwerbehindert ist und Rente wegen voller Erwerbsminderung bezieht, nicht als Entbindung von seiner Erwerbsobliegenheit hinsichtlich einer geringfügigen Beschäftigung von bis zu drei Stunden täglich akzeptiert. Gibt er seinen Arbeitsplatz auf, um zu privatisieren, wird seine Leistungsfähigkeit unterstellt und ihm ein fiktives Einkommen zugerechnet. Ebenso ist dies bei Aufnahme eines Studiums durch den Unterhaltsschuldner. Dieser darf auch bei Arbeitslosigkeit ein Stellenangebot in seinem Beruf nicht ablehnen und eine von der Bundesagentur für Arbeit angebotene Fortbildung nicht abbrechen. Bei einem Wechsel von einer abhängigen Beschäftigung in die Selbstständigkeit muss er durch Rücklagenbildung oder Darlehensaufnahme dafür sorgen, dass er seine Unterhaltspflichten erfüllen kann. Dagegen muss eine übliche Altersteilzeit vom Unterhaltsgläubiger trotz der Reduzierung des Unterhaltsanspruchs hingenommen werden. Kündigt ein zahlungsunwilliger Ex-Partner seine Arbeit, wird er weiterhin so behandelt, als verfüge er über sein bisheriges Einkommen. Dies hilft allerdings nur, wenn er gegebenenfalls über pfändbares Vermögen verfügt. Ein vermögensloser leistungsunwilliger Unterhaltsschuldner kann nur durch den entsprechenden Straftatbestand zur Arbeit angehalten werden. § 170 StGB droht dem seine Unterhaltspflicht vorsätzlich verletzenden Ex-Partner eine Freiheitsstrafe von bis zu drei Jahren an.

Betroffen sind auch die sog. **Hausmann-Fälle**, in denen der Unterhaltspflichtige für einen neuen Partner die Haushaltsführung und Betreuung seiner Kinder übernimmt; es kann jedoch auch ein Kind aus einer neuen Beziehung betreut werden. Dies muss nicht nur aus Mutwillen gegenüber dem unterhaltsberechtigten Ex-Partner erfolgen, sondern kann auch wirtschaftlich sinnvoll sein, wenn das Familieneinkommen dadurch wesentlich günstiger ist, weil der neue Partner über ein höheres Einkommen verfügt. Wird ein Kind aus einer neuen Beziehung betreut, kann dies vom Ex-Ehegatten bzw. Ex-Lebenspartner hinzunehmen sein, da er unterhaltsrechtlich nur gleichrangig mit dem neuen Partner steht, der die weiteren Kinder betreut. Dies gilt unabhängig davon, ob es sich um eine verschieden- oder gleichgeschlechtliche Ehe oder eine faktische Lebensgemeinschaft handelt. Auch eine Adoption der Stiefkinder oder eine gemeinsame Adoption eines Kindes, z. B. durch ein gleichgeschlechtliches Paar, stellt unterhaltsrechtlich kein vorwerfbares Verhalten dar. Anders ist ein Rollenwechsel im Verhältnis zu den „erstehelichen" minderjährigen Kindern zu beurteilen, die gegenüber dem „neuen" Kind nicht zurückgesetzt werden dürfen. Werden keine „neuen" Kinder (mehr) betreut, sondern nur der neue Partner, kann auch dieser Rollenwechsel unterhaltsrechtlich zu akzeptieren sein, wenn hierfür anerkennenswerte Gründe vorliegen und nicht nur eine „Unterhaltsflucht" erfolgt. In diesem Fall muss der unterhaltsverpflichtete Ex-Partner die häusliche Tätigkeit auf das unbedingt notwendige Maß beschränken und wenigstens eine Nebentätigkeit im Hinblick auf seine Unterhaltspflichten annehmen. Ist ihm eine Vollzeiterwerbstätigkeit zuzumuten, gilt er in diesem Umfang als leistungsfähig und muss trotz seiner Haushaltstätigkeit die Mittel für den Unterhalt des Ex-Partners aufbringen.

Vermögenserträge (z. B. Zinsen, Dividenden) sind für den Unterhalt einzusetzen. Den **Stamm seines Vermögens** muss der Unterhaltspflichtige dagegen grundsätzlich nicht verwerten, wenn dies unwirtschaftlich oder unter Berücksichtigung der beiderseitigen wirtschaftlichen Verhältnisse unbillig wäre. Die Familiengerichte haben es jedoch als zumutbar angesehen, einen unrentablen Betrieb zu veräußern, das wegen des Auszugs des Partners zu große Familienheim insgesamt oder teilweise zu verkaufen oder zumindest einzelne Räume hieraus zu vermieten.

Das Einkommen des Unterhaltspflichtigen, das dieser aus einer **überobligationsmäßigen Tätigkeit** erzielt, wird regelmäßig hinsichtlich eines im Einzelfall zu bemessenen Teils anrechnungsfrei bleiben. Arbeitet beispielsweise der Unterhaltspflichtige trotz Erreichen der Altersgrenze weiter, so muss er nicht das volle Einkommen zur Bedarfsdeckung des Ex-Partners verwenden. Weitere Fälle sind die Berufstätigkeit eines Kranken und die Nebentätigkeit trotz zahlreicher Überstunden im Hauptberuf. Steht dem Unterhaltsberechtigten ein deutlich über dem Mindestbedarf liegender Betrag zur Verfügung, ist insbesondere die Anrechnungsfreiheit derartiger Einkünfte zu bejahen. Gleiches gilt, wenn der Unterhaltspflichtige neben der Betreuung kleiner Kinder einer Erwerbstätigkeit nachgeht.

Maßgeblich für die Leistungsfähigkeit ist das **bereinigte Nettoeinkommen**. Abzuziehen sind bei einem Selbstständigen von den Einkünften die Beiträge zur Krankenversicherung, Pflegeversicherung und Altersvorsorge mindestens in Höhe der Sozialversicherungsbeiträge gegenüber unselbstständig Beschäftigten. Bei Arbeitnehmern bleiben ebenfalls die Sozialversicherungsbeiträge unberücksichtigt. Zur Bereinigung des Nettoeinkommens sind ferner die Steuern und nachgewiesene berufsbedingte Aufwendungen abzuziehen. Zu berücksichtigen sind außerdem Unterhaltsverpflichtungen gegenüber vorrangigen unterhaltsberechtigten Personen, insbesondere minderjährigen Kindern, und zwar gleichgültig, ob diese aus der aufgelösten Beziehung oder einer neuen hervorgegangen sind. Auch der Unterhalt für ein „Ehebruchskind" kann deshalb dem Anspruch der kinderlosen geschiedenen Ehefrau vorgehen. Die Unterhaltspflicht gegenüber einer neuen Partnerin, die in den ersten drei Lebensjahren ein Kind betreut, ist gegenüber dem Unterhaltsanspruch der Ex-Frau ebenfalls vorrangig, sofern diese nicht ausnahmsweise aufgrund einer langjährigen Beziehung gleichgestellt ist. Auch dies gilt unabhängig davon, ob es sich um einen kinderbetreuenden Partner handelt, mit dem eine Ehe oder eingetragene Lebenspartnerschaft besteht oder lediglich eine faktische Lebensgemeinschaft. Auch gleichrangige Unterhaltspflichten (z. B. Ehefrau und neue Partnerin betreuen Kleinkinder) sind zu berücksichtigen. Schulden (z. B. Autokredit) wirken unterhaltsmindernd, wenn sie auch bei Fortbestand der Ehe bzw. Lebenspartnerschaft relevant gewesen wären. Dies sind Schulden, die bereits in die Beziehung „mitgebracht“ oder mit Zustimmung des Unterhaltsberechtigten eingegangen wurden. Berücksichtigt werden Konsumentenkredite, die bis zur Trennung eingegangen wurden, sofern keine verschwenderischen oder Luxusausgaben finanziert wurden. Gleiches gilt für nach der Scheidung bzw. Lebenspartnerschaftsaufhebung unvermeidbare Schulden, beispielsweise für notwendiges neues Mobiliar, gebrauchter Pkw zum Erreichen der Arbeitsstätte oder zur Berufsausübung (z. B. Versicherungsvertreter).

Reichen die dem unterhaltspflichtigen Ex-Ehegatten bzw. Ex-Lebenspartner zur Verfügung stehenden Mittel nicht aus, um dessen eigenen angemessenen Lebensbedarf zu decken, sonstige vorrangige Unterhaltsansprüche zu erfüllen und darüber hinaus den Ex-Partner zu unterhalten, so braucht er nur insoweit Unterhalt zu leisten, als dies der **Billigkeit** entspricht (§ 1581 BGB, § 16 Satz 2 LPartG). Entscheidend sind insoweit die Dringlichkeit der Unterhaltsbedürfnisse und die wirtschaftlichen Verhältnisse des Ex-Partners. Dem Unterhaltspflichtigen muss ein Mindestbetrag zur Befriedigung seiner eigenen Bedürfnisse verbleiben. Dieser soll vermeiden, dass der Unterhaltsverpflichtete selbst der Sozialhilfe anheim fällt. Dieser sog. **Selbstbehalt** wird in den diesbezüglichen Tabellen und Richtlinien der Familiengerichte angegeben. Die Düsseldorfer Tabelle beziffert ihn derzeit auf 1.200 Euro, unabhängig von einer Erwerbstätigkeit. Der Selbstbehalt darf auch nicht mit dem notwendigen Eigenbedarf verwechselt werden, der Eltern gegenüber dem Unterhaltsanspruch von Kindern zugebilligt wird. Erfordert die Billigkeit auch bei fehlender Leistungsfähigkeit in einem Mangelfall die Zahlung von Unterhalt an den Ex-Partner und Kinder, so muss dem Pflichtigen in jedem Fall ein Betrag in Höhe des notwendigen Eigenbedarfs verbleiben (vgl. zu den Beträgen Abschn. A.5 der Düsseldorfer Tabelle, www.olg-duesseldorf.nrw.de/infos/Duesseldorfer_Tabelle/index.php; jeweils fortgeschrieben).

Wendet ein Unterhaltspflichtiger gegen seine Inanspruchnahme ein, er sei nicht leistungsfähig, trifft ihn dafür die **Darlegungs- und Beweislast.** Er muss seine mangelnde Leistungsfähigkeit nachweisen

(z. B. ärztliche Atteste). Will er geltend machen, er könne überhaupt keiner Erwerbstätigkeit nachgehen, muss er darlegen und beweisen, dass er nicht einmal geringfügig erwerbstätig sein kann.

Was können die Ehegatten/Lebenspartner vereinbaren?

Regelungsmöglichkeiten bestehen in Mangelfällen nicht, da sich **Vereinbarungen zu Lasten der Sozialhilfe** und nachrangiger Unterhaltspflichtiger auswirken würden. Lediglich in Fällen, in denen dies nicht der Fall ist, können die Beteiligten, insbesondere bei einem Streit hinsichtlich der Berücksichtigung überobligationsmäßiger Tätigkeiten, den diesbezüglich einzusetzenden Betrag festlegen.

ff) Rangfolge bei Zusammentreffen mehrerer Unterhaltsansprüche

FALL 104. Scheidungsgrund der Ehe von Manfred und Franziska ist, dass Manfred fremd gegangen ist und Gerda schwanger wurde. Nunmehr fordern sowohl Franziska als auch Gerda und diese auch für den kleinen Bastian, dessen Vaterschaft Manfred anerkannt hat, Unterhalt. Franziska muss die gemeinsame Tochter nicht mehr betreuen, da diese zwar noch zu Hause wohnt, aber bereits eine Ausbildung zur Rechtsanwaltsfachangestellten macht.

FALL 105. Der bisexuelle Ludwig heiratet nach Aufhebung der Lebenspartnerschaft mit Sven seine neue Liebe Gabi. Diese ist krank und kann keiner Erwerbstätigkeit nachgehen. Sven, der ebenfalls während der Lebenspartnerschaft erkrankt ist und deshalb nur eingeschränkt arbeiten kann, fordert nachpartnerschaftlichen Unterhalt. Ludwig meint, die Ehe sei gegenüber der eingetragenen Lebenspartnerschaft vorrangig, deshalb müsse er nur an Gabi Unterhalt zahlen, für Sven reichten seine Einkünfte nicht mehr aus. Ludwig empfiehlt deshalb seinem Freund Dieter, der in eingetragener Lebenspartnerschaft mit Albert lebt, keinesfalls dem Wunsch Alberts nachzugeben und die Lebenspartnerschaft in eine Ehe umzuwandeln.

FALL 106. Luisa hat ihre Jugendliebe Martin geheiratet. Sie bricht ihre Ausbildung als Arzthelferin ab und betreut den Haushalt, das Haus, den Garten und teilweise auch die Eltern von Martin. Kinder wollten sie erst später. Berufstätig war Luisa nicht. Nach fünf Jahren lässt sich Martin wegen seiner neuen großen Liebe Gerda, mit der er ein Kind hat, scheiden. Sein Einkommen als Fernfahrer reicht nicht für den Unterhalt von Bastian, Luisa und Gerda. Er meint, dass er sich vorrangig um seine neue Partnerin und das gemeinsame Kind Bastian finanziell kümmern müsse. Für die abgebrochene Ausbildung von Luisa seien ihre Eltern zuständig.

Was sagen Gesetz und Rechtsprechung?

Bei Wiederheirat und Begründung einer neuen Lebenspartnerschaft kann es dazu kommen, dass sich der Unterhaltspflichtige **mehreren Unterhaltsansprüchen** gleichzeitig ausgesetzt sieht. Der geschiedene Ex-Partner verlangt die Zahlung von Unterhalt und der neue Partner fordert gleichzeitig ein Haushalts- und Taschengeld. Hinzu kommen Kinder aus unterschiedlichen Beziehungen, Kinder aus einer früheren Ehe, aus einer faktischen Lebensgemeinschaft, aus einer neben der Ehe oder Lebenspartnerschaft bestehenden Beziehung, aus einer vorehelichen bzw. vorlebenspartnerschaftlichen Beziehung oder einer dieser nachfolgenden Beziehung sowie adoptierte Kinder im Rahmen einer eingetragenen Lebenspartnerschaft. Bei Normalverdienern reichen in diesen Fällen das Einkommen und das einsatzpflichtige Vermögen meist nicht, um sämtliche Unterhaltsansprüche zu erfüllen. In diesem Fall richten sich die Unterhaltspflicht und deshalb die Frage, wer Unterhalt erhält und wer gegebenenfalls auf staatliche Leistungen angewiesen ist, nach dem unterhaltsrechtlichen **Rang** (§ 1609 BGB). Nach dem Willen des Gesetzgebers sollen grundsätzlich erst die Unterhaltsansprüche von Kindern befriedigt werden, damit diese nicht der Sozialhilfe anheim fallen. Ex-Partner kommen erst im Rang danach. Ihnen mutet der Gesetzgeber eher den Gang zum Sozialamt zu als Kindern.

Haben neben dem geschiedenen Ehegatten oder früheren Lebenspartnern minderjährige, unverheiratete (eheliche oder nichteheliche) **Kinder** Unterhalt zu beanspruchen, so gehen ihre Unterhaltsansprüche denjenigen des Ex-Partners vor. Gleiches gilt für volljährige unverheiratete Kinder, die im elterlichen Haushalt leben und sich in Schulausbildung befinden bis zur Vollendung des 21. Lebensjahres.

Im zweiten Rang folgen **Elternteile**, die wegen der **Betreuung eines Kindes** unterhaltsberechtigt sind. Unerheblich ist der „Trauschein". Die frühere Geliebte und nunmehrige möglicherweise nichteheliche

Lebensgefährtin, die ein „Seitensprungkind“ betreut, geht deshalb der kinderlosen Ehefrau vor, die ihren kranken Ex-Mann gepflegt hat, selbst aber keine kleinen, betreuungsbedürftigen Kinder (mehr) hat. Nur ein Ehegatte oder eingetragener Lebenspartner, dessen Ehe bzw. Lebenspartnerschaft **von langer Dauer** war, steht dem kinderbetreuenden Elternteil gleich. Insofern kann sich auch ein Verbleiben in einer bereits zerrütteten Beziehung unterhaltsrechtlich finanziell lohnen. Wann eine Ehe oder eingetragene Lebenspartnerschaft von langer Dauer ist, ergibt sich nicht aus dem Gesetz. Es kommt hier nicht allein auf die absolute zeitliche Dauer der Ehe an. Maßgeblich ist vielmehr der Vertrauensschutz für denjenigen Ex-Partner, der sich im Rahmen einer traditionellen Haushaltsführungspartnerschaft um die Pflege und Erziehung der gemeinsamen Kinder oder die Führung des Haushalts und den Partner gekümmert hat. Der Vertrauensschutz kann aber auch gegeben sein, wenn keine lebensgemeinschaftsbedingten Nachteile vorliegen. Eine bestimmte Dauer, welche bei ihrem Erreichen gleichsam automatisch zu einer Ehe/Lebenspartnerschaft von langer Dauer führt, kann trotz des Gesetzeswortlauts nicht angegeben werden. Voreheliche bzw. vorlebenspartnerschaftliche Zeiten des Zusammenlebens sind, selbst bei einer Kinderbetreuung, nach überwiegender Auffassung der Gerichte nicht zu berücksichtigen. Die Rechtstellung des Ex-Ehegatten bzw. Ex-Lebenspartners kann sich bei einem Kind aus einer neuen Beziehung verschlechtern. Dies gilt auch dann, wenn der Unterhaltsberechtigte früher selbst mehrere Kinder großgezogen hat, nunmehr nur noch Altersunterhalt beanspruchen kann und die Ehe bzw. Lebenspartnerschaft wegen eines vorher „wilden“ Zusammenlebens nicht von langer Dauer war. Auswirkungen hat dies insbesondere, wenn beide Eltern relativ schnell nach der Geburt des gemeinsamen Kindes wieder berufstätig waren und die staatlichen Kinderbetreuungseinrichtungen genutzt haben. Der Umstand, dass ein Kind auch dann noch Arbeit macht, wirkt sich nicht aus. Ein Vorrang der Ex-Ehefrau vor der das Nachzüglerkind betreuenden jüngeren neuen Freundin des Ehemannes besteht nach geltender Rechtslage nicht. Die sitzengelassene Ehefrau kann deshalb, wenn sie am Arbeitsmarkt nicht vermittelbar ist und ihre Ehe nicht als solche von langer Dauer anerkannt wird, sehr leicht unter die Armutsgrenze rutschen.

In den Rang nach dem geschiedenen Ehegatten bzw. Ex-Lebenspartner fallen alle **Kinder**, die **nicht privilegiert** sind, insbesondere die studierenden Kinder. An fünfter Rangstelle folgen die Enkelkinder und alle **weiteren Abkömmlinge**, an sechster Rangstelle die **Eltern** und an siebter Rangstelle die **weiteren Verwandten** der aufsteigenden Linie, also Großeltern und Urgroßeltern etc.

Der **eingetragene Lebenspartner** ist einem Ehegatten gleichgestellt. Der frühere Vorrang des Ex-Ehegatten vor dem eingetragenen Lebenspartner, der noch bei der Einführung der eingetragenen Lebenspartnerschaft galt, besteht nicht mehr. Insofern ist es unerheblich, ob eingetragene Lebenspartner ihre Partnerschaft in eine Ehe umwandeln oder nicht.

Die Rangfolge hat insbesondere in **Mangelfällen** Bedeutung. Reicht das einzusetzende Vermögen des Unterhaltspflichtigen nicht für alle von ihm unterhaltsrechtlich abhängigen Personen aus, entscheidet der Rang. Die Ansprüche vorrangiger unterhaltsberechtigter Personen sind vor den nachfolgenden zu den befriedigen. Diese Bevorrechtigung muss sich nicht aus dem Vollstreckungstitel ergeben, ist aber vom Vollstreckungsorgan bei der Bemessung des dem Unterhaltsschuldner pfandfrei zu belassenden Einkommensanteils (§ 850d Abs. 1 Satz 2 ZPO) zu berücksichtigen.

Die **Rangfolge** ist gesetzlich auch beim **Unterhaltspflichtigen** von Bedeutung, wenn mehrere Unterhaltspflichtige vorhanden sind. Ein unterhaltspflichtiger Ehegatte bzw. ein eingetragener Lebenspartner haftet für den Unterhalt seines Ex-Partners grundsätzlich vor dessen Verwandten (§ 1584 BGB, § 16 Satz 2 LPartG). Ist der Ex-Ehegatte bzw. Ex-Lebenspartner allerdings nicht leistungsfähig, müssen die Verwandten einstehen. Sie können bei Leistungsunfähigkeit des Ex-Ehegatten bzw. Ex-Lebenspartners von diesem auch keinen Ausgleich verlangen. Nur bei einem Einstehen trotz Leistungsfähigkeit des Ex-Partners geht der Unterhaltsanspruch des Berechtigten auf sie über (§ 1607 Abs. 2 Satz 2 und 4 BGB).

Was können die Ehegatten/Lebenspartner vereinbaren?

Eine Änderung der Rangfolge im Wege der Vereinbarung ist den Beteiligten nicht möglich. Solange der Unterhalt sämtlicher Unterhaltspflichtiger entsprechend der gesetzlichen Rangfolge befriedigt werden kann, sind auch Vereinbarungen, die einen **Unterhaltsanspruch erweitern**, zulässig. Wirken sie sich jedoch zu Lasten vorrangiger Unterhaltsberechtigter aus, wird ihnen überwiegend die Anerkennung versagt. Ein Vertrag, mit dem sich die kinderlose Ehefrau, deren Ehe nicht von langer Dauer war, einen hohen nachehelichen Unterhaltsanspruch gleichsam als Schmerzensgeld für das Loskaufen von der Ehe wegen der jungen Geliebten, die ein Kind ihres Ex-Mannes zu betreuen hat, zusagen lässt, nutzt dieser deshalb im Mangelfall nichts. Wirkt sich die Vereinbarung dahingehend aus, dass sich das neue Kind des Ex-Partners an seine Großeltern wenden müsste, ist auch diese Vereinbarung als Vertrag zu Lasten der grundsätzlich nachrangigen unterhaltspflichtigen Verwandten nicht möglich. Gleiches gilt, wenn ein vorrangig Unterhaltsberechtigter wegen der Vereinbarung auf Sozialhilfe angewiesen ist.

d) Höhenmäßige und zeitliche Begrenzung des Unterhalts

FALL 107. Moritz hatte mit Frieda ständig Streit wegen des Geldes und seiner Mitarbeit im Haushalt. Frieda meinte unter Hinweis auf die gesetzliche Regelung, dass sie durch die Haushaltsführung trotz Kinderlosigkeit voll ausgelastet wäre, da Moritz im Haushalt keinen Finger rühre. Moritz wollte, dass Frieda neben dem bisschen Haushalt einer vollen oder zumindest nahezu vollen Berufstätigkeit nachgehe. Die handwerklichen Tätigkeiten würde er ohnehin erledigen. Jedenfalls wäre eine stundenweise Beschäftigung einer Putzfrau billiger als die berufliche „Abstinenz" von Frieda.

FALL 108. Auch Manfred und Franziska haben Streit. Manfred findet es zwar richtig, dass sich Franziska um die beiden Kinder und den Haushalt kümmert. Er meint jedoch, dass sie nebenbei, jedenfalls ab dem Kindergartenalter des jüngeren Benjamin, einer Erwerbstätigkeit nachgehen könne. Als er die attraktive Gerda kennenlernt, kommt es zur Scheidung. Franziska möchte weiterhin zu Hause bleiben und die Kinder betreuen. Manfred geht davon aus, dass er Franziska jedenfalls längstens Unterhalt leisten muss, bis die Kinder die Ausbildung beendet haben und eine Berufstätigkeit aufnehmen.

FALL 109. Die eingetragene Lebenspartnerschaft von Ludwig und Sven dauerte fünf Jahre. Sven war bereits bei Begründung der Lebenspartnerschaft krank und konnte keiner Berufstätigkeit nachgehen. Er meint, dass er aufgrund seiner Krankheit und seines Alters bei Aufhebung der Lebenspartnerschaft auch keiner Berufstätigkeit mehr nachgehen müsse und Ludwig für ihn bis zur Rente unterhaltspflichtig wäre. Ludwig sieht nicht ein, wieso er für seine Gutmütigkeit und einen Fehler gleichsam unterhaltsrechtlich länger, als die Lebenspartnerschaft gedauert habe, bestraft werde. Sven hält es für undenkbar, dass er trotz der früheren Lebenspartnerschaft Sozialhilfe beantragen müsse.

Was sagen Gesetz und Rechtsprechung?

Das Gesetz sieht keine automatischen **zeitlichen Grenzen**, ab denen der Unterhaltsanspruch trotz Vorliegen eines Unterhaltstatbestandes entfallen würde, vor. Allerdings kann aus Billigkeitsgründen der Unterhaltsanspruch eines geschiedenen Ehegatten bzw. früheren Lebenspartners beschränkt werden (§ 1578b BGB, § 16 Satz 2 LPartG). Das Familiengericht kann die Unterhaltshöhe im Streitfall herabsetzen; es kann den Unterhaltsanspruch auch zeitlich befristen. Eine ewige Unterhaltspflicht, die nach früherem Unterhaltsrecht häufig bereits nach einer zehnjährigen Ehe eintrat, besteht nach geltendem Recht nicht mehr. Das Familiengericht kann deshalb auch die **höhenmäßige Herabsetzung** und die zeitliche Befristung kombinieren.

Die mögliche Konsequenz, dass der geschiedene Ehegatte bzw. frühere Lebenspartner aufgrund der Herabsetzung oder Befristung des Unterhaltsanspruchs auf **Sozialhilfe** angewiesen wird, steht der Begrenzung des Unterhalts nicht entgegen.

Maßgeblich ist auch insoweit die Ehe- bzw. Lebenspartnerschaftsbedingtheit der Unterhaltsbedürftigkeit. Es kommt somit darauf an, ob die Möglichkeit des geschiedenen Ehegatten bzw. früheren Lebenspartners, selbst für seinen Unterhalt zu sorgen, durch die **Gestaltung der Lebensgemeinschaft**, insbesondere die **Rollenverteilung** infolge der Aufteilung der Erwerbstätigkeit und der Familienarbeit, beeinträchtigt ist. Hinzu kommt die Dauer einer Erwerbslosigkeit während einer Ehe und eingetragenen Lebenspartnerschaft. Nicht ehe-

bzw. lebenspartnerschaftsbedingt ist der Verlust des Arbeitsplatzes wegen eines Stellenabbaus, der eigenen Kündigung zur beruflichen Neuorientierung oder zur Pflege eigener Angehöriger sowie wegen einer Erkrankung. Neben den vorrangig zu berücksichtigenden ehe- bzw. lebenspartnerschaftsbedingten Nachteilen hat auch eine Würdigung sonstiger Umstände des Einzelfalls, insbesondere auch der während der Ehe bzw. Lebenspartnerschaft erbrachten Lebensleistung, zu erfolgen. Insofern lehnen Familiengerichte unter Berufung auf die nacheheliche bzw. nachpartnerschaftliche Solidarität teilweise eine Herabsetzung oder eine Befristung ab. Die Dauer der Ehe bzw. Lebenspartnerschaft spielt zwar wegen der mit ihr regelmäßig verbundenen wirtschaftlichen Verflechtung eine Rolle, aber nicht mehr die ausschließliche wie nach früherem Unterhaltsrecht. Eine wirtschaftliche Verflechtung liegt vor, wenn die Partner ihre Lebensführung aufeinander eingestellt und in wechselseitiger Abhängigkeit auf ein gemeinsames Lebensziel ausgerichtet haben. Sie kann insbesondere durch eine wirtschaftliche Selbstständigkeit, die auch auf Einkünften aus eigenem Vermögen beruhen kann, in den Hintergrund treten. Unerheblich ist, ob eine praktizierte Rollenverteilung einvernehmlich erfolgte oder ständig Streit hierüber herrschte. Dieser Umstand ändert nämlich an der Ursächlichkeit der Ehe bzw. Lebenspartnerschaft nichts. Sind derartige Nachteile später nicht mehr korrigierbar, was insbesondere bei langer Ehe- bzw. Lebenspartnerschaftsdauer der Fall ist, kommt eine Befristung des Unterhaltsanspruchs nicht in Betracht. Allerdings kann auch insoweit mit zunehmendem Abstand von der Ehe bzw. Lebenspartnerschaft eine Herabsetzung des Unterhalts von dem Lebensstandard während der Ehe bzw. Lebenspartnerschaft erfolgen.

Bei der **zeitlichen Befristung** des Unterhaltsanspruchs ist zu berücksichtigen, dass der Ex-Partner nach einer Scheidung bzw. Lebenspartnerschaftsaufhebung nicht sozial „in ein Loch fallen" soll. Die schematische Orientierung der Befristung einer Dauer der Ehe ist zwar, auch wenn sie teilweise von Familiengerichten praktiziert wird, vom Gesetzgeber nicht gewollt. Die Dauer des ehelichen bzw. lebenspartnerschaftlichen Zusammenlebens begründet allerdings ein Vertrauen, des später unterhaltsberechtigten Partners in das

Fortbestehen der diesbezüglichen Versorgungslage und der Teilhabe am erreichten Lebensstandard. Je länger dies der Fall war, desto länger ist auch die zeitliche Dauer des Unterhaltsanspruchs anzunehmen. Deshalb kann nicht unmittelbar nach Ehescheidung bzw. Lebenspartnerschaftsaufhebung eine Befristung angeordnet werden. Dies kann erst mit zunehmendem Abstand von der Lebensgemeinschaft erfolgen. Bei fortwirkenden ehe- bzw. lebenspartnerschaftsbedingten Nachteilen scheidet eine Befristung in der Regel aus. Denkbar ist eine bis zum Bezug einer Altersrente hinausgeschobene Befristung.

Die **Herabsetzung des Unterhalts** soll dazu führen, dass der nacheheliche bzw. nachpartnerschaftliche Unterhalt nicht zur Lebensstandardgarantie wird. Der Unterhalt soll nach einer bestimmten Zeit nicht mehr an den ehelichen bzw. lebenspartnerschaftlichen Lebensverhältnissen bemessen werden, sondern nur dem angemessenen Bedarf entsprechen. Es handelt sich dabei um die Verhältnisse, in denen der unterhaltsberechtigte Ex-Partner aufgrund seiner eigenen Berufsausbildung leben würde. Gegebenenfalls im Wege der Schätzung ist das Einkommen zu ermitteln, das der Unterhaltsberechtigte ohne die Ehe bzw. Lebenspartnerschaft und Kindererziehung erzielen könnte. Das häufig kritisierte soziale „Heraufheiraten" ist somit unterhaltsrechtlich auf Dauer im Regelfall nicht möglich. Minimum des angemessenen Bedarfs ist allerdings das Existenzminimum.

Das Familiengericht wird hinsichtlich der Herabsetzung und der Befristung des Unterhalts nicht von selbst tätig. Der Unterhaltspflichtige muss dies im Streitfall **beantragen** und hierzu Tatsachen vortragen, die sein Begehren rechtfertigen. Der Unterhaltsberechtigte seinerseits muss diesen Vortrag substantiiert entkräften und die Ehe bzw. Lebenspartnerschaftsbedingtheit seiner fehlenden Einkommensmöglichkeiten darlegen. Er darf sich hierbei nicht auf allgemeine Angaben beschränken, sondern muss konkret darlegen, wie sich seine soziale Biographie ohne die lebensgemeinschaftsbedingten Nachteile entwickelt hätte. Hierzu gehört es beispielsweise, die Einkommensentwicklung in dem von ihm erlernten Beruf sowie die verpassten Erwerbschancen darzustellen. Bei der Darlegung des hypothetischen Lebensverlaufs ist von einer durchschnittlichen Entwicklung auszugehen. Bleibt unklar, wer von den beiden streitenden Parteien Recht hat, bleibt es beim bisherigen Unterhalt, da der Unterhaltsverpflichtete die Beweislast für die Herabsetzung des Unterhalts trägt. Bleibt unentschieden, wer Recht hat, ändert sich der Unterhaltsanspruch nicht.

Die Möglichkeit der Befristung des Unterhalts kommt beim **Kinderbetreuungsunterhalt** nicht in Betracht. Hinsichtlich des Basisunterhalts während der ersten drei Lebensjahre des Kindes scheiden eine Befristung und auch eine Herabsetzung grundsätzlich aus. Da der darüber hinausgehende Kinderbetreuungsunterhalt wegen des Kindeswohls erforderlich ist, ist eine Befristung auch nach dem dritten Lebensjahr nicht möglich. Eine Herabsetzung des Unterhalts lassen die Familiengerichte nach dem dritten Lebensjahr des zu betreuenden Kindes bei einem aus Betreuungs- und Aufstockungsunterhalt zusammengesetzten Anspruch hinsichtlich des Aufstockungsunterhalts zu. Allerdings ist die Teilhabe am ehelichen bzw. lebenspartnerschaftlichen Standard während der Kinderbetreuung nicht stets unbillig. Zurückhaltend sind die Familiengerichte auch bei der Beschränkung des **Alters- und Krankheitsunterhalts**. Eine Herabsetzung oder zeitliche Beschränkung des Altersunterhalts ist dann gerechtfertigt, wenn die Nachteile durch den Versorgungsausgleich ausgeglichen werden. Die Herabsetzung des Altersunterhalts erfolgt regelmäßig auf das hypothetische Renteneinkommen, das dem Unterhaltsberechtigten ohne die Lebensgemeinschaft und die dadurch eingetretenen Nachteile zur Verfügung stünde. Der Krankheitsunterhalt ist in der Regel aufgrund der nachehelichen bzw. nachpartnerschaftlichen Solidarität und der darauf begründeten fortwährenden Unterhaltsverantwortung gerechtfertigt. Die Familiengerichte berücksichtigen bei einer Herabsetzung regelmäßig sämtliche Umstände des Einzelfalls, wobei der Dauer der Ehe und der Lebenspartnerschaft und wiederum das dadurch bedingte wirtschaftliche Aufeinander-Einstellen und die diesbezügliche Abhängigkeit besonders gewürdigt werden. Der **Aufstockungsunterhalt** ist häufiger Streitpunkt bei einer Herabsetzung. Hier kommt es darauf an, in welchem Zeitraum ehe- bzw. lebenspartnerschaftsbedingte Nachteile fortwirken. Dies kann bei einer nicht mehr als zehn Jahre dauernden Ehe oder Lebenspartnerschaft, die kinderlos blieb, schon nach einer Übergangsfrist von einem Jahr entfallen. Maßgeblich ist wieder das Maß der nach der Scheidung bzw. Lebenspartnerschaftsaufhebung erreichten Selbstständigkeit.

Was können die Ehegatten/Lebenspartner vereinbaren?

Die Ehegatten/Lebenspartner können schon in guten Tagen, aber auch noch im Zusammenhang mit der Scheidung bzw. Lebenspartnerschaftsaufhebung die Dauer der Unterhaltsgewährung sowie die Höhe entsprechend dem gemeinsamen Lebensstandard oder dem Lebensstandard, der der eigenen Ausbildung entspricht, regeln. Dabei ist zu beachten, dass ehe- bzw. lebenspartnerschaftsbedingte **Nachteile ausgeglichen** werden. Zusätzlich dürfen durch die Regelung nicht die **Rechtspositionen Dritter** nachteilig betroffen werden. Dies sind insbesondere gemeinsame Kinder, deren Betreuung sichergestellt sein muss, wobei aber die staatlichen Betreuungseinrichtungen genutzt werden können und sogar sollen. Zu Lasten der Sozialhilfe und nachrangig unterhaltspflichtiger Verwandter darf sich eine Regelung auch in diesem Zusammenhang nicht auswirken. Auch frühere Vereinbarungen über den nachehelichen bzw. nachpartnerschaftlichen Unterhalt können bei einer Unterhaltsrechtsreform, z. B. eine lebenslange Unterhaltsverpflichtung wegen der gesetzlichen Möglichkeit einer Befristung, abänderbar sein. Hierzu muss sich der Unterhaltsverpflichtete auf eine Störung der Geschäftsgrundlage berufen.

e) Ausschluss oder Beschränkung des Unterhaltsanspruchs bei grober Unbilligkeit

aa) Unbilligkeit und Kindesbelange

Unterhaltsansprüche knüpfen anders als nach früherem Recht nicht mehr an ein Scheidungs- bzw. Aufhebungsverschulden an. Dies kann in Einzelfällen ungerecht sein, insbesondere wenn ein Partner einseitig aus der Beziehung ausbricht. Deshalb hat der Gesetzgeber eine **negative Härteklausel** vorgesehen, die der zur Zahlung von Unterhalt Verpflichtete dem Anspruchsteller entgegenhalten kann

(§ 1579 BGB, § 16 Satz 2 LPartG). Danach ist ein Unterhaltsanspruch zu versagen, herabzusetzen oder zeitlich zu begrenzen, soweit die Inanspruchnahme des Verpflichteten aus den dort genannten Gründen grob unbillig wäre. Dabei sollen auch die Belange der dem Unterhaltsberechtigten zur Pflege oder Erziehung anvertrauten gemeinschaftlichen Kinder berücksichtigt werden.

bb) Vom Gesetzgeber geregelte Unbilligkeitstatbestände

Es muss im Einzelfall entschieden werden, ob eine völlige Versagung, Herabsetzung oder zeitliche Begrenzung des nachehelichen bzw. nachpartnerschaftlichen Unterhalts erfolgen soll. Die unterhaltsrechtliche Sanktion darf sich nicht zu Lasten der Pflege und Versorgung gemeinsamer Kinder auswirken. Es soll verhindert werden, dass der betreuende Elternteil aus wirtschaftlicher Not ein Kind vernachlässigt oder zu Lasten des Kindes dessen Unterhalt für den eigenen Bedarf mitverwendet. Bei **Kinderbetreuung** scheidet eine völlige Versagung des Unterhaltsanspruchs aus; zumindest in Höhe des Existenzminimums (Mindestbedarf) muss nachehelicher bzw. nachpartnerschaftlicher Unterhalt geleistet werden. Ausnahmsweise kann eine völlige Versagung des Unterhalts dann erfolgen, wenn der Bedarf durch den neuen Partner in Form von Sachleistungen oder sonstigen Vorteilen gedeckt ist oder wegen der Erwerbslosigkeit des neuen Partners die Möglichkeit der Kinderbetreuung besteht und dadurch eine Erwerbstätigkeit denkbar ist. Die Voraussetzung dieser Vorschrift hat der Unterhaltsverpflichtete darzulegen und zu beweisen. Die Vorschrift des § 1579 BGB geht über die Möglichkeit der Unterhaltskürzung des § 1578b BGB hinaus, da sie einen völligen Ausschluss des Anspruchs und eine Herabsetzung bis zum Existenzminimum zulässt; § 1578b BGB sieht eine Reduzierung nur bis zur Höhe des angemessenen Lebensbedarfs vor.

cc) Kurze Ehe- bzw. Lebenspartnerschaftsdauer (§ 1579 Nr. 1 BGB, § 16 Satz 2 LPartG):

FALL 110. Martin heiratet die an Multiple Sklerose erkrankte Karin. Bereits nach einem halben Jahr des Zusammenlebens zieht er aus, da er es doch nicht schafft, mit der kranken Karin zusammen zu sein. Wenige Monate darauf reicht sein Anwalt die Scheidung ein. Karin hat bis zur

Eheschließung staatliche Leistungen erhalten; die Behörde geht davon aus, dass zunächst einmal Martin nachehelichen Unterhalt leisten müsse.

FALL 111. Ludwig und Sven begründen eine eingetragene Lebenspartnerschaft. Jeder behält seine eigene Wohnung und bleibt voll berufstätig. Ihr Zusammenleben erfolgt entweder in der Wohnung von Ludwig oder von Sven. Sven hat, bis er seine ganz große Liebe Wilma kennenlernt, einige Affären. Als Ludwig von der neuen Beziehung zu Wilma erfährt, beantragt er die Aufhebung der Lebenspartnerschaft. Sven geht davon aus, dass er vom wesentlich besser Verdienenden Ludwig zumindest eine Zeit lang nach Aufhebung der Lebenspartnerschaft Unterhalt bekommen wird.

Was sagen Gesetz und Rechtsprechung?

Bei einer **kurzen Ehe- und Lebenspartnerschaftsdauer** haben die Partner ihr Leben noch nicht aufeinander eingestellt, deshalb kann die Unterhaltsverpflichtung bei einer Scheidung bzw. Lebenspartnerschaftshebung unbillig sein. Die Ehe- bzw. Lebenspartnerschaftsdauer betrifft den Zeitraum zwischen dem Standesamt und der Rechtshängigkeit des Scheidungs- bzw. Aufhebungsantrags. Die Zeiten vorehelichen bzw. vorlebenspartnerschaftlichen Zusammenlebens und der Zeitraum der Trennung sind nicht zu berücksichtigen. Kurz bedeutet nach der Rechtsprechung nicht mehr als zwei Jahre; dagegen wird eine Ehe bzw. eine Lebenspartnerschaft von mehr als drei Jahren im Regelfall nicht mehr als kurz anzusehen sein. Bei Zeiten, die zwischen zwei und drei Jahren liegen, ist ausschlaggebend, ob und inwieweit die Ehegatten bzw. Lebenspartner ihre Lebensführung aufeinander abgestellt und sich so auf ein gemeinsames Leben eingerichtet haben. Erst in diesem Zusammenhang kann auch die Zeit eines vorehelichen bzw. vorlebenspartnerschaftlichen Zusammenlebens eine Rolle spielen. Umgekehrt können wiederholte sexuelle Verhältnisse mit Dritten bereits ein Jahr nach der Eheschließung bzw. Lebenspartnerschaftsbegründung Indiz dafür sein, dass die Lebensgemeinschaft, auch wenn gemeinsame Kinder vorhanden sind, nicht als feste Bindung angesehen wurde. Kinderbetreuungszeiten sind der Ehe- bzw. Lebenspartnerschaftsdauer nicht automatisch hinzuzurechnen. Auch insoweit kommt es darauf an, ob und inwieweit die Partner ihre jeweiligen Lebensdispositionen aufeinander eingestellt und eine wirtschaftliche Verflechtung eingetreten ist.

Was können die Ehegatten/Lebenspartner vereinbaren?

Gerade bei einer kurzzeitigen Ehe oder Lebenspartnerschaft können die Partner bereits vorsorglich für den Fall einer späteren Trennung oder auch im Zusammenhang mit der Trennung einen **wechselseitigen Unterhaltsverzicht** erklären. Nachdem der Gesetzgeber hier ohnehin von einer Unbilligkeit hinsichtlich des nachehelichen bzw. nachpartnerschaftlichen Unterhalts ausgeht, steht nichts entgegen, dies auch vertraglich zu vereinbaren. Häufig wird geregelt, dass bei einer Scheidung oder Lebenspartnerschaftsaufhebung, wenn die Ehe bzw. Lebenspartnerschaft nur beispielsweise drei Jahre gedauert hat und aus ihr keine gemeinsamen Kinder hervorgegangen sind, kein nachehelicher bzw. nachpartnerschaftlicher Unterhalt geschuldet ist.

dd) Zusammenleben in verfestigter Lebensgemeinschaft (§ 1579 Nr. 2 BGB, § 16 Satz 2 LPartG)

FALL 112. Frieda lernt drei Monate nach der Scheidung Dietmar kennen. Beide ziehen zusammen. Allerdings scheitert ihre Beziehung bereits nach einem halben Jahr. Moritz, der mit Frieda zwölf Jahre verheiratet war, möchte, nachdem er von der neuen Beziehung erfahren hat, keinen Unterhalt mehr leisten. Die Tatsache, dass das neue Verhältnis wieder beendet ist, gehe ihn nichts an.

FALL 113. Helga zieht nach ihrer Scheidung von Manfred zu Frieda. Beide lieben sich. Manfred möchte keinen nachehelichen Unterhalt mehr an seine Ex-Frau leisten. Diese wendet ein, sie habe sich keinen Männern zugewandt, sondern lebe nur mit einer Frau zusammen. Sie räumt allerdings ein, dass sie mit dieser auch ein sexuelles Verhältnis hat.

Was sagen Gesetz und Rechtsprechung?

Ein Unterhaltsbegehren nach einer Scheidung oder Lebenspartnerschaftsaufhebung ist unbillig, wenn der Anspruchsteller bereits mit einem **neuen Partner** eine Beziehung eingegangen ist und der „Neue" gleichsam an die Stelle des geschiedenen Ehegatten bzw. früheren Lebenspartner getreten ist. Entscheidend ist, dass die neue Beziehung in ihrer Wirkung nach außen einem ehelichen bzw. lebenspartnerschaftlichen Verhältnis gleichzustellen ist. Dies ist jedenfalls bei einer „Beziehungsdauer" von zwei bis drei Jahren der Fall. Hierzu ist keine gemeinsame Haushaltsführung nötig. Auch in getrennten Wohnungen kann eine neue Beziehung geführt werden. Entscheidend ist die Verflechtung der Lebensgestaltung. Indizien sind gemeinsame Urlaubsreisen, das gemeinsame Verbringen der Freizeit und das Auftreten nach Außen als Paar (z. B. durch Nennung in Todesanzeigen, Auftreten als Paar bei Einladungen, gemeinsamer Immobilienerwerb). Sexuelle Kontakte sind nicht erforderlich, sie werden jedoch bei Vorliegen weiterer Umstände eine verfestigte Lebensgemeinschaft indizieren. Bei Geburt eines gemeinsamen Kindes und dem Aufbau einer gemeinsamen Zukunft (z. B. Immobilienerwerb, Geschäftseröffnung) kann bereits eine frühere Verfestigung, auch schon nach einem Jahr, vorliegen. Scheitert die neue Beziehung später wieder, lebt der bereits erloschene Unterhaltsanspruch nicht wieder auf. Anders ist dies bei einem im Verhältnis zur früheren Ehe bzw. Lebenspartnerschaft kurzzeitigen Zusammenleben. Erreicht das Zusammenleben nicht den Grad einer verfestigten Lebensgemeinschaft, tritt bei einem leistungsfähigen Partner zumindest regelmäßig eine Reduzierung der Bedürftigkeit ein. Ihm kann nämlich ein fiktives Entgelt für seine Haushaltsführung angerechnet werden (S. 146 f.).

Was können die Ehegatten/Lebenspartner vereinbaren?

Regelungen in diesem Bereich, wie beispielsweise die Vereinbarung von Zeiträumen, ab denen ein verfestigtes Zusammenleben vorliegt, sind in der Praxis unüblich. Da ein Weiterzahlen von Unterhalt trotz Kenntnis der neuen verfestigten Lebensgemeinschaft dazu führen kann, dass der Unterhaltsausschluss entfällt, sind bei einem Streit über das Vorliegen einer verfestigten Lebensgemeinschaft eine einseitige **Zahlung unter Vorbehalt**, aber auch eine diesbezügliche vertragliche Pflicht der Rückerstattung, sofern ein Gericht eine verfestigte Lebensgemeinschaft annimmt, möglich.

ee) Verbrechen oder schweres vorsätzliches Vergehen (§ 1579 Nr. 3 BGB, § 16 Satz 2 LPartG):

FALL 114. Robert hat seine von ihm getrennt lebende Frau Gerda bereits einige Male verprügelt. In einem besonders schlimmen Fall hat er auch seinen Schwiegervater, der seiner Tochter zu Hilfe kommen wollte, niedergeschlagen. Der Vater von Gerda musste im Krankenhaus stationär behandelt werden. Robert ist arbeitslos und verlangt von Gerda, die als Chefsekretärin gut verdient, nachehelichen Unterhalt.

FALL 115. Frieda verlangt von Manfred nachehelichen Unterhalt, da sie den gemeinsamen fünfjährigen Bastian nur bis nachmittags um 15.00 Uhr in einem Kindergarten unterbringen kann und ihr deshalb eine Vollerwerbstätigkeit nicht möglich ist. Sie hat allerdings verschwiegen, dass sie zwischenzeitlich mit dem verwitweten Dieter zusammenlebt und nicht nur Bastian, sondern auch dessen Sohn Max vom Kindergarten abholt und beide Kinder betreut. Frieda führt Dieter auch den Haushalt. Allerdings geht sie davon aus, dass dies ihre Privatangelegenheit sei, da sie mit Dieter auch erst seit einem Jahr zusammenlebt und auch im Arbeitsrecht Fragen, die den persönlichen Lebensbereich betreffen, zulässigerweise falsch beantwortet werden dürfen.

Was sagen Gesetz und Rechtsprechung?

Die Unterhaltsforderung ist grob unbillig, wenn sich der Anspruchsteller gegenüber dem Verpflichteten oder dessen nahen Angehörigen eines Verbrechens oder schweren vorsätzlichen Vergehens schuldig gemacht hat. Es handelt sich um **Straftaten**. Unerheblich ist, ob diesbezüglich eine Anklage oder Verurteilung erfolgt ist. Auch die körperliche Misshandlung, die aus Scham nicht zur Anzeige gebracht wurde, die aber nachweislich erfolgt ist, führt deshalb zum Unterhaltsausschluss. Aber nicht nur der prügelnde Partner und derjenige, der sogar einen Mordversuch an der Schwiegermutter unternommen hat, erhalten keinen Unterhalt. Die Straftaten beschränken sich nämlich nicht auf Körperverletzungs- oder Tötungsdelikte. Eine Verleumdung (z. B. Vorwurf sexuellen Kindesmissbrauchs oder einer Steuerhinterziehung) genügt ebenfalls. Ausreichend ist ferner auch ein Verschweigen eigener Einkünfte im familiengerichtlichen Verfahren. Gleiches gilt für die zu niedrige Angabe des eigenen Einkommens und unterlassene Informationen über den Wegfall der Voraussetzungen des Unterhaltsanspruchs (z. B. Entfallen der Arbeitslosigkeit, Ausweitung der Erwerbstätigkeit, Beendigung und Abbruch einer Ausbildung). Aber auch die Abrede einer verfestigten Lebensgemeinschaft auf eine diesbezügliche Frage stellt einen Betrug dar. Das strafbare Handeln setzt nicht eine diesbezügliche Äußerung vor dem Richter voraus, sondern beginnt bereits mit dem schriftlichen Einreichen des entsprechenden Vorbringens beim Familiengericht.

Was können die Ehegatten/Lebenspartner vereinbaren?

Diesbezügliche Vereinbarungen sind praktisch kaum denkbar. Mitunter kommt es allerdings vor, dass wegen des Familienfriedens und teilweise auch aus Scham tätliche Angriffe, die als Körperverletzung zu werten sind, nicht zur Anzeige gebracht werden, wenn der Betreffende den Vorgang **schriftlich bestätigt**. Auf diese Weise kann er später im Unterhaltsprozess noch vorgebracht werden.

ff) Mutwillige Herbeiführung der Bedürftigkeit (§ 1579 Nr. 4 BGB, § 16 Satz 2 LPartG)

FALL 116. Frieda ist stocksauer, nachdem Manfred sie wegen einer zwanzig Jahre Jüngeren verlassen hat. Ganz unberechtigt ist dies nicht, da sie während der Ehe den gemeinsamen Sohn betreut, den Haushalt geführt hat und daneben auch, zumindest teilweise, berufstätig war. Seit fünf Jahren ist sie wieder vollerwerbstätig, nachdem der gemeinsame Sohn sein Studium erfolgreich absolviert hat. Ihre Freundin Erika hetzt sie auf. Sie kündigt ihre Stelle, damit Manfred nunmehr wenigstens Unterhalt zahlen muss. Wenn er weniger Geld zur Verfügung hat, werde er, so meint sie, sehr schnell uninteressant für die neue, junge, kostspielige Partnerin.

FALL 117. Ludwig ist total von der Reihe, als ihn seine große Liebe Martin verlässt. Er beginnt zu trinken, verkehrt in Spielbanken und baut unter Alkoholeinfluss einen Verkehrsunfall, so dass er auch seinen Job als Kraftfahrer verliert. Martin verdient als Arzt sehr gut, meint aber, er könne nichts dafür, dass Ludwig seit seiner Trennung nur noch „Mist baue".

FALL 118. Manfred ist die große Liebe von Franziska. Da es mit ihrem Kinderwunsch nicht geklappt hat, wurde Sperma von Manfred konserviert. Die bisherigen Inseminationsversuche sind fehlgeschlagen. Als Manfred Franziska verlässt, schwindelt diese dem Arzt vor, dass sie beide sich noch dringend ein Kind wünschen. Die Insemination ohne Einverständnis von Manfred führt zur Schwangerschaft. Franziska möchte das Kind auch nicht abtreiben. Sie fordert von Manfred Kinderbetreuungsunterhalt. Dieser hält das Unterhaltsbegehren für unbillig, da er mit der Verwendung seines Spermas nicht mehr einverstanden war.

Was sagen Gesetz und Rechtsprechung?

Ein Unterhaltsbegehren gegenüber dem Ex-Partner ist grob unbillig, wenn der berechtigte Ehegatte oder Lebenspartner seine Bedürftigkeit **mutwillig herbeigeführt** hat (sog. unterhaltsbezogene Leichtfertigkeit). Sein Handeln muss für seine Bedürftigkeit ursächlich sein. Dies muss zusätzlich leichtfertig geschehen. Allerdings ist ein vorsätzliches oder absichtliches Handeln nicht erforderlich. Ausreichend ist, wenn die Folgen seines Handelns hinsichtlich seiner Unterhaltsbedürftigkeit für ihn erkennbar waren. Beispiele sind die Kündigung einer Arbeitsstelle und die wegen wiederholten Fehlens, wegen einer Straftat oder wegen Alkohol- bzw. Drogenmissbrauchs provozierte Entlassung. Gleiches gilt, wenn der Unterhaltsberechtigte eine Umschulung verweigert, sich einer gebotenen ärztlichen Behandlung nicht unterzieht und den Vorsorgeunterhalt verbraucht, statt als Sicherung für sein Alter zu verwenden. Leichtfertig ist auch das Verspielen von Vermögen. Dagegen kann die ohne Zustimmung des früheren Mannes herbeigeführte homologe Insemination und die dadurch bedingte Schwangerschaft nicht als leichtfertiges Verhalten qualifiziert werden. Bei Alkoholsucht ist zu berücksichtigen, dass insoweit schon eine Krankheit vorliegt, die teilweise die Steuerungsfähigkeit ausschließt, so dass der Vorwurf einer leichtfertigen Handlungsweise nicht mehr gemacht werden kann.

Was können die Ehegatten/Lebenspartner vereinbaren?

Diesbezüglich sind Vereinbarungen praktisch kaum denkbar. Lediglich im Rahmen einer zunächst geplanten künstlichen Insemination kann die Verwendung von Sperma von dem ausdrücklichen schriftlichen Einverständnis des Ehemannes abhängig gemacht werden. Nur dadurch kann die „**nachgeholte Schwangerschaft**" vermieden werden.

gg) Verletzung von Vermögensinteressen des Unterhaltsverpflichteten (§ 1579 Nr. 5 BGB, § 16 Satz 2 LPartG)

FALL 119. Franziska ist stocksauer, als Manfred sie wegen Gerda, die seine Tochter sein könnte, verlässt. Sie weiß, dass Manfred als Handwerker mitunter Leistungen „ohne Rechnung" erbracht hat. Sie schreibt die diesbezüglichen Vorgänge auf und meldet das beim Finanzamt. Folge ist ein Strafverfahren gegen Manfred, aber auch gegen zahlreiche seiner Kunden, die mit ihm nichts mehr zu tun haben wollen. Manfred meint, es könne nicht sein, dass er auch noch Unterhalt an Franziska zahlen müsse. Diese ist sich keiner Schuld bewusst, da auch der Staat CD´s von Steuerschuldnern für Millionen im Ausland kauft, habe sie nur ihre staatsbürgerliche Pflicht erfüllt.

Was sagen Gesetz und Rechtsprechung?

Unbillig ist ein Unterhaltsbegehren dann, wenn sich der Berechtigte mutwillig über schwerwiegende Vermögensinteressen des Unterhaltspflichtigen hinweggesetzt hat. Der Unterhaltsberechtigte muss durch sein vorsätzliches oder zumindest leichtfertiges Verhalten zu einer schweren **Gefährdung des Vermögens** des Unterhaltspflichtigen beigetragen haben. Dass es zu einem nachweisbaren Vermögensschaden gekommen ist, ist dagegen nicht erforderlich. Grundsätzlich darf bei einer Trennung und Scheidung jeder Partner seine eigenen Vermögensinteressen verfolgen. Allerdings darf der Partner, der Unterhalt vom anderen verlangt, nicht diesen in seinem Vermögen oder seinen Erwerbschancen schädigen, ohne eigene legitime

Interessen dabei zu verfolgen. Beispiele sind das Anschwärzen beim Arbeitgeber, das zu einer Arbeitsplatzgefährdung führt. Gleiches gilt für falsche Behauptungen gegenüber Geschäftspartnern des Unterhaltspflichtigen und die leichtfertige Erstattung einer Strafanzeige wegen Steuerhinterziehung. Die bloße Information des Arbeitgebers des Unterhaltspflichtigen über geplante Pfändungen wegen des Unterhaltsanspruchs stellt dagegen kein diesbezügliches illoyales Verhalten dar.

Was können die Ehegatten/Lebenspartner vereinbaren?

Diesbezügliche Abreden sind selten. Im Einzelfall kann es ratsam sein, wenn beide Partner einvernehmlich eine **Selbstanzeige** beim Finanzamt vornehmen, um ein etwaiges Strafverfahren zu vermeiden.

hh) Eigene Unterhaltspflichtverletzung (§ 1579 Nr. 6 BGB, § 16 Satz 2 LPartG)

FALL 120. Martin, der von seiner Ex-Frau Frieda auf Unterhalt in Anspruch genommen wird, hat keine Lust zu zahlen. Auch seine Mutter hat Martin stets davor gewarnt, dass Frieda im Haushalt nur zwei linke Hände habe. Aus diesem Grund hat Martin seine Hemden immer seiner Mutter zum Nachbügeln gebracht. Frieda räumt ein, dass sie nicht die perfekte Hausfrau wäre, aber der Haushalt ist von ihr doch einigermaßen erledigt worden. Außerdem sei dies „Schnee von gestern".

Was sagen Gesetz und Rechtsprechung?

Die Verletzung der Pflicht, zum Familien- und Lebenspartnerschaftsunterhalt beizutragen, durch den später Unterhaltsberechtigten kann eine grobe Unbilligkeit darstellen. In Betracht kommen die **Verletzungen der Unterhaltspflicht**, die vor der Trennung erfolgt und von Gewicht sind. Allerdings führt nur die zumindest weitgehende Weigerung, zum Unterhalt durch Barzahlung oder Haushaltsleistungen beizutragen, zum Unterhaltsausschluss. Bloße Nachlässigkeiten bei der Haushaltsführung können den Härtegrund nicht begründen.

Was können die Ehegatten/Lebenspartner vereinbaren?

Die Vorschrift hat in der Praxis kaum Bedeutung. Auch diesbezügliche Vereinbarungen kommen nicht vor.

ii) Einseitiges Fehlverhalten (§ 1579 Nr. 7 BGB, § 16 Satz 2 LPartG)

FALL 121. Frieda verlässt ihren Mann, weil sie sich von ihm vernachlässigt fühlt. Sie zieht mit den Kindern zu Dieter, der als freischaffender Künstler meist zu Hause ist.

FALL 122. Moritz war die gesamte Ehedauer treu und hat in der Tat sehr viel gearbeitet, um der Familie einen gehobenen Lebensstandard zu ermöglichen. Frieda hat mit Dieter bereits seit einigen Jahren ein außereheliches Verhältnis. Moritz möchte nicht für die „Hörner, die sie ihm aufgesetzt hat", auch noch zahlen müssen.

FALL 122a. Moritz und Frieda leben seit Juni 2017 getrennt. Im Dezember zieht Frieda zu ihrem Lebensgefährten Gerhard, mit dem sie bereits im Mai eine intime Beziehung aufgenommen hatte. Martin möchte keinen Unterhalt an Frieda bezahlen, da sie einseitig aus der Beziehung ausgebrochen ist. Frieda erklärt, die Ehe sei zu diesem Zeitpunkt bereits gescheitert gewesen, da sie bereits seit 9 Jahren keinen Geschlechtsverkehr mehr hatten.

Was sagen Gesetz und Rechtsprechung?

Eine grobe Unbilligkeit hinsichtlich der Unterhaltszahlung liegt auch vor, wenn dem Unterhaltsberechtigten ein **offensichtlich schwerwiegendes, eindeutig bei ihm liegendes Fehlverhalten** gegenüber dem Verpflichteten zur Last fällt. Auch nach der Abschaffung des Scheidungsverschuldens spielt insoweit der Ehe- bzw. Lebenspartnerschaftsbruch noch eine Rolle. Hat der unterhaltsberechtigte Partner schon vor der Trennung auf Dauer angelegte intime Beziehungen zu einem Dritten aufgenommen, liegt darin ein schwerwiegendes Fehlverhalten. Unerheblich ist, ob es sich um eine hetero- oder homosexuelle Beziehung handelt. Das Verhalten muss sich als „Abkehr von der Ehe bzw. Lebenspartnerschaft" darstellen. Dies ist auch dann der

Fall, wenn bereits Streit und Spannungen bestanden, da diese nicht das Recht geben, einseitig die Treue zum Partner aufzukündigen. Auch der langjährige Verzicht auf Geschlechtsverkehr lässt keine Schlussfolgerung auf eine Zerrüttung der Ehe und Lebenspartnerschaft zu. Keine Treuepflicht besteht dagegen mehr, wenn der in Anspruch genommene Ehegatte bzw. Lebenspartner die Trennung selbst wünschte oder sich seinerseits schwere Verfehlungen (z. B. wiederholte Untreue) zuschulden kommen ließ. Nicht nur eine auf Dauer angelegte Beziehung zu einem Partner, sondern auch intime Kontakte zu wechselnden Partnern, heimliche Treffen im Urlaub mit einem früheren Partner, unabhängig davon, ob es dabei zu sexuellen Kontakten kommt, die Tätigkeit als Prostituierte oder als Callboy, gewerbsmäßiger Telefonsex sowie die Veröffentlichung des sexuellen Profils auf einschlägigen Internetsexkontaktseiten und schließlich das Unterschieben eines nicht vom Partner stammenden Kindes sind als Fehlverhalten zu werten. Ein wichtiger Fall ist auch die fortgesetzte massive und schuldhafte Vereitelung des Umgangsrechts mit dem gemeinschaftlichen Kind. Auch die Vernichtung der wertvollen Bibliothek, der Plattensammlung und weiterer persönlicher Sachen, auch wenn diese nur ideellen Wert haben, erhebliche und dauerhafte Beleidigungen und Tätlichkeiten, ferner Telefonanrufe, Faxe oder Emails an Dritte mit herabsetzendem Inhalt sowie die Veröffentlichung persönlicher Bilder auf Internetseiten, können ebenfalls ein einseitiges Fehlverhalten darstellen. Eine Unterhaltsverwirkung haben die Gerichte auch in dem tragischen Fall des verschwiegenen Freitods des gemeinsamen Kindes und der späteren Schuldzuweisung hinsichtlich des Suizids bejaht. Dagegen wurde die Aufnahme geschlechtlicher Beziehungen zu anderen Partnern nicht als Fehlverhalten gewertet, wenn der Ehepartner durch langjährige Vorenthaltung sexueller Kontakte dieses Verhalten nahezu herausgefordert hat. Auch ein einmaliger Seitensprung unter Alkoholeinfluss und eine kurze Affäre, während der an der Gemeinschaft festgehalten wird, sollen keine Verwirkung des Unterhaltsanspruchs rechtfertigen. Sogar ein Verhältnis mit dem Schwiegersohn reichte als Ausschlussgrund für den Unterhalt nicht aus. Dagegen wurde das Verhältnis mit einem guten Freund während der berufsbedingten Abwesenheit des Ehemanns als besonders schwerwiegendes Fehlverhalten gewertet.

Was können die Ehegatten/Lebenspartner vereinbaren?

Ein einseitiges Fehlverhalten, insbesondere in sexueller Hinsicht, ist ausgeschlossen, wenn beide Partner einvernehmlich eine „offene Partnerschaft" praktizieren. Auch wenn diesbezügliche Vereinbarungen kein Recht zum Seitensprung geben, kann das diesbezügliche **Einvernehmen** dazu führen, dass der dargestellte Unterhaltsausschlusstatbestand nicht gegeben ist.

jj) Auffangtatbestand (§ 1579 Nr. 8 BGB, § 16 Satz 2 LPartG)

FALL 123. Frieda und Manfred können Silberhochzeit feiern. In Wirklichkeit haben sie aber nur ein dreiviertel Jahr zusammengelebt und sich seitdem getrennt. Jeder hatte zwischenzeitlich seine eigenen Partner. Ihnen war die Scheidung nur zu teuer. Außerdem wollten sie sich wegen der Witwen- bzw. Witwerrente nicht mehr scheiden lassen. Als Manfred dann Gabi kennenlernt, die ihn unbedingt heiraten will, beantragt er die Scheidung. Frieda verlangt als langjährige Ehefrau nunmehr nachehelichen Unterhalt.

Was sagen Gesetz und Rechtsprechung?

Auch wenn kein ausdrücklich im Gesetz geregelter Grund vorliegt, kann ein **Härtefall** die Unterhaltspflicht ausschließen. Voraussetzung ist das Vorliegen eines Tatbestandes, der ebenso schwer wiegt, wie die gesetzlich geregelten. Stets muss die aus der Unterhaltspflicht resultierende Belastung für den Pflichtigen die Grenzen des Zumutbaren überschreiten. Dies ist nicht bereits deshalb der Fall, weil der neue Partner des Unterhaltsverpflichteten bei Erfüllung des Unterhaltsanspruchs des Ex-Partners unterhalb der Sozialhilfeschwelle leben muss. Dagegen kann eine vom „klassischen" Ehebild abweichende Gestaltung des Zusammenlebens (z. B. räumliche Trennung in 24 Jahren Ehe mit drei bis vier Treffen pro Jahr, lange Ehedauer, aber nur kurzzeitiges Zusammenleben etc.) zur Bejahung eines Härtefalls führen. In einem Sonderfall gingen die Ehegatten von einer nicht wirksamen Ehe wegen der kirchlich noch nicht geschiedenen Vorehe aus und nahmen von einem Zusammenleben trotz gesetzlich wirksamer Ehe bewusst Abstand. Beruht der Unterhaltsanspruch auf Betreuung eines Kindes, das zwar während der

Ehe geboren, aber nicht vom Ehemann gezeugt wurde, kann die Unterhaltspflicht ebenfalls unbillig sein. Gleiches gilt, wenn der Unterhaltsberechtigte von einer Eheschließung mit dem neuen Partner nur wegen des Verlusts des Unterhalts absieht.

Was können die Ehegatten/Lebenspartner vereinbaren?

Grundsätzlich können Paare zu sämtlichen Unterhaltsausschlusstatbeständen, also auch zu den gesetzlich nicht genannten, Vereinbarungen treffen. Insbesondere kann auf die Geltendmachung des diesbezüglichen Härtegrundes, um nicht schmutzige Wäsche waschen zu müssen, **verzichtet** werden. Eine grobe Unbilligkeit liegt dann nicht vor, wenn der Unterhaltspflichtige den Härtegrund aufgrund einer Vereinbarung nicht geltend macht.

f) Art der Unterhaltsgewährung

FALL 124. Manfred will an Franziska keine Unterhaltszahlungen leisten. Er ist der Ansicht, sie könne in der Einliegerwohnung mit den gemeinsamen Kindern verbleiben. Das Essen und die Kleidung kaufe er weiter wie bisher ein. Auf diese Weise könne man gemeinsam sparen, auch wenn die Ehe geschieden wäre. Als Franziska Zahlung verlangt, überweist Manfred stets zum dritten Werktag eines jeden Kalendermonats einen entsprechenden Geldbetrag. Franziska besteht auf Zahlung zum Monatsersten, da sie auch ihren Verpflichtungen nachkommen muss.

FALL 125. Sven möchte nach der Trennung von Gerd ein Startkapital, um sich eine eigene Existenz aufzubauen. Mit den monatlichen Unterhaltszahlungen ist das nicht möglich. Gerd weiß nicht, ob er hierzu verpflichtet werden kann, und ob er, wenn Sven das Geld „durchgebracht hat", dann noch weiterhin Unterhalt leisten muss.

Was sagen Gesetz und Rechtsprechung?

Die Unterhaltsleistung erfolgt grundsätzlich **in Geld** (§ 1585 BGB, § 16 Satz 2 LPartG). Anders als bei der Unterhaltspflicht gegenüber unverheirateten Kindern hat der Unterhaltspflichtige kein Bestimmungsrecht über die Art der Unterhaltsgewährung. Der laufende Unterhalt ist monatlich im Voraus zu entrichten. Die Zahlung hat zum ersten eines jeden Kalendermonats zu erfolgen. Auf Verlangen muss der Unterhaltsschuldner dem Berechtigten einen vollstreckbaren Titel über den Unterhalt aushändigen.

Der Berechtigte kann aus wichtigem Grund (z. B. Eröffnung eines Geschäfts) statt der Geldrente eine **Kapitalabfindung** verlangen, wenn der Verpflichtete dadurch nicht unbillig belastet wird (§ 1585 Abs. 2 BGB, § 16 Satz 2 LPartG). Einen Anspruch auf **bestimmte Vermögensgegenstände** hat er jedoch nicht. Insbesondere kann er nicht verlangen, dass die im gemeinsamen Eigentum stehende Wohnung als Ersatz für die Unterhaltszahlungen zum Alleineigentum übertragen wird. Der Unterhaltsverpflichtete kann eine Abfindung nur anbieten, einen diesbezüglichen Anspruch hat er nicht.

Was können die Ehegatten/Lebenspartner vereinbaren?

Die Beteiligten können sogar auch noch im Zusammenhang mit der Scheidung die Art der Unterhaltsgewährung, die Zahlungsweise (z. B. zur Monatsmitte, da der Unterhaltsverpflichtete erst zu diesem Zeitpunkt sein Geld bekommt) und eine Abfindungszahlung regeln. Bei **Abfindungszahlungen** sollten auch die steuerlichen Folgen beachtet werden, da es sich um keine außergewöhnliche Belastung handelt. Gegebenenfalls kann die Abfindungssumme auf mehrere Steuerjahre verteilt werden, um den Höchstbetrag des begrenzten Realsplittings ausnutzen zu können. Dem Unterhaltspflichtigen, der im öffentlichen Dienst beschäftigt ist, kann der Familienzuschlag verlorengehen, wenn an den Unterhaltsberechtigten keine dauernde Zahlung mehr erfolgt.

g) Ende des Unterhaltsanspruchs

aa) Wiederverheiratung, Begründung einer Lebenspartnerschaft oder Tod des Berechtigten (§ 1586 Abs. 1 BGB, § 16 Satz 2 LPartG)

FALL 126. Nach der Scheidung von Manfred heiratet Franziska sofort ihre neue große Liebe Dieter. Auch diese Ehe scheitert allerdings. Franziska, die die beiden Kinder aus der Ehe mit Manfred betreut, fordert nach der Scheidung von Dieter wiederum von Manfred Unterhalt. Manfred ist der Ansicht, Dieter als sein Nachfolger wäre nunmehr verpflichtet, nachehelichen Unterhalt zu bezahlen. Seine Verpflichtung sei durch die Eheschließung mit Dieter endgültig beendet worden.

FALL 127. Es ist zwar nicht anständig, aber Manfred freut sich darüber, dass seine Unterhaltspflicht gegenüber seiner Ex-Frau Frieda endet, als diese bei einem Autounfall ums Leben kommt. Nachdem Frieda keinen Cent besitzt, fordert ihn die Gemeinde auf, die Kosten der Beerdigung von Frieda als letzte „Unterhaltspflicht" zu übernehmen. Er habe ohnehin durch den frühen Tod von Frieda „Glück" gehabt.

Was sagen Gesetz und Rechtsprechung?

Der Unterhaltsanspruch erlischt außer beim wirksamen Unterhaltsverzicht mit der (erneuten) Eheschließung, der (erneuten) Begründung einer eingetragenen Lebenspartnerschaft oder dem Tod des Berechtigten. Nach Auflösung der neuen Ehe bzw. Lebenspartnerschaft kann nur der **Kinderbetreuungsunterhalt wieder aufleben**, wenn der geschiedene Ehegatte oder frühere Lebenspartner noch ein Kind aus der früheren Beziehung zu betreuen hat (§ 1586a Abs. 1 BGB). Vorrangig ist der „frisch geschiedene" Ex-Partner unterhaltspflichtig. Die Unterhaltspflicht des Partners aus der früher aufgelösten Ehe bzw. Lebenspartnerschaft tritt aber auch dann ein, wenn der 2. Ehegatte bzw. Lebenspartner nicht leistungsfähig ist. Sind Kinder aus der ersten und der zweiten Partnerschaft zu betreuen, haftet nach dem Gesetzeswortlaut nur der Ex-Partner aus der später aufgelösten Beziehung. Fraglich ist dies, wenn die Betreuung der Kinder aus der früheren Beziehung eine Erwerbstätigkeit unmöglich macht, während neben der nicht so zeitintensiven Betreuung der Kinder aus der neuen Beziehung (z. B. wegen einer Schwiegergroßmutter) eine Erwerbstätigkeit möglich wäre.

Beim **Tod** des Unterhaltsberechtigten trifft den Unterhaltspflichtigen keine Pflicht, die Beerdigungskosten zu tragen, wenn der Nachlass nicht ausreicht. Dies ordnet der Gesetzgeber nur beim Verwandtenunterhalt (§ 1615 Abs. 2 BGB), nicht jedoch beim nachehelichen bzw. nachpartnerschaftlichen Unterhalt an.

Was können die Ehegatten/Lebenspartner vereinbaren?

Vertraglich vereinbarte freiwillige Unterhaltszahlungen nach der Scheidung einer Nachfolgeehe bzw. nach der Aufhebung einer Nachfolgelebenspartnerschaft sind denkbar. Sie sind steuerrechtlich als Schenkung zu qualifizieren und kommen in der Praxis nicht vor. Auch die Übernahme der Beerdigungskosten kommt nur dann in Betracht, wenn die gemeinschaftlichen Kinder, die nach dem verstorbenen Ex-Partner erben, noch über kein Einkommen verfügen.

bb) Tod des Unterhaltspflichtigen (§ 1586b BGB, § 16 Satz 2 LPartG)

FALL 128. Moritz, der Frieda Unterhalt leisten musste, ist verstorben. Seine zweite Ehefrau Gerda wird seine Alleinerbin. Gerda möchte an Frieda keinen Cent mehr als Unterhalt bezahlen. Sie erhält zwar eine Witwenrente nach Moritz, die allerdings durch den Versorgungsausgleich gekürzt ist. Eine Zahlung an die Ex-Frau ihres Ehemannes hält sie für grob unbillig.

Was sagen Gesetz und Rechtsprechung?

Stirbt der Unterhaltspflichtige, erlischt dadurch nicht die Verpflichtung zur Entrichtung nachehelichen bzw. nachpartnerschaftlichen Unterhalts. Sie geht vielmehr als **Nachlassverbindlichkeit** auf die Erben über. Der Erbe kann nach den allgemeinen erbrechtlichen Regeln seine Haftung auf den Nachlass des Verstorbenen beschränken; tut er dies nicht, so haftet er auch mit seinem eigenen Vermögen gegenüber dem Ex-Partner des Verstorbenen. Allerdings ist der Anspruch gegen den Erben beschränkt. Der unterhaltsberechtigte Ex-Ehegatte bzw. Ex-Lebenspartner erhält – in Form einer monatlichen Geldrente – höchstens den Betrag, der ihm als Ehegatte bzw. Lebenspartner als **Pflichtteil** zugestanden hätte, wenn die Ehe bzw. Lebenspartnerschaft im Zeitpunkt des Todes Unterhaltsschuldners noch bestanden hätte. Der Unterhaltsberechtigte wird also auf das beschränkt, was ihm als enterbten Ehegatten bzw. Lebenspartner zugestanden hätte. Güterrechtliche Besonderheiten bleiben dabei außer Betracht. Beim gesetzlichen Güterstand der Zugewinngemeinschaft erhält somit der Ex-Ehegatte bzw. Ex-Lebenspartner nur den kleinen Pflichtteil in Form einer monatlichen Rente. Fiktive Pflichtteilsergänzungsansprüche gegen die Erben sind jedoch zu berücksichtigen.

Was können die Ehegatten/Lebenspartner vereinbaren?

Hat der überlebende Ehegatte bzw. Lebenspartner auf seinen Pflichtteil vertraglich verzichtet, was im Rahmen von Scheidungsvereinbarungen häufig der Fall ist, da beim Tod eines getrenntlebenden Partners der andere weder erben noch einen Pflichtteil erhalten soll, erhält er möglicherweise auch keinen nachehelichen bzw. nachpartnerschaftlichen Unterhalt mehr. Ob dies wirklich der Fall ist, ist zwischen den Juristen streitig. Bis zum Vorliegen einer diesbezüglichen höchstrichterlichen Rechtsprechung sollte in Pflichtteils- und Erbverzichtsvereinbarungen anlässlich der Scheidung klargestellt werden, dass hiermit **kein Verzicht** auf nachehelichen bzw. nachpartnerschaftlichen Unterhalt (§ 1586b Abs. 1 BGB, § 16 Satz 2 LPartG) verbunden ist. Ein Verzicht und eine Abfindung können zwischen dem Unterhaltsschuldner und dem -gläubiger vereinbart werden; sie binden auch den Erben des Unterhaltsverpflichteten.

IV. Vermögensauseinandersetzung im Übrigen

1. Ehewohnung und Immobilien

Aus Anlass des Getrenntlebens entbrennt häufig der Streit um die Ehe- bzw. Lebenspartnerschaftswohnung.

„**Ehewohnung**" ist jede Räumlichkeit (Haus, Eigentums-, Mietswohnung), die während der Ehe bzw. Lebenspartnerschaft beiden Partnern gemeinsam als Unterkunft gedient hat oder dafür nach den Umständen bestimmt war. Zur Ehewohnung zählen alle Nebenräume, wie Keller, Garage und Garten. Wurde ein abgeschlossener Teil des Hauses bzw. der Wohnung ausschließlich beruflich genutzt (etwa der an das Wohnhaus angrenzende Praxisanbau), zählt dieser Teil nicht zur Ehewohnung.

a) Nutzungsüberlassung der Ehewohnung bei Getrenntleben

Was sagen Gesetz und Rechtsprechung?

FALL 129. Josef ist Alleineigentümer der Ehewohnung. Als die Streitereien mit Ehefrau Beate eskalieren, will Josef Beate „zwangsräumen" lassen, um in der Ehewohnung mit seiner neuen Freundin Lisbeth ungestört zu sein. Beate ist empört; wenn er ihr Lisbeth vorziehe, solle er doch zu Lisbeth ziehen.

FALL 130. Im Fall 129 verhält sich Josef gegenüber Beate zunehmend aggressiv. Wiederholt kommt es zu tätlichen Übergriffen, auch in Gegenwart der gemeinsamen 8-jährigen Tochter Luisa. Luisas Lehrerin bemängelt, Luisa wirke in der Schule in letzter Zeit unkonzentriert und apathisch.

FALL 131. Bella und ihre Lebenspartnerin Lisa haben immer wieder heftige Auseinandersetzungen. Mitunter bekommt Lisa von Bella eine Ohrfeige. Nach einer Eifersuchtsszene verprügelt Bella Lisa sogar krankenhausreif. Eine Arbeitskollegin von Lisa meint, da müsse es doch eine Möglichkeit geben, Bella aus der Wohnung zu weisen. Bella meint, da habe Lisa keine Chance. Immerhin gehöre ihr, Bella, die Wohnung – die sie demnächst übrigens gewinnbringend verkaufen wolle – ganz allein. Wenn Lisa schon Raum für sich allein beanspruche, dann solle sie sich doch mit der oberen Etage begnügen, das Haus sei groß genug für sie beide.

FALL 132. Im Fall 131 zieht Lisa freiwillig aus der Wohnung aus, um weiteren Übergriffen zu entkommen. Sieben Monate nach dem Auszug stellt sie beim Gericht einen Antrag auf Überlassung der Ehewohnung.

FALL 133. Max und Stefanie sind Miteigentümer zu je ein Halb des gemeinsam genutzten Hauses. Als Max sie mit Sabine betrügt, zieht Stefanie aus der gemeinsamen Wohnung aus. Stefanie meint, Max müsse „für die Nutzung ihrer Hälfte Miete zahlen".

aa) Vorübergehende Nutzungsüberlassung an einen Partner

Leben Ehegatten bzw. Lebenspartner *getrennt* oder will einer von ihnen getrennt leben, kann jeder Partner – unter bestimmten weiteren Voraussetzungen – vom anderen verlangen, dass dieser ihm die Ehewohnung oder einen Teil der Ehewohnung (ein Getrenntleben ist ja auch innerhalb der Ehewohnung möglich s. S. 3) zur **alleinigen Nutzung** überlässt (§ 1361b Abs. 1 BGB, § 14 Abs. 1 LPartG). Überlässt der andere die Wohnung nicht freiwillig, kann das Familiengericht zur Entscheidung angerufen werden.

Der Antrag auf Nutzungsüberlassung hat nur dann Aussicht auf Erfolg, wenn die Nutzungsüberlassung notwendig ist, um eine unbillige Härte für den Antragsteller zu vermeiden. Der bloße Umstand, dass der Antragsteller ohne den anderen leben, den anderen „loswerden" will, genügt ebenso wenig, wie die üblichen Reibereien und familiären Spannungen. Liegt keine unbillige Härte vor, muss vielmehr derjenige Partner, der sich trennen will, die gemeinsame Wohnung – auch wenn sie ihm allein gehört – verlassen. So kann Josef im *Fall 129* nicht verlangen, dass Beate die Wohnung verlässt.

Ob eine unbillige Härte vorliegt, ist von Fall zu Fall zur beurteilen. Ausdrücklich nennt das Gesetz Tätlichkeiten oder deren ernsthafte Androhung (§ 1361b Abs. 2 Satz 1 BGB, § 14 Abs. 2 Satz 1 LPartG) sowie die Beeinträchtigung des Kindeswohl (§ 1361b Abs. 1 Satz 2 BGB, § 14 Abs. 1 Satz 2 LPartG).

In Fällen **häuslicher Gewalt** stellt das Gesetz sogar eine tatsächliche Vermutung dafür auf, dass mit weiteren Beeinträchtigungen zu rechnen ist. Der gewalttätige Partner muss demnach glaubhaft darlegen, dass weitere Beeinträchtigungen nicht zu befürchten sind (§ 1361 b Abs. 2 Satz 2 BGB, § 14 Abs. 2 Satz 2 LPartG); andernfalls ist der Antrag auf Wohnungsüberlassung begründet. Häusliche Gewalt – wie sie hier angesprochen ist – beschränkt sich nicht nur auf Verletzungen des Körpers oder der Freiheit, sondern umfasst auch unbeherrschtes oder rücksichtsloses Verhalten und Sachbeschädigungen.

Leben **minderjährige Kinder**, auch Stiefkinder, im Haushalt, so ist auch deren Wohl vorrangig zu berücksichtigen. Eine Zuweisung der

Ehewohnung an einen Partner kommt beispielsweise dann in Betracht, wenn Streit und Hass unter den Partnern die häusliche Atmosphäre vergiften; die Bedürfnisse der Kinder an geordneten, ruhigen und entspannten Lebensumständen genießen Vorrang vor den Bedürfnissen der Eltern. Der die Kinder versorgende Ehegatte bzw. Lebenspartner kann in diesen Fällen selbst dann in der Wohnung bleiben, wenn er durch eine Affäre erst Unruhe in die Familie gebracht hat. Im *Fall 130* kann Ehefrau Beate die Überlassung der Wohnung sowohl wegen der gegen sie begangenen Gewalt, als auch zum Schutze ihrer Kinder verlangen.

Auch Bedrohungen und Beleidigungen, wiederholte Verstöße gegen eine verbindliche Wohnungsaufteilung, die fehlende Rücksichtnahme auf einen schwer erkrankten Partner, Alkoholmissbrauch und das Mitbringen des oder der Geliebten in die gemeinsame Wohnung können eine unbillige Härte begründen. Bei Bedrohungen ist maßgeblich darauf abzustellen, ob sich der betroffene Partner subjektiv so beeinträchtigt fühlt, dass ihm objektiv die Fortsetzung der häuslichen Gemeinschaft nicht mehr zumutbar ist.

Wer **Eigentümer** der Ehewohnung ist, ist im Rahmen der Billigkeitsprüfung zwar besonders zu berücksichtigen (§ 1361b Abs. 1 Satz 3 BGB, § 14 Abs. 1 Satz 3 LPartG), aber nicht allein ausschlaggebend.

Im Regelfall wird das Gericht anordnen, dass dem antragstellenden Partner die *gesamte* Ehewohnung zu überlassen ist; eine Aufteilung der Wohnung kommt nur ganz ausnahmsweise in Betracht kommen. Voraussetzung für die Nutzungsüberlassung nur eines Teils der Ehewohnung ist, dass die Wohnung erstens groß genug ist und in zwei räumliche Teile aufgeteilt werden kann; zweitens muss ausgeschlossen sein, dass Gewalt oder Bedrohungen vom anderen Partner zu befürchten sind. Im *Fall 131* kann Lisa wegen Bellas massiver körperlicher Übergriffe die Zuweisung der *gesamten* Wohnung beantragen. Bella kann weder ihre Alleineigentümerstellung noch ihr Veräußerungsbegehren erfolgreich einwenden; auch dass die Wohnung groß genug für beide Partner ist, kann angesichts der gewalttätigen Übergriffe keine Berücksichtigung finden.

Zieht ein Partner freiwillig aus der Ehewohnung aus, hat er durch den freiwilligen Auszug allein seinen Anspruch auf Nutzungsüberlassung nicht verwirkt; er kann auch nach dem Auszug Antrag auf Nutzungsüberlassung stellen. Der freiwillige Auszug kann allerdings ein Indiz gegen eine unbillige Härte sein (weil der die Wohnung verlassende Partner ja offenbar in der Lage war, sich kurzfristig anderen Wohnraum zu beschaffen). Wichtig ist, dass das Recht auf Nutzungsüberlassung dann verwirkt ist, wenn ein Partner nach der Trennung aus der gemeinsamen Wohnung auszieht und nicht innerhalb von *sechs Monaten* eine ernstliche Rückkehrabsicht bekundet (§ 1361b Abs. 4 BGB, § 14 Abs. 4 LPartG). Nach Ablauf der sechs Monate wird unwiderlegbar vermutet, dass er dem in der Wohnung verbliebenen Partner die alleinige Nutzung überlassen hat. Will also der Partner, der nach der Trennung auszieht, sein Recht auf Nutzung der Ehewohnung während der Trennungszeit nicht endgültig verlieren, muss er innerhalb von sechs Monaten seine Rückkehrabsicht bekunden. Im *Fall 132* hat Lisas Antrag auf Nutzungsüberlassung keine Aussicht auf Erfolg.

Hat ein Partner – ohne einvernehmliche oder gerichtliche Zuweisung – die Ehewohnung eigenmächtig in Beschlag genommen, kann der andere Partner auf „Wiedereinräumung des Mitbesitzes" klagen. Ein entsprechender Antrag hat Aussicht auf Erfolg, wenn der eigenmächtig handelnde Partner nicht seinerseits erfolgreich einen Antrag auf Nutzungsüberlassung stellen kann.

bb) Folgen der Nutzungsüberlassung

Die Nutzungsüberlassung lässt – auch wenn sie vom Familiengericht angeordnet wurde – Eigentumsverhältnisse an der Ehewohnung bzw. Mietverträge über die Ehewohnung unberührt. Nutzungsüberlassung bedeutet eine bloß vorübergehende Benutzungsregelung im Verhältnis der Partner untereinander. Diese Benutzungsregelung endet mit Ehescheidung bzw. Aufhebung der Lebenspartnerschaft (für die Zeit danach s. S. 184 f.). Sie endet auch bei einer Versöhnung der Partner und der Wiederaufnahme der häuslichen Gemeinschaft. Trennen sich die Partner danach erneut, bedarf es eines *neuen* Antrags auf Nutzungsüberlassung.

Auch behält die Wohnung – trotz Überlassung an einen Partner allein – den Charakter als „Ehewohnung“. Der die Ehewohnung nutzende Partner muss also weiterhin die Interessen des anderen achten. Dies schließt nach wohl überwiegender Ansicht die Aufnahme eines neuen Partners in die Wohnung aus. Den Charakter als Ehewohnung verliert die Wohnung erst dann, wenn sich die Partner endgültig und über die Trennungszeit hinaus über die Nutzung der Wohnung verständigt haben.

Ist einem Partner die Ehewohnung zur alleinigen Nutzung übertragen, hat der andere Partner alles zu unterlassen, was geeignet ist, die Ausübung des Nutzungsrechts zu erschweren oder zu vereiteln (§ 1361b Abs. 3 Satz 1 BGB, § 14 Abs. 3 Satz 1 LPartG). Das Familiengericht kann entsprechende flankierende Maßnahmen, wie ein Betretungs- oder Näherungsverbot, aussprechen. Bei einer Mietwohnung kann es sinnvoll sein, dem anderen Partner, wenn er alleiniger Mieter der Wohnung ist, zu untersagen, das Mietverhältnis zu kündigen oder aufzuheben. Prekär ist die Situation, wenn der weichende Partner Alleineigentümer der Ehewohnung ist. Nach überwiegender Ansicht kann ihm nämlich nicht untersagt werden, die Ehewohnung zu veräußern. Allerdings kann das Familiengericht auf Antrag die Begründung eines Mietverhältnisses mit dem allein nutzenden Partner anordnen; bei einer Veräußerung der Ehewohnung müsste der Erwerber dieses Mietverhältnis fortführen (§ 566 BGB). Das gleiche gilt, wenn die Partner Miteigentümer der Ehewohnung sind und einer von ihnen die Teilungsversteigerung beantragt. Der allein nutzende Partner kann zwar nicht die Teilungsversteigerung verhindern (wenn nicht ein Fall des § 1365 BGB vorliegt s. S. 47); er kann aber auch hier die Begründung eines Mietverhältnisses gerichtlich durchsetzen.

cc) Nutzungsvergütung und Lastentragung

In Zeiten intakter Partnerschaft tragen die Partner die finanziellen Belastungen, die ihnen durch die Anmietung bzw. den Erwerb der Ehewohnung entstehen, zumeist nach ihrer Leistungsfähigkeit. Nach der Trennung und dem Auszug eines Partners erfolgt hingegen eine Neuverteilung dieser Belastungen.

Das Gesetz geht davon aus, dass der Partner, der die Ehewohnung verlässt, vom nutzenden Partner eine **Vergütung** verlangen kann, soweit dies der Billigkeit entspricht (§ 1361b Abs. 3 Satz 2 BGB, § 14 Abs. 3 Satz 2 LPartG). Das gilt auch für den Fall, dass die Nutzungsüberlassung freiwillig erfolgt. Wird der Vorteil mietfreien Wohnens allerdings bereits bei der Bemessung des Trennungsunterhalts berücksichtigt (s. S. 141), besteht kein zusätzlicher Vergütungsanspruch.

Der Vergütungsanspruch setzt eine eindeutige Zahlungsaufforderung durch den ausgezogenen Partner voraus. Die **Höhe** der Vergütung orientiert sich dem Grunde nach an einer objektiv erzielbaren Miete für die Wohnung. Im ersten Trennungsjahr wird jedoch regelmäßig nur ein gekürzter Nutzungswert in Höhe der ersparten Miete für eine angemessene Ersatzwohnung angesetzt. Eine solche Kürzung kommt – nach Ablauf des ersten Trennungsjahres – auch dann in Betracht, wenn einem Partner die Alleinnutzung gegen seinen Willen aufgedrängt wurde. Im Einzelfall kann eine Nutzungsentschädigung auch ganz entfallen, etwa wenn der nutzende Partner wegen der Erziehung eines Kleinkindes über kein eigenes Einkommen verfügt und vom anderen Partner auch keinen Unterhalt erhält. Im *Fall 133* kann Stefanie von Max eine Nutzungsvergütung verlangen; diese ist aber mit den zu tragenden Hauslasten zu verrechnen.

Was können die Ehegatten/Lebenspartner vereinbaren?

FALL 134. Gerd und sein Lebenspartner Ludwig haben einen Tag nach ihrer Trennung eine Vereinbarung über die Nutzung der Ehewohnung getroffen. Demnach soll Gerd die Wohnung alleine nutzen dürfen. Nachdem die Lebenspartnerschaft durch das Familiengericht rechtskräftig aufgehoben ist, will Ludwig „die Wohnung zurück". Er fordert Gerd zum Auszug aus. Gerd beruft sich auf die getroffene Vereinbarung.

FALL 135. Kathrin und ihr angehender Ex-Mann Herbert haben sich nach der Trennung dahingehend geeinigt, dass Herbert die Mietwohnung alleine übernimmt und Kathrin damit „nichts mehr zu tun hat". Vermieter Heinrich stimmt nicht zu.

FALL 136. Ludwig und Ehefrau Petra vereinbaren, die Ehewohnung nach der Trennung gemeinsam zu nutzen. Ludwig soll das Arbeits- und Lesezimmer, Petra das Schlaf- und Wohnzimmer allein nutzen dürfen. Für die Nutzung von Küche und Bad stellen sie einen Nutzungsplan auf, in dem die Nutzungszeiten detailliert geregelt sind: Ludwig darf das Bad von 6.00 bis 7.00 Uhr morgens, sowie von 20.00 bis 21.00 Uhr abends nutzen; Petra von 7.00 bis 8.00 Uhr morgens und von 19.00 bis 20.00 Uhr abends. Die Küche darf Ludwig von 11.30 bis 12.15 Uhr und von 19.00 bis 20.00 Uhr nutzen, Petra von 12.15 bis 13.00 Uhr und von 18.00 bis 19.00 Uhr. Jeder Partner hat sich im Übrigen verpflichtet, nach seiner Nutzung Bad bzw. Küche in einem hygienisch einwandfreien und sauberen Zustand zu bringen. „Großreinemachen" soll alle zwei Wochen abwechselnd stattfinden, und zwar am Sonntag, spätestens am Montag.

FALL 137. Im Fall 136 vereinbaren Ludwig und Petra, dass Petra die Ehewohnung bis zur Scheidung allein nutzen darf. Sie soll auch berechtigt sein, den „Scheidungsgrund", Lebensgefährtin Karin, in die Wohnung aufzunehmen. Die Miete soll Petra künftig allein an Vermieter Heinrich überweisen; im Gegenzug verpflichtet sich Ludwig zur Zahlung von Trennungsunterhalt.

Der Gesetzgeber möchte, dass die Partner selbst entscheiden, wer von ihnen die bisherige Ehewohnung nach der Trennung nutzen soll. Treffen die Partner während der Trennungsphase eine entsprechende Vereinbarung, sollten sie darauf achten, die **zeitliche Reichweite** der Vereinbarung festzulegen: Soll die Vereinbarung nur für die Zeit der Trennung oder auch für die Zeit danach (also nach Scheidung bzw. Lebenspartnerschaftsaufhebung) gelten. Spätere Streitereien – wie im *Fall 134* – können so vermieden werden.

Eine Vereinbarung zwischen den Partner für die Trennungszeit vermag natürlich nicht in Rechte Dritter einzugreifen. So ist die Zustimmung des Vermieters erforderlich, wenn ein Partner aus der Mithaft für die Miete entlassen werden soll. Im *Fall 135* können Kathrin und Herbert zwar untereinander vereinbaren, dass künftig nur Herbert die Miete trägt; im Außenverhältnis – also gegenüber Vermieter Heinrich – bleibt Kathrin aber zur Mietzahlung verpflichtet. Kommt Herbert seiner gegenüber Kathrin bestehenden Verpflichtung, die Miete allein zu zahlen, nicht nach, kann Heinrich die Miete von Kathrin verlangen. Eine Vereinbarung, wonach der in der Wohnung verbleibende Partner – wie im *Fall 137* – die gesamte Miete direkt an den Vermieter zahlen soll, ist selbstverständlich möglich.

Verständigen sich die Partner auf eine **gemeinsame Nutzung** der Ehewohnung während der Trennungszeit, ist es sinnvoll, die jeweiligen Nutzungsbefugnisse exakt zu regeln, insbesondere Ausübungsbereich und -zeitpunkt. So sollte festgelegt werden, welchem Partner welche Räume zur alleinigen Nutzung zustehen und welche Räume gemeinsam genutzt werden dürfen. Hinsichtlich gemeinsam genutzter Räume ist es ratsam, Umfang und auch Zeiten der Nutzung zu fixieren, wie etwa in *Fall 136*.

Vereinbaren die Partner, dass einer von ihnen die Ehewohnung **alleine nutzen** darf, sollten sie über ein vom nutzenden Partner ggf. zu zahlendes Nutzungsentgelt sprechen. Ausgangspunkt kann die bei Fremdvermietung zu erzielende Miete sein. Freilich ist es den Partnern unbenommen, die Nutzungsentschädigung – im Rahmen der guten Sitten – hiervon abweichend festzusetzen. Dass der allein nutzende Partner auch für alle laufenden Kosten alleine aufzukommen hat, ist zwar selbstverständlich, sollte aber dennoch schriftlich festgehalten werden. Will der allein nutzende Partner einen neuen Lebensgefährten in die Wohnung aufnehmen, sollte er sich hierzu die Zustimmung seines Partners einholen.

b) Zuweisung der Ehewohnung anlässlich der Scheidung

Was sagen Gesetz und Rechtsprechung?

FALL 138. Viktor hat die Ehewohnung von seinen Eltern geerbt. Nach der Scheidung möchte Ex-Frau Ludmilla die Wohnung mit den beiden Kindern allein bewohnen. Zu diesem Zweck beantragt sie beim Familiengericht, dass ihr das Alleineigentum an der Wohnung übertragen wird. Viktor meint, das könne nicht sein, schließlich sei die Wohnung sein Erbe.

FALL 139. Luca und Ehefrau Resi wollen nach der Trennung beide in der gemeinsam gemieteten Wohnung bleiben. Vermieter Ralf möchte, dass Luca und nicht Resi – letztere mit den drei kleinen Kindern – in der Wohnung bleibt. Bei einem Single-Haushalt werde die Wohnung deutlich geringer abgenutzt; außerdem sei Ralf das ständige Kindergeschrei schon lange leid.

FALL 140. Im Fall 138 beantragt Ludmilla lediglich die alleinige Nutzung der Ehewohnung. Ludmilla argumentiert, die gemeinsamen Kinder, die nach der Scheidung bei ihr wohnen bleiben, gingen schließlich in dem Stadtteil, in dem sich die Wohnung befindet, zur Schule und hätte hier ihre Freunde; eine vergleichbare Wohnung ließe sich im selben Stadtteil momentan nicht finden. Viktor wendet ein, er sei in der Wohnung aufgewachsen.

aa) Voraussetzungen der Zuweisung

Der Kampf um die **Nutzung** der gemeinsamen Wohnung ist bis zur Scheidung bzw. Lebenspartnerschaftsaufhebung faktisch meist entschieden. In aller Regel nötigt ja schon die Trennung zu einer Entscheidung darüber, wer in der Ehewohnung bleiben darf und wer ausziehen muss. Gleichwohl § 1568a BGB, § 17 LPartG den Partnern ein richterliches Verteilungs- und Zuordnungsverfahren über die Ehewohnung *nach Scheidung bzw. Lebenspartnerschaftsaufhebung* zur Verfügung stellen, wird das angerufene Gericht selten von der während der Trennung praktizierten Zuordnung abweichen.

Zuständig in dem Verfahren nach § 1568a BGB, § 17 LPartG ist das Familiengericht; es wird nur auf Antrag tätig. Die Befugnisse des Familiengerichts sind weitreichend, denn das Gericht kann die Ehewohnung einem Partner zur künftig alleinigen Nutzung zuweisen. Allerdings hat das Familiengericht nicht die Befugnis, einem Partner das Eigentum an der Ehewohnung zu übertragen. Im *Fall 138* hat Ludmillas Antrag keine Aussicht auf Erfolg; das Familiengericht kann Viktor nicht dazu verurteilen, Ludmilla das Eigentum an der Ehewohnung zu übertragen.

Dem Grundsatz nach besteht ein Anspruch auf Zuweisung der Ehewohnung dann, wenn ein Partner auf die Nutzung der Wohnung unter Berücksichtigung des Wohls der im Haushalt lebenden Kinder, auch der Stiefkinder, und der Lebensverhältnisse der Partner in stärkerem Maße angewiesen ist als der andere Partner oder die Überlassung aus anderen Gründen der Billigkeit entspricht (§ 1568a Abs. 1 BGB). Entscheidungserheblich kann also sein, bei welchem Partner die Kinder wohnen werden. Abwägungskriterien sind ferner Alter und Gesundheitszustand der Partner, welcher Partner leichter eine Ersatzwohnung finden kann, die Nähe der Wohnung zum Arbeitsplatz eines Partners, ob ein Partner die Wohnung bereits vor Begründung der Ehe bzw. Lebenspartnerschaft bewohnt hat oder erhebliche Eigenleistungen zur Anschaffung bzw. Aus- oder Umbau der Wohnung erbracht hat. Keine Berücksichtigung finden – von besonders extrem gelagerten Fällen abgesehen – Umstände, die zum Scheitern der Partnerschaft geführt haben.

bb) Mietwohnung oder Eigentumswohnung (Eigenheim)

Für Fragen der Wohnungszuweisung nach Scheidung bzw. Lebenspartnerschaftsaufhebung ist von Bedeutung, ob die Ehewohnung von den Partner lediglich gemietet wurde oder ob sie einem bzw. beiden Partnern gemeinsam gehört.

(1) Mietwohnung

Haben die Partner die Ehewohnung angemietet, kann das Familiengericht bestimmen, dass das von beiden Partnern eingegangene **Mietverhältnis** von einem allein **fortgesetzt** wird oder dass ein Partner anstelle des anderen in das von diesem begründete **Mietverhältnis eintritt** (§ 1568a Abs. 3 Nr. 2 BGB). Der weichende Partner scheidet mit Rechtskraft der gerichtlichen Entscheidung *kraft Gesetzes* aus dem Mietverhältnis aus; seine Haftung für künftig zu zahlende Miete erlischt. Allerdings haftet er (anteilig) für die schon vor seinem Ausscheiden entstandenen Ansprüche, etwa wegen Schönheitsreparaturen, nach. Hat ein Partner als alleiniger Mieter die Wohnung bereits gekündigt, steht dem anderen Partner, wenn er noch in der Wohnung lebt und seinem Anspruch auf Übertragung der Ehewohnung stattgegeben wird, gegenüber dem Vermieter ein Anspruch auf Begründung eines neuen Mietverhältnisses zu (§ 1568a Abs. 5

BGB); dieser Anspruch besteht aber nur solange, als der Vermieter die Wohnung nicht bereits anderweitig vermietet hat.

Das Mietverhältnis wird von dem in der Wohnung verbleibenden Partner zu den bestehenden Konditionen fortgesetzt; es findet lediglich ein Wechsel in der Person des Mieters statt. Eine geleistete Kaution bleibt beim Vermieter. Rückgewährgläubiger der Kaution bei Beendigung des Mietverhältnisses ist der in der Wohnung verbleibende Partner als neuer Mieter; im Innenverhältnis ist er dem anderen Partner gegenüber aber verpflichtet, den diesem zustehenden Anteil an der Kaution bei Beendigung des Mietverhältnisses zu erstatten.

Der **Zustimmung des Vermieters** bedarf es zu dem vorbeschriebenen Wechsel in der Person des Mieters *nicht*. Dem Vermieter steht auch kein Vetorecht zu. Der Vermieter ist im Verfahren auf Zuweisung der Ehewohnung aber zu beteiligen. Im *Fall 139* wird Vermieter Ralf im gerichtlichen Verfahren zwar angehört; seinen Bedenken kommt hier aber kein entscheidungserhebliches Gewicht zu. Liegt allerdings in der Person des eintretenden bzw. übernehmenden Partners ein wichtiger Grund vor, kann der Vermieter zwar nicht den Übergang des Mietverhältnisses verhindern; ihm steht jedoch ein **Sonderkündigungsrecht** zu (§§ 1568a Abs. 3 Satz 2, 563 Abs. 4 BGB). Der wichtige Grund muss in der Person des eintretenden bzw. übernehmenden Partners begründet sein; etwa: das persönliche Verhalten des eintretenden bzw. übernehmenden Partners lässt eine Gefährdung der Mietsache befürchten oder aufgrund der wirtschaftlicher Lage des eintretenden bzw. übernehmenden Partners ist zu erwarten, dass er – auch unter Einbeziehung von Unterhaltsansprüchen oder Ansprüchen auf staatliche Hilfen – die Miete nicht zahlt. Ein Anspruch des Vermieters auf Nachhaftung des aus dem Mietverhältnis ausscheidenden Partners für künftig entstehende Mieten besteht nicht.

Zu beachten ist, dass der Anspruch auf Eintritt in ein bestehendes Mietverhältnis (§ 1568a Abs. 3 BGB) bzw. Begründung eines Mietverhältnisses (§ 1568a Abs. 5 BGB) ein Jahr nach Rechtskraft des Scheidungs- bzw. Aufhebungsurteils erlischt. Zur Wahrung der Ausschlussfrist muss jedenfalls ein entsprechender Übertragungsantrag beim Familiengericht innerhalb der Frist rechtshängig gemacht werden (§ 1586a Abs. 6 BGB).

Bei einer Dienst- bzw. Werkswohnung kann die Zuweisung an den nicht werksbeschäftigten Ehegatten bzw. Lebenspartner nur dann erfolgen, wenn der Vermieter einverstanden ist oder die Zuweisung notwendig wäre, um eine schwere Härte zu vermeiden (§ 1568 a Abs. 4 BGB). Zur Begründung einer schweren Härte müssen gravierende Umstände vorliegen, wie drohende Obdachlosigkeit oder menschenunwürdige Wohnverhältnisse.

(2) Eigentumswohnung (Eigenheim)

Ist ein Partner **Alleineigentümer** der Ehewohnung oder ist ein Partner gemeinsam mit einem Dritten Eigentümer, so soll die Wohnung dem anderen Partner nur dann zur alleinigen Nutzung zugewiesen werden, wenn dies zur Vermeidung unbilliger Härten notwendig ist (§ 1568a Abs. 2 BGB). Erforderlich ist eine ungewöhnlich schwere Beeinträchtigung. Bloße Unbequemlichkeiten oder eine schlechtere Unterbringung in der neuen Wohnung genügen nicht. Der Anspruch kann vor allem dann begründet sein, wenn der Nicht-Eigentümer sonst keinen adäquaten Wohnungsersatz für sich und die von ihm zu betreuende gemeinsame Kinder findet. Sind die Partner **gemeinsam Eigentümer** der Ehewohnung, ist die Wohnung dem Partner zu überlassen, der sie dringender braucht (§ 1568a Abs. 1 BGB).

Wird einem Partner die Wohnung zur alleinigen Nutzung zugewiesen, kann der Eigentümer der Wohnung die Begründung eines Mietverhältnisses zu ortsüblichen Bedingungen verlangen (§ 1568a Abs. 5 Satz 1 BGB); steht die Wohnung im Miteigentum beider Partner, steht der künftig allein nutzende Partner auf beiden Seiten des Mietvertrags (als Mit-Vermieter und als alleiniger Mieter). Wird über die Miethöhe keine Einigung erzielt, kann der vermietende Partner im Zweifel die ortsübliche Vergleichsmiete verlangen (§ 1558a Abs. 5 Satz 3 BGB). In der Regel kann er auch verlangen, dass das Mietverhältnis befristet wird, und zwar auch dann, wenn beide Partner Miteigentümer der Ehewohnung sind. Im *Fall 140* hat Ludmilla gute Argumente dafür, dass sie die Ehewohnung zur alleinigen Nutzung erhält; das Mietverhältnis kann auf einen Zeitraum befristet werden, in dem eine adäquate Ersatzwohnung beschafft werden kann.

(3) Keine Ausgleichsansprüche

Weitergehende Ausgleichsansprüche für den aus der Ehewohnung weichenden Partner sieht das Gesetz nicht vor. Der weichende Partner kann also nicht die Kosten seines Umzugs oder die Maklergebühren, die im Zuge der Wohnungssuche angefallen sind, ersetzt verlangen. Bei den Umzugskosten kann es sich aber um unterhaltsrechtlichen Sonderbedarf handeln (s. S. 128).

Was können die Ehegatten/Lebenspartner vereinbaren?

FALL 141. Die Ehegatten Gerd und Rosi vereinbaren, dass Rosi nach der Scheidung die vormals gemeinsam angemietete Ehewohnung allein nutzt; dies teilen Gerd und Rosi Vermieter Schorsch auch mit.

FALL 142. Im Fall 141 erfolgt die Vereinbarung mündlich. Rosi ruft noch am gleichen Tag bei Vermieter Schorsch an und teilt ihm den Inhalt der Vereinbarung mit. Vermieter Schorsch möchte von Gerd eine Bestätigung. Da Gerd seine Entscheidung mittlerweile reut, weigert er sich, Schorsch zu kontaktieren.

FALL 143. Im Fall 142 weigert sich Rosi, die Erklärungen gegenüber Vermieter Schorsch abzugeben. Ihr erscheint es praktischer, wenn Gerd auch weiterhin für die Zahlung der Miete haftet.

FALL 144. Im Fall 141 ist Gerd Alleineigentümer der Wohnung.

Die Partner können die Nutzung der Ehewohnung nach Scheidung bzw. Lebenspartnerschaftsaufhebung einvernehmlich außerhalb eines gerichtlichen Verfahrens regeln; sinnvollerweise bezieht die Regelung über die künftige Nutzung der Ehewohnung eine Regelung über den nachehelichen Unterhalt mit ein und umgekehrt.

Vereinbaren die Partner, dass einer von ihnen die vormals gemeinsame **Mietwohnung** nach der Scheidung bzw. Lebenspartnerschaftsaufhebung alleine nutzt, genügt es für den Übergang des Mietverhältnisses auf den in der Wohnung verbleibenden Partner (entsprechend obigen Ausführungen), dass beide Partner ihre Vereinbarung dem Vermieter mitteilen (!). Mit Zugang der Mitteilung (und – wenn die Mitteilung früher erfolgt – Rechtskraft des Scheidungs- bzw. Aufhebungsbeschlusses) wird der in der Wohnung verbleibende Partner alleiniger Mieter (§ 1568a Abs. 3 S. 1 Nr. 1 BGB). Dem Vermieter steht auch in diesem Fall *kein* Vetorecht, sondern allenfalls (entsprechend obiger Ausführungen) ein Sonderkündigungsrecht. Im *Fall 141* ist Rosi mit Zugang der Mitteilung bei Vermieter Schorsch alleinige Mieterin der Wohnung geworden. Hat ein Partner seine Zustimmung zur Übernahme der Ehewohnung durch den anderen Partner erteilt, ist er wegen des Grundsatzes nachehelicher Solidarität verpflichtet, dies auch dem Vermieter gegenüber zu erklären; notfalls kann er hierzu vom Gericht verurteilt werden. Im *Fall 142* bleibt Gerd nichts anderes übrig, als mit Vermieter Schorsch in Kontakt zu treten und die gewünschte Bestätigung abzugeben. Gleiches gilt übrigens für den Partner, der das Mietverhältnis einvernehmlich übernehmen möchte. Dieser kann nämlich nicht einerseits die Überleitung des Mietverhältnisses auf sich begehren, sie aber andererseits vereiteln, nur um den weichenden Partner als weiteren Schuldner der Miete zur Seite zu haben. Im *Fall 143* muss demnach auch Rosi die Erklärung gegenüber Vermieter Schorsch abgeben.

Ist – wie im *Fall 144* – ein Partner **Alleineigentümer** der Ehewohnung oder **gehört** die Wohnung **beiden Partnern**, können die Partner einvernehmlich einen Mietvertrag über die Ehewohnung schließen. Die Vertragsbedingungen, insbesondere die Miethöhe, unterliegen der Parteiautonomie.

c) Eigentumsverhältnisse an einer gemeinsamen Immobilie

Was sagen Gesetz und Rechtsprechung?

FALL 145. Heidi und Evi erwerben während bestehender Lebenspartnerschaft eine Eigentumswohnung zum Miteigentum je zur Hälfte. Die Wohnung wird voll finanziert. Zum Zeitpunkt der Aufhebung der Lebenspartnerschaft sind noch Schulden in Höhe von 80.000 Euro vorhanden. Heidi möchte die Wohnung alleine übernehmen, schließlich habe sie die Wohnung in einer Zeitungsannonce entdeckt. Evi sieht das anders, weil ihr Arbeitsplatz nur 5 Minuten von der Wohnung entfernt ist und sie nicht wieder „wie zu Studentenzeiten" U-Bahn fahren möchte.

FALL 146. Ulrich wendet gegen die von Ex-Frau Tanja beantragte Teilungsversteigerung des gemeinsamen Hauses ein, er könne derzeit keine andere Bleibe finden, so dass er mit der gemeinsamen 3-jährigen Tochter Lilly, für die er das alleinige Sorgerecht erhalten hat, nach der Versteigerung auf der Straße stünde.

Steht eine Immobilie im **Miteigentum** beider Partner, spricht das Gesetz von einer „Bruchteilsgemeinschaft", auf die die Vorschriften der §§ 741 ff. BGB Anwendung finden. Ein Übernahmerecht eines Partners zum Alleineigentum sieht das Gesetz in diesen Fällen nicht vor. Im *Fall 145* kann weder Heidi noch Evi künftiges Alleineigentum an der Eigentumswohnung für sich beanspruchen.

Können sich Miteigentümer über das Schicksal der gemeinsamen Immobilie nicht einigen (im *Fall 145* etwa: Heidi überträgt ihren Miteigentumsanteil an der Eigentumswohnung auf Evi oder umgekehrt; die Eigentumswohnung wird verkauft und der Erlös hälftig geteilt) verbleibt jedem Miteigentümer – wenn er die Bruchteilsgemeinschaft mit dem Partner lösen möchte – nur mehr die Möglichkeit, gerichtlich die Aufhebung der Gemeinschaft zu verlangen (§ 749 Abs. 1 BGB).

Die „Teilung" einer Immobilie erfolgt nach den Vorschriften über die **Teilungsversteigerung** (§ 753 Abs. 1 BGB, § 180 ZVG), also durch öffentliche Versteigerung. Dem Grunde nach kann jeder Miteigentümer *jederzeit* einen entsprechenden Antrag auf zwangsweise

Teilung stellen. Eine Ausnahme gilt für die Dauer des gesetzlichen Güterstandes. Stellt nämlich die zu verwertende Immobilie das (nahezu) gesamte Vermögen des Antragstellers dar, gilt auch im Zuge der Teilungsversteigerung die **Verfügungsbeschränkung** des § 1365 BGB (s. S. 47); der andere Partner kann der Versteigerung widersprechen. Auch nach der Scheidung bzw. Lebenspartnerschaftsaufhebung kann unter bestimmten Voraussetzungen eine **einstweilige Einstellung** des Versteigerungsverfahrens verlangt werden; als Einstellungsgründe kommen in Betracht: durch die Versteigerung werden die Interessen gemeinsamer Kinder ernsthaft gefährdet (§ 180 Abs. 3 ZVG), die Teilungsversteigerung führt beim Antragsgegner zu einem untragbaren Ergebnis (§ 765a Abs. 1 ZPO), die einstweilige Einstellung erscheint bei Abwägung der widerstreitenden Interessen jedenfalls als angemessen (§ 180 Abs. 2 ZVG). Wegen der Gefahr der Obdachlosigkeit und der damit einhergehenden Gefährdung des Kindeswohls kann Gerd im *Fall 146* eine einstweilige Einstellung des Versteigerungsverfahrens erreichen.

Abgesehen von der zeitlichen Verzögerung der Auseinandersetzung birgt die Teilungsversteigerung Risiken. So sollte sich jeder Partner darüber im Klaren sein, dass der Ausgang des Versteigerungsverfahrens nicht prognostizierbar ist, und zwar weder die Höhe des Gebots, noch die Person des Erstehers; neben den Partnern selbst können auch Dritte mitsteigern.

Was können die Ehegatten/Lebenspartner vereinbaren?

Das Gesetz steht einer einvernehmlichen Auseinandersetzung gemeinsamer Immobilien nicht entgegen. Der Teilungsversteigerung ist eine einvernehmliche Auseinandersetzung in jedem Fall vorzuziehen.

Einigen sich die Partner, dass einer von ihnen die gemeinsame Immobilie künftig zum Alleineigentum übernimmt, sollten sie Folgendes bedenken:

Die Partner sollten sich zunächst Gewissheit über den **Wert** der Immobilie verschaffen. Können sie die Immobilie nicht selbst bewerten (oder sich über den Wert nicht einigen), kann ein Sachverständiger zugezogen werden.

↓

Die Partner sollten sich durch Nachfrage bei der Gläubigerbank vergewissern, in welcher Höhe objektbezogene Verbindlichkeiten bestehen und ob die Gläubigerbank – wenn beide Partner für die **Verbindlichkeiten** als Gesamtschuldner (→ S. 206) haften – einen Partner (und zwar den weichenden) aus der Mithaft entlässt. Schließt die Gläubigerbank die Schuldhaftentlassung des weichenden Partners aus, sollten Umschuldungsmaßnahmen in Betracht gezogen werden.

↓

Es muss geklärt werden, ob der die Immobilie übernehmende Partner dem weichenden eine **Ausgleichszahlung** leisten muss und wenn ja, in welcher Höhe. Eine Ausgleichszahlung wird der weichende Partner dann fordern, wenn der Wert der Immobilie höher ist, als die vom übernehmenden Partner künftig allein zu tragenden noch vorhandenen objektbezogenen Verbindlichkeiten. Ansonsten sind die Partner – im Rahmen der guten Sitten – bei der Vereinbarung einer Abfindungszahlung frei.

Abb. 4: Übernahme der Immobilie durch einen Partner alleine

Die Haftentlassung des weichenden Partners aus den objektbezogenen Verbindlichkeiten auch im Außenverhältnis zur Bank bedarf der ausdrücklichen Zustimmung der Gläubigerbank. Die Übertragung der Immobilie (d. h. die Eigentumsumschreibung auf den übernehmenden Partner) sollte in jedem Fall von der Haftentlassung des weichenden Partners durch die Gläubigerbank abhängig gemacht werden. Wird die Genehmigung versagt, bleibt die Miteigentümergemeinschaft solange bestehen, bis die objektbezogenen Verbindlichkeiten vollständig getilgt sind.

Scheitert die Übernahme durch einen Partner an dessen finanziellen Möglichkeiten, ist ein freihändiger Verkauf der Immobilie zu erwägen, mag ein solcher auch schmerzlich sein.

d) Maßnahmen nach dem Gewaltschutzgesetz

Unabhängig von einer Trennungs- oder Scheidungsabsicht kann bei **Gewaltanwendung** zugunsten des verletzten Partners eine Wohnungszuweisung nach dem Gewaltschutzgesetz bei Gericht beantragt werden (§ 2 GewSchG). Die Wohnungszuweisung ist – anders als nach § 1361 b BGB, § 14 LPartG – zu befristen, wenn der aus der Wohnung verwiesene Partner Miteigentümer bzw. Mitmieter der Wohnung ist (§ 2 Abs. 2 GewSchG). In Trennungsfällen bieten § 1361b BGB, § 14 LPartG, die bei häuslicher Gewalt auch eine unbefristete Wohnungszuweisung rechtfertigen, weiterreichenden Schutz.

2. Haushaltsgegenstände

Was sagen Gesetz und Rechtsprechung?

Seit 2009 spricht das Gesetz nicht mehr von „Hausrat“, sondern von „Haushaltsgegenständen“. Das Gesetz sieht hier unterschiedliche Regelungen für den Fall der Trennung und für den Fall der Scheidung vor.

Nach der Trennung kann ein Partner lediglich die vorübergehende Gebrauchsüberlassung von Haushaltsgegenständen verlangen (§ 1361a BGB, § 13 LPartG), nicht aber deren endgültige Zuweisung zu Eigentum.

Anlässlich der Scheidung kommt die richterliche Zuweisung von Haushaltsgegenständen an einen Partner zu dessen Eigentum in Betracht, nach nunmehr geltendem Recht aber nur mehr hinsichtlich solcher Haushaltsgegenstände, die im Miteigentum beider Partner stehen, also zunächst beiden Partnern gemeinsam gehören (§ 1568b BGB, § 17 LPartG). Stehen Haushaltsgegenständen im Alleineigentum eines Partners, ist eine richterliche Zuweisung an den anderen nicht möglich. Haushaltsgegenstände im Alleineigentum eines Partners unterliegen ausschließlich dem Zugewinnausgleich (s. S. 45). Auch Verbindlichkeiten, die eingegangen wurden, um einen Haushaltsgegenstand anzuschaffen, sind ausschließlich im Zugewinnausgleich zu berücksichtigen.

a) Was sind Haushaltsgegenstände?

FALL 147. Maria und ihre Lebenspartnerin Magdalena haben sich getrennt, nicht zuletzt deshalb, weil Maria zu oft „zu tief ins Glas schaut". Maria hat von ihrer Freundin Berta gehört, dass sie allen „Hausrat", den sie für ihre neue Wohnung benötigt, aus der vormals gemeinsamen Wohnung mitnehmen darf. Besonderes Interesse hätte Maria an den Weingläsern und „ihrem Weinkeller"; auch auf den Laptop, den Magdalena ausschließlich für Buchhaltung und Inventur ihres Esoterikladens nutzt, wirft Maria ein Auge.

FALL 148. Ein Jahr vor der Trennung haben Hanna und Klaus ihren Kater Seppi „adoptiert". Nach der Trennung will Klaus Seppi unbedingt mitnehmen.

„Haushaltsgegenstände" sind diejenigen Gegenstände, die nach den ehelichen/lebenspartnerschaftlichen Lebensverhältnissen überwiegend für die Wohnung, den Haushalt und das Zusammenleben der Familie bestimmt sind und damit der gemeinsamen Lebensführung dienen.

Hierzu zählen z. B. die Wohnungseinrichtung (Möbel, Teppiche, Kühlschrank, Herd), das Geschirr, die Wäsche, Rundfunk- und Fernsehgeräte und Bücher (nicht: Fachliteratur). Eine Einbauküche zählt zu den Haushaltsgegenständen, wenn sie ohne großen Kostenaufwand ausgebaut und anderweitig wieder eingebaut werden kann. Auch Nahrungsvorräte und Genussmittel gehören zu den Haushaltsgegenständen.

Selbst wertvolle Antiquitäten und andere kostbare Kunstgegenstände, die der Ausschmückung der gemeinsamen Wohnung dienen, sind Haushaltsgegenstände (auf den Wert kommt es also nicht an). Anders verhält es sich nur dann, wenn solche Gegenstände ausschließlich als Kapitalanlage oder Objektsammlung angeschafft sind.

Zum Pkw s. S. 203.

Auch Haustiere werden „wie Haushaltsgegenstände behandelt" (§ 90a Satz 3 BGB), d. h. auf Haustiere sind – das mag wenig tierlieb klingen – die Regelungen über Haushaltsgegenstände anzuwenden. Für Kater „Seppi" gelten im *Fall 148* also die gleichen Regeln, wie für Haushaltsgegenstände.

Nicht zu den Haushaltsgegenständen zählen Gegenstände, die nur den individuellen Bedürfnissen oder den persönlichen Interessen eines Ehegatten bzw. Lebenspartners dienen, wie z. B. Bekleidung, Schmuck, Familienandenken, in der Regel auch nicht das Mobiltelefon.

Ebenso wenig gehören Gegenstände des beruflichen Gebrauchs zu den Haushaltsgegenständen, selbst dann nicht, wenn ein Gegenstand, z. B. ein Klavier, von *beiden* Partnern beruflich genutzt wird. Bei Sportgeräten, Fahrrädern und Computern kommt es auf die konkrete Zweckbestimmung an.

Die Weingläser im *Fall 147* gehören zweifelsfrei zu den Haushaltsgegenständen; der Weinkeller ist dann Haushaltsgegenstand, wenn er nicht ausschließlich der Kapitalanlage dient. Zweifelsfrei nicht zu den Haushaltsgegenständen gehört Marias ausschließlich beruflich genutzter Laptop.

b) Verteilung der Haushaltsgegenstände bei Getrenntleben

FALL 149. Horst nimmt beim Auszug aus der Ehewohnung seine Kleidung und die Hälfte des Geschirrs, das seiner Ehefrau Helga gehört, mit. Als er auch noch die in seinem Eigentum stehende Waschmaschine einpacken will, interveniert Helga entschieden; die Waschmaschine benötige sie wegen der drei kleinen Kinder viel dringender.

FALL 150. Jan und Ines sind seit 20 Jahren verheiratet. Den Großteil ihres Hausrats haben sie während der Ehe angeschafft. Heute lässt sich nicht mehr feststellen, wer welche Gegenstände angeschafft hat.

FALL 151. Hans und Gretel haben einen gemeinsam genutzten Pkw. Gretel benötigt den Pkw, um die Kinder zum Kindergarten bzw. zur Schule zu bringen; Hans benötigt ihn, um zur Arbeit zu kommen.

FALL 152. Im Fall 3 kümmert sich Horst nicht um Helgas Einwände. Er packt die Waschmaschine einfach ein. Helga will sich das nicht bieten lassen.

Jeder Partner kann nach der Trennung alle in seinem **Alleineigentum** stehenden Haushaltsgegenstände herausverlangen (§ 1361a Abs. 1 Satz 1 BGB, § 13 Abs. 1 Satz 1 LPartG). Allerdings ist jeder Partner aus Gründen der Billigkeit auch verpflichtet, dem anderen diejenigen Haushaltsgegenstände zum Gebrauch zu überlassen, die dieser zur Führung seines Haushalts benötigt (§ 1361a Abs. 1 Satz 2 BGB, § 13 Abs. 1 Satz 2 LPartG). Dieser Anspruch auf **Nutzungsüberlassung** beschränkt sich natürlich auf die bereits vorhandenen Haushaltsgegenstände. Der ausziehende Partner kann also nicht etwa die vollständige Ersteinrichtung seiner neuen Wohnung beanspruchen.

Einigen sich die Partner nicht, so entscheidet das Familiengericht (§ 1361a Abs. 3, § 13 Abs. 2 LPartG). Bei der vom Gericht zu treffenden Entscheidung sind vor allem die Interessen gemeinsamer Kinder zu berücksichtigen; auch ist von Relevanz, welcher Partner aufgrund seiner Einkommens- und Vermögensverhältnisse eher zu einer Ersatzbeschaffung des streitbefangenen Haushaltsgegenstandes in der Lage ist. Im Zweifel ist dem Eigentümer des streitbefangenen Haushaltsgegenstandes der Vorrang zu gewähren. Im *Fall 149* wird es der Billigkeit entsprechend, die Waschmaschine Ehefrau Helga zur Nutzung zu überlassen. Auch ihr Geschirr muss Helga Horst nicht zur Nutzung überlassen, weil eine Ersatzbeschaffung für Horst ohne großen finanziellen Aufwand möglich ist.

Die Nutzungszuweisung lässt bestehende Eigentumsverhältnisse unberührt (§ 1361a Abs. 4 BGB, § 13 Abs. 3 LPartG). Im *Fall 149* wird Helga aufgrund der Nutzungszuweisung nicht etwa Eigentümerin der Waschmaschine; die Waschmaschine gehört weiterhin Horst.

Haushaltsgegenstände, die den **Partnern gemeinsam gehören**, werden – ggf. vom Gericht – nach der Billigkeit verteilt (§ 1361a Abs. 2 BGB, § 13 Abs. 2 LPartG). Lässt sich nicht mehr feststellen, wem ein Haushaltsgegenstand gehört, stellt das Gesetz eine Vermutung auf: Wurde der Haushaltsgegenstand während Bestehens der Ehe bzw.

Lebenspartnerschaft für den gemeinsamen Haushalt angeschafft, wird gemeinschaftliches Eigentum vermutet (entsprechende Anwendung von § 1568b Abs. 2 BGB). Im *Fall 150* ist von gemeinschaftlichem Eigentum beider Ehegatten auszugehen. Für die Frage der Billigkeit gelten die oben dargestellten Grundsätze. Da auch ein Pkw zu den Haushaltsgegenständen zählen kann (s. S. 203), ist im *Fall 151* abzuwägen, ob Gretels Anliegen einer problemlosen Beförderung der gemeinsamen Kinder oder das Anliegen von Hans, zuverlässig zur Arbeitsstätte zu gelangen, den Vorzug genießt. Entscheidungserheblich wird sein, wo der jeweilige Ehegatte wohnt und wie sich die Anbindung mit öffentlichen Verkehrsmitteln darstellt. Wird der PKW einem Ehegatten zugewiesen, muss dieser auch für die Haftpflichtversicherung aufkommen; bei einem hohen Zeitwert hat er ggf. auch eine Vollkaskoversicherung abzuschließen.

Bei **Haustieren** ist von Bedeutung, dass das Tier in seiner vertrauten Umgebung verbleiben kann; aber auch die persönliche Beziehung und Vertrautheit zu „Herrchen“ oder „Frauchen“ ist mitentscheidend. Ob ein Umgangsrecht des von der Betreuung des Tieres ausgeschlossenen Partners gefordert und zugesprochen werden kann, ist derzeit in der Rechtsprechung umstritten. Die meisten Gerichte lehnen es ab, ein solches Umgangsrecht anzuordnen.

Derjenige Partner, der einen im Alleineigentum des anderen Partners oder im Miteigentum beider Partner stehenden Haushaltsgegenstand zur alleinigen Nutzung zugewiesen erhält, muss dem anderen hierfür eine **angemessene Vergütung** zahlen, die das angerufene Familiengericht festsetzt (§ 1361a Abs. 3 Satz 2 BGB, § 13 Abs. 2 Satz 2 LPartG). Die Höhe der Vergütung orientiert sich an dem objektiven Nutzungswert; in der Gerichtspraxis wird allerdings oftmals von der Anordnung einer Nutzungsvergütung abgesehen.

Entfernt ein Partner eigenmächtig einen Haushaltsgegenstand aus der gemeinsamen Wohnung, steht dem anderen ein Herausgabeanspruch zu, sofern nicht der Gegenstand ohnehin dem eigenmächtig handelnden Partner zur Nutzung zuzuweisen wäre. Im *Fall 152* kann Ehefrau Helga die Herausgabe der Waschmaschine verlangen.

c) Verteilung der Haushaltsgegenstände anlässlich der Scheidung

FALL 153. Zwei Jahre nach der Scheidung schreibt Ingo seiner Ex-Frau Luise einen Brief, in dem er die Herausgabe der gemeinsam angeschafften Wohnzimmereinrichtung verlangt. Luise ist entsetzt. Sie verweigert die Herausgabe, schließlich habe sie die Wohnzimmereinrichtung die letzten beiden Jahre allein benutzt, ohne dass Ingo jemals Ansprüche geltend gemacht habe.

FALL 154. Marianne möchte das Schlafzimmer, das sie während der Ehe zusammen mit Ehemann Andreas angeschafft hat, behalten (Verkehrswert: 6.000 Euro). Andreas ist damit einverstanden, aber nur gegen Zahlung von 5.000 Euro; schließlich müsse sein Mehraufwand, der ihm durch Beschaffung eines neuen Schlafzimmers entstünde, vergütet werden.

FALL 155. Reserl möchte den gemeinsam mit Ehemann Alfred angeschafften Pkw (Verkehrswert: 5.000 Euro) übernehmen. Da Reserl im Bayerischen Wald wohnt und im Umkreis von 5 km keine öffentlichen Verkehrsmittel erreichbar sind, ist sie auf den Pkw angewiesen, um die beiden 8- und 12-jährigen Kinder zur Schule zu bringen. Reserl verfügt über keinerlei eigenes Einkommen.

Anlässlich der **Scheidung** sieht § 1568b BGB eine endgültige Verteilung der Haushaltsgegenstände vor. Anders als in der Zeit des Getrenntlebens (s. S. 176 ff.) erfolgt jetzt nicht nur eine Zuweisung zur Nutzung, sondern die **Übertragung des Eigentums** an einen Ehegatten. Für Lebenspartner gelten dieselben Grundsätze (§ 17 LPartG).

Lässt sich Jahre nach Anschaffung eines Haushaltsgegenstandes nicht mehr feststellen, wer Eigentümer ist, stellt das Gesetz eine Vermutung auf: Als gemeinsames Eigentum gelten die Gegenstände, die während der Ehe bzw. Lebenspartnerschaft für den gemeinsamen Haushalt angeschafft wurden, es sei denn, dass das Alleineigentum eines Partners feststeht (§ 1568b Abs. 2 BGB). Diese Vermutung kann nicht schon widerlegt werden, indem ein Partner nachweist, dass er die Anschaffungskosten alleine getragen hat; denn bei bestehender Partnerschaft kann man davon auszugehen, dass Haushaltsgegenstände unabhängig davon, wer sie bezahlt hat, beiden Partnern zustehen sollen. Die Eigentumsvermutung gilt übrigens auch dann, wenn die Ehegatten bzw. Lebenspartner Gütertrennung vereinbart haben. Die Vermutung gilt nicht für Gegenstände, die in der Zeit des vorehelichen Zusammenlebens oder erst nach der Trennung angeschafft wurden. Ebenso wenig gilt die Vermutung bei geschenkten oder ererbten Gegenständen, da sie nicht für den gemeinsamen Haushalt angeschafft wurden.

Jeder Partner kann verlangen, dass ihm der andere die **im gemeinsamen Eigentum stehenden** Haushaltsgegenstände überlässt und zu Alleineigentum **übereignet**, wenn er auf deren Nutzung in stärkerem Maße angewiesen ist als der andere (§ 1568b Abs. 1 BGB). Zuständig für die Zuweisung ist das Familiengericht, das nur auf Antrag tätig wird. Der Antrag ist an keine Frist gebunden; er kann aber, wenn die Scheidung bereits länger zurück liegt und kein Partner zu erkennen gab, dass er Zuweisung verlangt, verwirkt sein. Im *Fall 153* dürfte Ingos Antrag verspätet sein. Bei seiner Entscheidung berücksichtig das Familiengericht vor allem das Wohl der im Haushalt lebenden Kinder. Auch die sonstigen Lebensverhältnisse spielen eine Rolle, etwa wenn ein Partner einen Haushaltsgegenstand vorwiegend alleine genutzt oder eine besondere Beziehung zu ihm hat. Zu berücksichtigen sind ferner die finanziellen Verhältnisse, insbesondere ob dem anderen Partner eine Ersatzbeschaffung möglich wäre. Schließlich kommt eine Zuweisung rein aus Billigkeitsgründen in Betracht. Anders als bei der Nutzungsüberlassung nach Trennung dürfen aber Gründe, die zum Scheitern der Ehe bzw. Lebenspartnerschaft geführt haben, nicht berücksichtigt werden. Mit rechtskräftigen Ausspruch des Familiengerichts geht das vormalige Miteigentum auf den übernehmenden Partner über, er wird Alleineigentümer des streitbefangenen Haushaltsgegenstandes (§ 209 Abs. 2 FamFG).

Derjenige Partner, der sein Miteigentum an einem Haushaltsgegenstand verliert, kann vom anderen eine angemessene **Ausgleichszahlung** verlangen, worüber im Streitfall auch das Familiengericht entscheidet (§ 1568b Abs. 3 BGB). Maßgeblich für die zu zahlende

Entschädigung ist dem Grunde nach der Verkehrswert des übertragenen Gegenstands. Im *Fall 154* steht Ehemann Ingo demnach nur ein Ausgleichsanspruch in Höhe von 3.000 Euro zu. Im Einzelfall kann das Gericht aber eine Billigkeitskorrektur vornehmen. So kommt im *Fall 155* die Übertragung des Pkw an Reserl ohne Ausgleichszahlung in Betracht.

Was können die Ehegatten/Lebenspartner vereinbaren?

Eine einvernehmliche Verteilung der Haushaltsgegenstände ist einer gerichtlichen Verteilung in jedem Fall vorzuziehen. Das Gesetz lässt einvernehmliche Vereinbarungen auch jederzeit zu, sowohl vor als auch nach der Trennung sowie anlässlich der Scheidung bzw. Lebenspartnerschaftsaufhebung. Nach überwiegender Ansicht sollen Vereinbarungen sogar formlos möglich sein; Schriftform empfiehlt sich zu Beweiszwecken in jedem Fall. Manche Gerichte sehen das aber strenger: Wenn die Partner im gesetzlichen Güterstand verheiratet sind und die Verteilung der Hausratsgegenstände vor der Scheidung erfolgt, verlangen sie notarielle Beurkundung.

Wollen die Partner eine gütliche Einigung über die Verteilung der Haushaltsgegenstände erzielen, empfiehlt sich die in Abb. 5 dargestellte Vorgehensweise:

Werden Haushaltsgegenstände während der Trennung einem Partner zu Nutzung überlassen und lohnt der Streit um ein **Nutzungsentgelt** angesichts des geringen Nutzungswertes nicht, kann auf Zahlung eines Nutzungsentgelts ausdrücklich verzichtet werden.

Werden hingegen werthaltige oder besonders kostenintensive Haushaltsgegenstände, wie etwa ein Pkw, zur Nutzung überlassen, empfiehlt sich in jedem Fall eine Regelung, wer für die Betriebskosten (Benzin), die Unterhaltung und die Versicherung aufkommt.

Wird ein Haushaltsgegenstand von einem Partner gegen Zahlung einer angemessenen **Ausgleichszahlung** (§ 1568b BGB) zum Alleineigentum übernommen, kann für die Höhe der Ausgleichszahlung vom Neuwert des Gegenstandes ausgegangen und ein Abschlag für die bisherige Abnutzung vorgenommen werden; der Abschlag für die Abnutzung wiederum kann danach bemessen werden, in wel-

Die Partner erarbeiten gemeinsam eine Aufstellung sämtlicher Haushaltsgegenstände.

↓

Jeder Partner fertigt eine Liste derjenigen Haushaltsgegenstände an, die er während der Trennung alleine nutzen möchte/die er zum Alleineigentum übernehmen möchte.

↓

Beanspruchen beide Partner denselben Haushaltsgegenstand für sich, sollten die Partner den Dialog suchen und sich überlegen, wer von ihnen dringender auf die Nutzung/auf den Gegenstand angewiesen ist und wer von ihnen leichter Ersatz beschaffen kann.
Erzielen die Partner keine Einigung, können sie – für jeden Gegenstand – das Los entscheiden lassen; alternativ kann jeder Partner im Wechsel berechtigt sein, einen Hauhaltsgegenstand zu benennen, den er nutzen/übernehmen möchte (wer beginnt, entscheidet das Los).

↓

Gegenstände, die kein Partner übernehmen möchte, können einem von ihnen im Losverfahren zugewiesen werden.

Abb. 5: Verteilung der Haushaltsgegenstände

chem Zustand der Haushaltsgegenstand ist (so gut wie neu, reparaturbedürftig, stark abgenutzt) und wie lange der Haushaltsgegenstand voraussichtlich noch genutzt werden kann („Lebensdauer“).

Haben die Partner bereits vor der Trennung bzw. Scheidung eine wirksame Vereinbarung über die Verteilung der Haushaltsgegenstände getroffen, sind sowohl die einem Partner zum Alleineigentum übertragenen Gegenstände als auch eine hierfür geleistete Ausgleichszahlung beim Zugewinnausgleich nicht mehr zu berücksichtigen.

3. Pkw

Was sagen Gesetz und Rechtsprechung?

FALL 156. Yvonne und Lebenspartnerin Magdalena trennen sich. Yvonne will den roten Mini Cooper, den sie gemeinsam mit Magdalena angeschafft hat, unter allen Umständen behalten. Sie habe den Mini ausgesucht und ihr Name stehe auch im Kfz-Brief; außerdem passe der Mini viel besser zu ihr als zu Magdalena.

Wem der während der Ehe bzw. Lebenspartnerschaft angeschaffte **gemeinsam genutzte** Pkw gehört, ist nicht immer leicht zu beurteilen. Eigentümer ist nicht unbedingt der Partner, der im Kfz-Brief eingetragen ist oder der den Pkw ausgesucht und bezahlt hat. Entscheidend ist, wer beim Kauf Eigentum erwerben sollte, ob nur einer der Partner oder beide gemeinsam. In aller Regel wird der gemeinsam genutzte Pkw auch zum gemeinsamen Eigentum erworben.

Der gemeinsam genutzte Pkw zählt zu den **Haushaltsgegenständen** (s. S. 203), wenn die Partner nur *einen* Pkw haben und dieser jedenfalls gelegentlich von der Familie oder für die Familie (zum Einkaufen, für Wochenend- und Urlaubsfahrten, zum Transport der Kids zum Sportplatz) genutzt wird.

Hat jeder Partner einen eigenen Pkw, den nur er alleine nutzt, so spricht vieles dafür, dass er auch Alleineigentümer dieses Pkws ist. In diesem Fall ist der Pkw auch kein Haushaltsgegenstand. Der Zweitwagen wiederum ist – wenn ihn beide Partner nutzten – Haushaltsgegenstand.

Ist der Pkw kein Haushaltgegenstand, ist er in der Vermögensbilanz für den **Zugewinnausgleich** zu berücksichtigen (s. S. 39 ff.). Der Ansatz erfolgt üblicherweise mit dem in der Schwacke-Liste ausgewiesenen Wiederbeschaffungswert. Ist der Pkw Haushaltsgegenstand und Alleineigentum eines Partners, ist er ebenfalls in der Vermögensbilanz für den Zugewinnausgleich zu berücksichtigen. Ist der Pkw Haushaltsgegenstand und gehört er beiden Partnern gemeinsam, findet er in der Vermögensbilanz für den Zugewinnausgleich keine Berücksichtigung; sein Schicksal bei Trennung und Scheidung bestimmt sich nach §§ 1361a, 1568b BGB.

Was können die Ehegatten/Lebenspartner vereinbaren?

Die Partner können frei vereinbaren, wer den Pkw während des Getrenntlebens nutzen bzw. wem der Pkw nach der Scheidung bzw. Aufhebung der Lebenspartnerschaft gehören soll. Zählt der Pkw zu den Haushaltsgegenständen s. S. 203. Unterfällt der Pkw dem Zugewinnausgleich s. S. 39 ff. Die Partner sollten nicht vergessen, die mit dem Pkw zusammenhängenden Versicherungen und Kredite neu zu regeln.

4. Kontoguthaben

Ist die Ehe bzw. Lebenspartnerschaft intakt, wirtschaften die Partner meist „aus einem Topf"; von wessen Konto die Handwerkerrechnung bezahlt wird, auf wessen Konto die Steuerrückerstattung fließt, spielt dann keine Rolle. Kriselt es, entsteht schnell Streit, wem das Ersparte zusteht. In der Regel haben die Partner – neben **Einzelkonten** – ein gemeinsames **ODER-Konto**, über das jeder Partner ohne Mitwirkung (und Wissen) des anderen verfügen kann, seltener ein gemeinsames **UND-Konto**, über das beide Partner nur gemeinsam verfügen können.

Was sagen Gesetz und Rechtsprechung?

FALL 157. Hanna und Klaus sind in Zugewinngemeinschaft verheiratet. Beide streiten, wem die 10.000 Euro auf dem auf Klaus lautenden Konto bei der BesserSpar-Bank zustehen. Hanna ist der Ansicht, ihr stünde die Hälfte zu. Hanna und Klaus verfügen weder über Anfangsvermögen, noch über sonstiges Endvermögen.

Eine Sache gleich vorweg: Von wirtschaftlicher Bedeutung ist der Streit um das Ersparte dann, wenn die Partner Gütertrennung vereinbart haben. Hingegen lohnt ein in langwieriger Streit um das Ersparte u. U. nicht, wenn es ohnehin in der Zugewinnausgleichsbilanz zu berücksichtigen ist, wie folgende Vergleichsrechnung belegt:

Im *Fall 157* bekommt Hanna Recht und erhält vom Konto bei der BesserSpar-Bank 5.000 Euro:

Anfangsvermögen Hanna:	0	Anfangsvermögen Klaus:	0
Endvermögen Hanna:	5.000	Endvermögen Klaus:	5.000
Zugewinn Hanna:	5.000	Zugewinn Klaus:	5.000

Ein Zugewinnausgleichsanspruch besteht nicht (zur Berechnung des Zugewinnausgleichsanspruchs s. S. 35 ff.). Hanna verbleiben am Ende 5.000 Euro; Klaus verbleiben ebenfalls 5.000 Euro

Im *Fall 157* ist Hanna nun doch der Auffassung, Streit ums Ersparte lohne nicht:

Anfangsvermögen Hanna:	0	Anfangsvermögen Klaus:	0
Endvermögen Hanna:	0	Endvermögen Klaus:	10.000
Zugewinn Hanna:	0	Zugewinn Klaus:	10.000

Hanna hat gegen Klaus einen Anspruch auf Zugewinnausgleich in Höhe von 5.000 Euro. Hanna verbleiben am Ende 5.000 Euro; Klaus verbleiben ebenfalls 5.000 Euro.

a) Einzelkonten

FALL 158. Peter hat bei der Impala Bank ein auf seinen Namen lautendes Konto. Monatlich zahlen er und seine Ehefrau Larissa auf dieses Konto jeweils 100 Euro ein. Die Rechnungen für die Wohnungseinrichtung und für den gemeinsamen Urlaub wurden von diesem Konto bezahlt. Als Larissa mit Giovanni durchbrennt, meint Peter, das noch vorhandene Kontoguthaben in Höhe von 2.000 Euro stehe ihm – weil er alleiniger Kontoinhaber sei – auch alleine zu; Larissa habe da „die Finger von zu lassen".

Alleiniger Gläubiger einer Guthabenforderung ist im **Außenverhältnis** (*s. Abb. 6*) zur Bank derjenige Ehegatte bzw. Lebenspartner, auf dessen Namen das Bankkonto lautet; für eine Kontoüberziehung haftet der Kontoinhaber im Außenverhältnis zur Bank gleichfalls allein. Die Tatsache, dass dem anderen Ehegatten bzw. Lebenspartner

Kontovollmacht erteilt wurde, ändert an der alleinigen Berechtigung des Kontoinhabers nichts; die Erteilung einer Kontovollmacht allein führt nicht zu einer Mitberechtigung des Bevollmächtigten am Einzelkonto des Vollmachtgebers (zur Bevollmächtigung des Partners s. auch S. 227 ff.).

Im **Innenverhältnis** (s. Abb. 6) zwischen den Partnern gilt zunächst nichts anders. Es kann aber sein, dass die Partner eine von der Alleinberechtigung des Kontoinhabers abweichende Vereinbarung getroffen haben. So nimmt die Rechtsprechung an, dass das Guthaben auf einem Einzelkonto beiden Partnern („zu Bruchteilen", §§ 741 ff. BGB) zusteht, wenn beide Partner Einzahlungen auf das Konto leisten und zwischen den Partnern Einvernehmen besteht, dass die Ersparnisse auch beiden gemeinsam zugutekommen sollen. Dieses Einvernehmen muss nicht etwa schriftlich fixiert worden sein; vielmehr kann es auch „stillschweigend" zustande gekommen sein. Bestreitet der Kontoinhaber eine interne Mitberechtigung des anderen Partners, muss der andere Partner ein solches Einvernehmen aber beweisen; der Beweis kann ihm gelingen, wenn er darlegt, dass – wie im *Fall 158* – die vom Konto abgehobenen Beträge in der Vergangenheit stets für gemeinsame Anschaffungen verwendet wurden.

Steht fest, dass das Kontoguthaben den Partnern im Innenverhältnis gemeinsam zu Bruchteilen zusteht, so sind *im Zweifel* beide Partner zu jeweils gleichen Anteilen berechtigt, § 742 BGB. Das gilt selbst dann, wenn der Kontoinhaber (erheblich) mehr eingezahlt hat als der andere Partner.

b) Gemeinsame Konten

FALL 159. Mercedes und Ehemann Jaime haben bei der Global-Bank ein gemeinsames Konto. Mercedes hebt von dem Gesamtguthaben in Höhe von 400.000 Euro 380.000 Euro ab und zahlt sie auf ein nur auf Mercedes lautenden Festgeldkonto bei der Nord-Ost-Bank ein. Jaime verlangt von Mercedes mindestens 180.000 Euro zurück.

FALL 160. Andrea und Lebenspartnerin Martina haben ein gemeinsames ODER-Konto bei der Mäzenas-Bank. Nach der Trennung räumt Martina das gemeinsame Konto ab, um sich den „Start in ein neues Leben" zu ermöglichen.

Das Guthaben auf einem gemeinsamen Konto steht den Ehegatten bzw. Lebenspartnern grundsätzlich zu gleichen Anteilen zu, und zwar zunächst unabhängig davon, wer Einzahlungen in welcher Höhe geleistet hat und warum das gemeinsame Konto eingerichtet wurde. Hebt ein Partner mehr ab, als ihm im Innenverhältnis zusteht, muss er dem anderen einen Ausgleich hierfür leisten, § 430 BGB. Eine solche Ausgleichspflicht scheidet aber aus, wenn die Ehegatten bzw. Lebenspartner eine abweichende Vereinbarung getroffen haben, § 430 BGB. Zumeist kann man während **intakter Ehe bzw. Lebenspartnerschaft** von einem Verzicht auf eine wechselseitige Ausgleichspflicht ausgehen. An den Nachweis eines solchen Verzichts werden keine strengen Anforderungen gestellt. Denn die Errichtung eines gemeinsamen ODER-Kontos soll es jedem Partner ja gerade ermöglichen, über das Guthaben jederzeit und *in beliebiger Höhe* zu verfügen und so das gemeinsame Leben zu finanzieren. Jedoch sind Missbrauchsfälle denkbar, in denen dann doch Ausgleichsansprüche eines Partners gegen den anderen bestehen. Ein Missbrauchsfall kann etwa dann vorliegen, wenn ein Partner – wie im *Fall 159* – in der Weise über das Gemeinschaftskonto verfügt, dass er es praktisch auflöst und eine hohe Summe auf ein allein seiner Verfügungsgewalt unterliegendes Konto überweist. Dasselbe kann gelten, wenn ein Partner Abhebungen nicht für familiäre Zwecke, sondern ausschließlich für eigene Zwecke, die über den ehe- bzw. lebenspartnerschaftlichen Verhältnissen liegen, verwendet.

Ab der Trennung schuldet derjenige Partner, der mehr als die Hälfte des Guthabens vom gemeinsamen Konto abhebt, dem anderen hierfür einen Ausgleich in Höhe der Differenz, § 430 BGB; ein Verzicht auf die Ausgleichspflicht, wie er während intakter Partnerschaft meist besteht, entfällt mit der Trennung in aller Regel. Im *Fall 160* kann Andrea von Martina daher Ausgleich für die überhöhte Abhebung vom gemeinsamen Konto verlangen.

Was können die Ehegatten/Lebenspartner vereinbaren?

In der einvernehmlichen Aufteilung ihrer Ersparnisse sind die Partner frei. Sie sind dabei nicht an die von Gesetz und Rechtsprechung gefundenen Aufteilungs- und Ausgleichsmaßstäbe gebunden. Im *Fall 158* könnten Peter und Larissa daher vereinbaren, dass das Guthaben auf Peters Einzelkonto auch im Innenverhältnis künftig tatsächlich allein Peter zusteht. Im *Fall 160* könnte sich Andrea mit der „Starthilfe" für Martina einverstanden erklären und ihr das Guthaben auf dem gemeinsamen Konto zur alleinigen Berechtigung überlassen. Bei Aufteilung der Ersparnisse sollten die Partner die Auswirkung auf den Zugewinnausgleich (s. S. 39 ff.) sowie auf den Unterhalt (s. S. 105 ff.) im Auge behalten.

5. Bausparverträge

Was sagen Gesetz und Rechtsprechung?

FALL 161. Einen Monat nach der Hochzeit schließen Kurt und Dagmar bei der SuperBau-Bausparkasse einen Bausparvertrag ab. Monatlich werden von jedem Ehegatten 200 Euro angespart. Kurz vor Zuteilungsreife geht die Ehe in die Brüche. Kurt beansprucht den Bausparer für sich, weil er nächstes Jahr mit seiner neuen Freundin Katrin bauen möchte.

Für Bausparkonten gilt das zu Bankkonten Gesagte entsprechend (s. S. 204 ff.). Guthaben auf **gemeinsamen Bausparkonten** stehen – wie im *Fall 161* – beiden Partnern regemäßig je zur Hälfte zu. Zahlt ein Partner auf das **Einzelkonto** des anderen, erbringt er eine ehebezogenen Zuwendung, die er bei Scheitern der Ehe bzw. Lebenspartnerschaft u. U. zurückfordern kann (s. S. 70 ff.). Wird das Guthaben auf dem Einzelkonto für gemeinsame Zwecke angespart, kann es aber beiden Partner (zu Bruchteilen) zustehen.

Was können die Ehegatten/Lebenspartner vereinbaren?

Die Ehegatten bzw. Lebenspartner können frei vereinbaren, wem das Guthaben auf dem Bausparkonto zustehen soll. Sie können insbesondere vereinbaren, dass ein gemeinsamer Bausparvertrag einem

Partner zur alleinigen Berechtigung übertragen wird; hierzu ist die Zustimmung der Bausparkasse erforderlich.

6. Lebensversicherungen

Was sagen Gesetz und Rechtsprechung?

FALL 162. Martin schließt im Jahr 2005 als Versicherungsnehmer eine Lebensversicherung ab. Diese soll zur Ablösung eines mit Ehefrau Christa gemeinsam aufgenommen Kredits für das gemeinsam erworbene Reihenhaus dienen. Als Martin die Scheidung einreicht, ist Christa der Ansicht, die Lebensversicherung stehe ihr zur Hälfte zu. Martin sei nur aus „steuerlichen Gründen" und weil der damalige Versicherungsmakler Martins bester Freund gewesen sei, alleiniger Versicherungsnehmer geworden.

FALL 163. Matthias benennt seine Ehefrau Hannelore kurz nach der Hochzeit namentlich („Hannelore") zur Bezugsberechtigten seiner Lebensversicherung. Er ist der Ansicht, mit seiner Scheidung von Hannelore entfalle deren Bezugsrecht automatisch.

FALL 164. In der Euphorie seiner ersten Ehe hat Bertold im Jahr 1962 gegenüber der Global-Lebensversicherungs-AG erklärt, er setze „seine Ehefrau" zur Bezugsberechtigten seiner Lebensversicherung ein. Zwanzig Jahre und vier Ehen später verstirbt Bertold. Seine jetzige Ehefrau Stephanie geht davon aus, dass ihr die Lebensversicherungssumme zusteht. Unerwartet meldet sich Bertolds erste Frau Bettina und beansprucht die Lebensversicherungssumme für sich; auch Bertolds zweite Frau Anneliese meint, sie hätte da „ein Wörtchen mitzureden".

a) Was ist die Lebensversicherung wert?

Lebensversicherungen werden bei Scheidung der Ehe bzw. Aufhebung der Lebenspartnerschaft im Zugewinn- oder im Versorgungsausgleich berücksichtigt. In die Zugewinnausgleichsbilanz ist die Lebensversicherung mit ihrem **Rückkaufswert** (§ 169 VVG) einzustellen; ein Stornoabzug (§ 169 Abs. 5 VVG) ist vorzunehmen, wenn die vorzeitige Auflösung des Versicherungsverhältnisses zu erwarten ist (etwa weil der Versicherungsnehmer die Versicherung zur Erfüllung der Zugewinnausgleichsforderung „liquidieren" muss). Lässt sich auf dem freien Markt für Lebensversicherungsaufkäufe ein höherer Verkaufspreis erzielen, ist dieser in die Zugewinnausgleichsbilanz einzustellen.

b) Sonderfall: Lebensversicherung als Finanzierungshilfe

Ausnahmsweise können Forderungen aus dem von nur einem Partner als Versicherungsnehmer abgeschlossenen Lebensversicherungsvertrag beiden Partnern gemeinsam („zu Bruchteilen") zustehen. Die Rechtsprechung nimmt das an, wenn der Abschluss der Lebensversicherung – wie im *Fall 162* – der Ablösung des gemeinsamen Finanzierungskredits für eine gemeinsam erworbene Immobilie dient. Bettina hat also Recht: Die Forderungen aus dem Lebensversicherungsvertag stehen auch ihr – im Zweifel zur Hälfte – zu.

Dem entsprechend ist eine Lebensversicherung, die der Ablösung eines gemeinsamen Darlehens dient, in der Zugewinnausgleichsbilanz nicht etwa im Endvermögen des Versicherungsnehmers als Aktivposten zur berücksichtigen; vielmehr ist sie mit ihrem Zeitwert bei jedem Partner von der auf ihn entfallenden Darlehensschuld in Abzug zu bringen.

c) Das Bezugsrecht des geschiedenen Ehegatten

Im Erlebensfall fließt die Versicherungssumme – sofern nicht ausnahmsweise etwas anderes vereinbar ist – an den Versicherungsnehmer selbst. Im Todesfall erfolgt die Auszahlung der Versicherungssumme an den vom Versicherungsnehmer benannten Bezugsberechtigten (oder, wenn kein Bezugsberechtigter benannt ist, an den Erben des Versicherungsnehmers).

Trennung und Scheidung bzw. Aufhebung der Lebenspartnerschaft lassen einmal eingeräumte Bezugsrechte nicht automatisch entfallen. Vielmehr bedarf es eines ausdrücklichen Widerrufs des Bezugsrechts gegenüber der Lebensversicherungsgesellschaft. Im *Fall 163* muss Matthias Hannelores Bezugsrecht folglich ausdrücklich widerrufen. Probleme bereitet der Widerruf, wenn das Bezugsrecht unwiderruflich eingeräumt ist; in diesem Fall kann es nur mit Zustimmung des Berechtigten (im *Fall 163* also mit Hannelores Zustimmung) widerrufen werden.

Ist der Bezugsberechtigte nicht namentlich benannt, hat etwa – wie im *Fall 164* – der Versicherungsnehmer „seine Ehefrau" („seinen Ehemann", „seine Lebenspartnerin", „seinen Lebenspartner") als Bezugsberechtigten benannt, geht die Rechtsprechung davon aus, dass bezugsberechtigt diejenige Ehefrau ist, die *im Zeitpunkt der Einräumung* des Bezugsrechts Ehefrau des Versicherungsnehmers war, und nicht etwa die im Zeitpunkt des Versicherungsfalls „aktuelle" Ehefrau. Im *Fall 164* steht die Versicherungssumme demnach der ersten Ehefrau Bettina zu.

Was können die Ehegatten/Lebenspartner vereinbaren?

Dient die Lebensversicherung der Finanzierung einer gemeinsamen Immobilie, sollten die Partner bei Auseinandersetzung der Immobilie (s. S. 191 ff.) auch das weitere Schicksal der Lebensversicherung im Auge behalten. Ist derjenige Partner, der die Immobilie allein übernimmt, nicht bereits alleiniger Versicherungsnehmer, kann z. B. vereinbart werden, dass die Forderungen aus der Lebensversicherung im Erlebensfall an den Übernehmer der Immobilie abgetreten werden, ferner kann der Übernehmer der Immobilie (unwiderruflich) zum Bezugsberechtigten im Todesfall benannt werden; im Gegenzug kann sich der Übernehmer verpflichten, an Stelle des Versicherungsnehmers für die Beiträge zur Lebensversicherung aufzukommen.

Bestehende Bezugsberechtigungen sollten anlässlich von Trennung und Scheidung bzw. Lebenspartnerschaftsaufhebung stets überprüft werden. Dient die Lebensversicherung nicht der Absicherung des Partners gerade auch für den Fall der Scheidung bzw. Aufhebung der Lebenspartnerschaft, muss die Bezugsberechtigung **widerrufen** werden. Der Widerruf ist gegenüber der Lebensversicherungsgesellschaft zu erklären; ist das Bezugsrecht unwiderruflich, ist hierzu die Zustimmung des Bezugsberechtigten erforderlich. Bis zum Wirksamwerden des Widerrufs können die Partner vereinbaren, dass die Bezugsberechtigung jedenfalls im Verhältnis der Partner untereinanander als widerrufen gilt; tritt der Versicherungsfall ein, muss der Bezugsberechtigte den Versicherungsnehmer bzw. dessen Erben so stellen, als ob die Bezugsberechtigung bereits wirksam widerrufen wäre.

Besteht eine Rentenlebensversicherung mit Kapitalwahlrecht und vereinbaren die Partner Gütertrennung unter ausdrücklicher Beibehaltung des Versorgungsausgleichs, ist zu beachten, dass der Versicherungsnehmer die Lebensversicherung durch spätere Ausübung des Kapitalwahlrechts auch dem Versorgungausgleich entziehen kann.

7. Verbindlichkeiten

Was sagen Gesetz und Rechtsprechung?

FALL 165. Moritz und Ehefrau Charlotte haben nach der Eheschließung eine Eigentumswohnung zu Miteigentum erworben. Zur Finanzierung des Kaufpreises haben sie bei der Lüftle-Bank ein Darlehen in Höhe von 70.000 Euro aufgenommen. Als Charlotte schwanger wird, hört sie auf zu arbeiten. Moritz erbringt ab diesem Zeitpunkt die Zins- und Tilgungsleistungen für das Darlehen allein. Bei Scheidung fordert Moritz von Charlotte einen Betrag in Höhe der Hälfte der von ihm während der Ehe erbrachten Zins- und Tilgungsleistungen.

FALL 166. Ludwig trägt die Zins- und Tilgungsleistungen für die von ihm und seinem Lebenspartner Erwin zu Miteigentum angeschaffte Eigentumswohnung allein. Als sich Erwin vom ihm trennt, fordert Ludwig Erwin – sechs Monate nach der Trennung – auf, rückwirkend ab Trennung die Hälfte der Zins- und Tilgungsleistungen mitzutragen. Erwin erklärt, Ludwig könne die Immobilie samt Schulden haben. Keinesfalls werde er Ludwig die Hälfte der in den vergangenen sechs Monaten geleisteten Zins- und Tilgungsleistungen erstatten; Ludwig habe ihn hierzu nicht rechtzeitig aufgefordert und deswegen jeden Anspruch verwirkt.

FALL 167. Miriam ist Alleineigentümerin eines vormals gemeinsam genutzten Einfamilienhauses. Nach der Trennung von Ehemann Martin bewohnt sie das Haus allein. Sie möchte, dass sich Martin zur Hälfte an den noch offenen Verbindlichkeiten für das Haus beteiligt. Martin wendet ein, zwar habe er den Darlehensvertrag bei der Bank mitunterschrieben, doch gehöre das Haus Miriam allein und werde von ihr allein genutzt, so dass sie auch für die Verbindlichkeiten allein aufzukommen habe.

FALL 168. Im Fall 167 gehört das Haus Miriam und Martin gemeinsam. Miriam möchte ein Jahr nach dem Auszug von Martin die von ihr im letzten Jahr weiterhin allein gezahlten Kreditraten zur Hälfte erstattet haben. Martin wendet ein, dann verlange er von Miriam für das letzte Jahr Miete; immerhin gehöre ihm das Haus ja noch zur Hälfte.

FALL 169. Guido möchte sich als Fuhrunternehmer selbständig machen und nimmt hierzu ein Darlehen bei der Global-Bank auf. Den Darlehensvertrag in Höhe von 500.000 Euro (zu 6 % Zinsen p.a.) unterschreibt Ehefrau Sabine – „rein pro forma", wie die Kreditsachbearbeiterin bei Unterzeichnung erklärt – mit. Sabine kümmert sich um die drei gemeinsamen Kinder im Alter von zwei, vier und fünf Jahren und verfügt über kein eigenes Erwerbseinkommen; ihre Berufsausbildung hat Sabine wegen der Kinder abgebrochen.

a) Innen- und Außenverhältnis

Für die Frage nach der Haftung für gemeinsame Verbindlichkeiten muss zwischen der Haftung im *Außenverhältnis zum Gläubiger* (zur Bank) und der Haftung im *Innenverhältnis zwischen den Partnern* unterschieden werden. Nach dem Außenverhältnis bestimmt sich, welchen Partner der Gläubiger in welchem Umfang in Anspruch nehmen kann (von welchem Partner die Bank in welcher Höhe Zins- und Tilgungsleistungen verlangen kann). Dagegen betrifft das Innenverhältnis die Frage, welcher Partner im Verhältnis zum anderen für die Verbindlichkeiten aufkommen muss (und ob ggf. ein Ausgleichsanspruch des im Außenverhältnis vom Gläubiger in Anspruch genommenen Partners gegen den anderen Partner besteht).

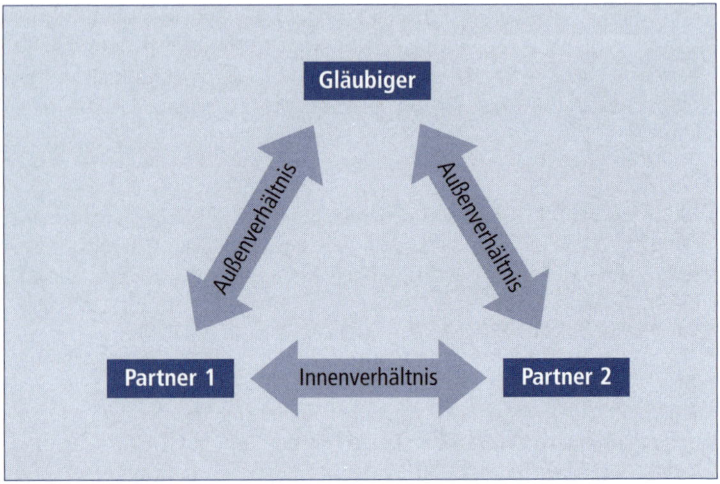

Abb. 6: Kreditbeziehungen

b) Nur ein Partner nimmt ein Darlehen auf

Wichtig ist, dass durch Heirat bzw. Begründung einer Lebenspartnerschaft kein Partner dem Gläubiger automatisch für Verbindlichkeiten des anderen mithaftet, und zwar weder für voreheliche bzw. vorlebenspartnerschaftliche Verbindlichkeiten, noch für Verbindlichkeiten, die nach Heirat bzw. Begründung der Lebenspartnerschaft vom anderen Partner *allein* begründet werden. Das gilt sowohl im gesetzlichen Güterstand der Zugewinngemeinschaft als auch bei Gütertrennung; anders verhält es sich nur bei ehevertraglicher Vereinbarung von Gütergemeinschaft (s. S. 73 ff.). Hat also ein Ehegatte bzw. Lebenspartner allein ein Darlehen aufgenommen, haftet er (wenn nicht Gütergemeinschaft vereinbart wurde) im Außenverhältnis auch nur allein auf dessen Rückzahlung; der andere Partner kann vom Gläubiger nicht in Anspruch genommen werden.

c) Beide Partner nehmen ein Darlehen auf

Sind beide Ehegatten bzw. Lebenspartner Darlehensnehmer, haften sie für die Rückzahlung des Darlehens regelmäßig als sogenannte **Gesamtschuldner**. Das bedeutet, dass der Gläubiger den geschuldeten Betrag zwar insgesamt nur einmal fordern darf, er sich aber denjenigen Partner auswählen kann, von dem er Zahlung (ganz oder teilweise) verlangt, § 421 BGB. Im *Fall 165* kann die Lüftle-Bank Rückzahlung der 70.000 Euro also ausschließlich von Moritz oder ausschließlich von Charlotte fordern; ebenso gut kann sie Rückzahlung z. B. der ersten 30.000 Euro von Moritz und Rückzahlung der weiteren 40.000 Euro von Charlotte fordern.

aa) Innenverhältnis

Es ist Angelegenheit der Partner zu regeln, wer von ihnen im **Innenverhältnis** für welchen Betrag aufkommen muss. Treffen die Partner keine Regelung, so sind sie zu gleichen Anteilen verpflichtet, § 426 Abs. 1 Satz 1 BGB. Hat ein Partner im Außenverhältnis die Gesamtschuld alleine getilgt, steht ihm dann gegen den anderen ein Ausgleichsanspruch zu (sogenannter **Gesamtschuldnerausgleich**), § 426 Abs. 2 BGB. In Ermangelung einer abweichenden Regelung wären Moritz und Charlotte im *Fall 165* im Innenverhältnis also jeweils zur Hälfte zur Rückzahlung des Darlehens verpflichtet; tilgt Moritz die gesamten 70.000 Euro könnte er von Charlotte im Wege des Gesamtschuldnerausgleichs tatsächlich Zahlung in Höhe von 35.000 Euro verlangen.

Während **intakter Ehe bzw. Lebenspartnerschaft** haben die Partner aber meist eine abweichende Regelung getroffen. Diese Regelung muss nicht ausdrücklich oder gar schriftlich erfolgen, sie kann sich auch aus der (stillschweigend praktizierten) Rollenverteilung zwischen den Partnern ergeben. So nimmt die Rechtsprechung bei der Einverdienerehe bzw. -lebenspartnerschaft regelmäßig an, dass Kredite vom alleinverdienenden Partner allein bedient werden, ohne dass hierfür ein Ausgleich vom anderen Partner verlangt werden kann – auch nicht nachträglich bei Scheitern der Ehe bzw. Lebenspartnerschaft. Erwerbseinkommen und Haushaltsführung wertet die Rechtsprechung damit als gleichwertige Beiträge zur ehelichen bzw. lebenspartnerschaftlichen Lebensgemeinschaft. Im Ergebnis kann Moritz im *Fall 165* von Charlotte also nicht hälftige Erstattung der von ihm während der Ehe erbrachten Zins- und Tilgungsleistungen verlangen; die tatsächliche Ausgestaltung der ehelichen Lebensgemeinschaft überlagert hier die gesamtschuldnerische Haftung der Partner. Hingegen hat die Rechtsprechung in der Doppelverdienerehe bzw. -lebenspartnerschaft Ausgleichsansprüche (in Relation des jeweiligen Erwerbseinkommens) bejaht, wenn ein Partner Kredite allein tilgt.

Die Rechtslage ändert sich, wenn Zins- und Tilgungsleistungen nicht während des Zusammenlebens, sondern nach der **endgültigen Trennung** der Partner erbracht werden. Ab der endgültigen Trennung gilt zwischen den Partnern (wieder) der Grundsatz der Haftung zu gleichen Anteilen. Im *Fall 166* kann Ludwig von Erwin hälftigen Ausgleich der von ihm seit der Trennung getragenen Zins- und Tilgungsleistungen verlangen. Der Ausgleichsanspruch entsteht automatisch mit dem Scheitern der Lebensgemeinschaft, ohne dass er gesondert geltend gemacht werden müsste (Erwin wendet also zu Unrecht ein, Ludwig habe einen Ausgleichsanspruch für die vergangenen sechs Monate mangels rechtzeitiger Geltendmachung „verwirkt"). Dem Ausgleichsanspruch steht auch nicht entgegen, dass der nunmehr in Anspruch genommene Partner nicht leistungsfähig ist, etwa weil er über kein eigenes Einkommen verfügt. Allerdings kommt auch nach der Trennung eine Abweichung vom Grundsatz hälftiger Haftung der Partner in Betracht, und zwar dann, wenn der fragliche Kredit ausschließlich dem Interesse eines Partners dient und wirtschaftlich auch nur diesem einen Partner zugutekommt. Im *Fall 167* muss Miriam für die Zins- und Tilgungsleistungen allein aufkommen, weil sie das Haus seit der Trennung alleine nutzt und ihr als Alleineigentümerin des Hauses die Tilgungsleistungen wirtschaftlich zugutekommen. Vergleichbar sind Fälle, in denen die Partner – wie im *Fall 169* – gemeinsam einen Kredit für den Gewerbebetrieb nur eines Partners aufgenommen haben (zu *Fall 169* siehe aber unten). Auch im *Fall 168* kann Miriam von Martin nicht im Nachhinein hälftigen Ausgleich für die von ihr im vergangenen Jahr getragenen Zins- und Tilgungsleistungen verlangen. Denn Martin hat es – im Vertrauen darauf, dass Miriam allein die Lasten für das Haus trägt – offenbar unterlassen, von Miriam ein Nutzungsentgelt, § 1361b Abs. 3 Satz 2 BGB (s. S. 181 f.) für die alleinige Nutzung des gemeinsamen Hauses zu verlangen. Nur wenn die von Miriam getragenen Finanzierungskosten höher waren als der Nutzwert der Wohnung, kann Miriam von Martin Ausgleich in Höhe der Hälfte der den Nutzwert übersteigenden Finanzierungskosten verlangen.

Im gesetzlichen Güterstand können Ansprüche auf Gesamtschuldnerausgleich neben Ansprüchen auf Zugewinnausgleich geltend gemacht werden (s. auch S. 45 f.). Zur den unterhaltsrechtlichen Auswirkungen des Gesamtschuldnerausgleichs s. S. 130 ff.

bb) Außenverhältnis

Für die Haftung der Partner im **Außenverhältnis** spielt es im Übrigen keine Rolle, ob die Ehe bzw. Lebenspartnerschaft intakt ist oder ob sich die Partner endgültig getrennt haben; das Scheitern der Ehe bzw. Lebenspartnerschaft führt nicht etwa dazu, dass ein Partner vom Gläubiger nicht mehr in Anspruch genommen werden kann. Auch wenn Miriam in den *Fällen 167* und *168* im Innenverhältnis zu Martin allein zur Rückzahlung der noch offenen Verbindlichkeiten verpflichtet ist, kann die Bank Martin weiterhin (in voller Höhe) in Anspruch nehmen; Martin muss dann bei Miriam Regress nehmen.

d) Sittenwidrigkeit der Mithaftung

Die Übernahme der **Mithaftung** durch einen Partner kann sittenwidrig und damit unwirksam sein, § 138 Abs. 1 BGB. Das ist der Fall, wenn Verpflichtungen aus einem Darlehensvertrag (oder einem Bürgschaftsversprechen) aus emotionaler Verbundenheit zum anderen Partner eingegangen werden und den mithaftenden Partner finanziell krass überfordern. Eine krasse finanzielle Überforderung nimmt die Rechtsprechung an, wenn der mithaftende Partner – wie im *Fall 169* – voraussichtlich nicht einmal die laufenden Zinsen mit seinen eigenen finanziellen Mitteln wird aufbringen können.

Anders verhält es sich aber im *Fall 165.* Hier hat Charlotte nicht bloß die Mithaftung für ein Darlehen ihres Mannes übernommen. Vielmehr hat Charlotte ein eigenes Interesse an der Kreditaufnahme (die Kreditaufnahme dient der Finanzierung ihres Eigentums) und ist – wenn sie über Auszahlung und Verwendung des Darlehens gleichberechtigt mitentscheiden darf – daher **echte Mitschuldnerin** eines gemeinsamen Darlehens (nicht bloß Mithaftende wie Sabine im *Fall 169*). Selbst wenn Charlotte bereits bei Unterzeichnung des Darlehensvertrages schwanger und deshalb aller Voraussicht nach nicht in der Lage gewesen wäre, das Darlehen zurückzuzahlen, würde dies im *Fall 165* (also im Fall echter Mitschuldnerschaft) noch nicht zur Sittenwidrigkeit des Darlehensvertrages führen.

Nun könnte man argumentieren, auch im *Fall 169* habe Sabine ein eigenes Interesse an der Kreditaufnahme. Immerhin wird sie ja über den Familienunterhalt an Guidos Einkünften aus dem Fuhrunternehmen partizipieren. Solche nur mittelbaren Vorteile lässt die Rechtsprechung aber zur Begründung einer echten Mitschuldnerschaft nicht ausreichen. Es bleibt dabei, dass die Übernahme der Mithaftung im *Fall 169* sittenwidrig ist.

Was können die Ehegatten/Lebenspartner vereinbaren?

In der einvernehmlichen Zuweisung gemeinsamer Verbindlichkeiten sind die Partner frei. Sie sind dabei nicht an die von Gesetz und Rechtsprechung gefundenen Ausgleichsmaßstäbe gebunden. Übernimmt einer der Partner einen gemeinsamen Vermögensgegenstand zum Alleineigentum, wird er regelmäßig auch das noch offene Finanzierungsdarlehen für diesen Vermögensgegenstand zur alleinigen Rückzahlung übernehmen (die Partner sollten auch nicht vergessen, eine dem entsprechende ausdrückliche Regelung zu treffen).

Wichtig ist, dass Vereinbarungen zwischen den Partner nicht auch die Haftung der Partner im Außenverhältnis zur Bank verändern. Vereinbaren Ludwig und Erwin im *Fall 166*, dass Ludwig die Immobilie zum Alleineigentum erhält und im Gegenzug die künftig fälligen Darlehensraten für die Immobilie allein trägt, hindert das die Bank nicht, Erwin weiterhin wegen des Darlehens in Anspruch zu nehmen. Erwin kann von der Bank erst dann nicht mehr in Anspruch genommen werden, wenn *die Bank* sich mit der Schuldübernahme durch Ludwig einverstanden erklärt und Erwin aus der Haftung entlässt; einen Anspruch auf Haftentlassung hat Erwin gegen die Bank aber nicht. Die Übertragung des Eigentums an der Immobilie auf Ludwig sollte Erwin daher davon abhängig machen, dass er von der Bank aus der Haftung für das Darlehen entlassen wird.

Die Übernahme vormals gemeinsamer Verbindlichkeiten durch einen Partner allein kann Auswirkungen auf Zugewinnausgleichs- (s. S. 45 f.) und Unterhaltsansprüche haben (s. S. 130 ff.).

8. Steuernachteile, Steuernachzahlungen und -erstattungen

Was sagen Gesetz und Rechtsprechung?

FALL 170. Guido trennt sich am 2.1.2010 von Ehefrau Miriam. Am 4.1. 2011 stellt Guido Antrag auf Scheidung; der Antrag wird Miriam am 15.2.2011 zugestellt. Am 30.4.2011 erhalten Guido und Miriam vom Finanzamt den Bescheid über die Einkommensteuer für das Kalenderjahr 2010; der Steuerbescheid sieht eine Steuererstattung in Höhe von 10.000 Euro vor.

FALL 171. Im Fall 170 sieht der Steuerbescheid eine Steuernachzahlung in Höhe von 5.000 Euro vor.

FALL 172. Berta verdient brutto 800 Euro. Da ihr Ehemann Manfred brutto 5.000 Euro verdient, hat sie die Besteuerung nach der Lohnsteuerklasse V gewählt, um ein „höheres Familieneinkommen" zur Verfügung zu haben. Nach der Trennung im Juli 2012 möchte Berta den durch die Wahl der ungünstigen Steuerklasse erlittenen finanziellen Nachteil von Manfred ersetzt bekommen. Manfred wehrt ab; er wendet ein, schließlich müsse er ja Trennungsunterhalt zahlen, der nach den Lohnsteuerklassen III und V berechnet werde.

Unbeschränkt einkommensteuerpflichtige Ehegatten, die nicht dauernd getrennt leben, können gemeinsam zur Einkommensteuer veranlagt werden, § 26 Abs. 1 EStG. Die Möglichkeit zur **gemeinsamen Veranlagung** besteht ab dem Jahr, in dem die Ehe geschlossen wird; sie besteht auch noch in dem Jahr, in dem sich die Ehegatten trennen. Das Gesetz zwingt die Ehegatten nicht zu einer gemeinsamen Veranlagung; die Ehegatten können auch **Einzelveranlagung (§ 26a EStG)** wählen.

Jeder Ehegatte ist aber verpflichtet, der gemeinsamen Veranlagung zuzustimmen, wenn ihm hierdurch entweder keine steuerlichen Nachteile entstehen oder sich der andere Ehegatte verpflichtet, ihm diese Nachteile zu erstatten; verweigert der zustimmungspflichtige Ehegatte seine Zustimmung, macht er sich schadensersatzpflichtig. Das gilt auch noch im Jahr der Trennung.

Wurden die Ehegatten gemeinsam zur Einkommensteuer veranlagt, haften sie *dem Finanzamt* für die Steuerschuld als Gesamtschuldner, § 44 Abs. 1 AO, d. h. jeder Ehegatte haftet für die gesamte Steuerlast. Der *interne* Ausgleich der *Ehegatten untereinander* bestimmt sich nach § 426 BGB (sog. Gesamtschuldnerausgleich s. auch S. 215 ff.). Danach sind Gesamtschuldner im Verhältnis zueinander zu gleichen Teilen verpflichtet; die Steuerlast wäre zwischen den Ehegatten folglich hälftig zu teilen. Dies gilt aber nur, soweit zwischen den Ehegatten nicht etwas anderes bestimmt ist, § 426 Abs. 1 Satz 1 BGB. Eine andere als die hälftige Teilung kann sich nach der Rechtsprechung aus den güterrechtlichen Beziehungen der Ehegatten ergeben. Leben die Ehegatten im gesetzlichen Güterstand (Zugewinngemeinschaft) oder in Gütertrennung, soll jeder von ihnen für die Steuer, die auf seine Einkünfte entfällt, selbst aufkommen müssen. Begleicht demnach ein Ehegatte die Einkommensteuer des anderen, steht ihm ein entsprechender Ausgleichsanspruch zu. Doch auch die interne Haftungsverteilung nach güterrechtlichen Maßstäben kann während intakter Ehe wiederum durch eine anderweitige Bestimmung der Ehegatten überlagert und verdrängt werden. Eine solche anderweitige Bestimmung müssen die Ehegatten nicht ausdrücklich oder gar schriftlich treffen; sie kann sich vielmehr aus (jahrelanger) tatsächlicher Handhabung ergeben. Trennen sich die Ehegatten endgültig, errechnet sich ihre jeweilige Steuerschuld – und daraus folgend die interne Aufteilung von **Steuernachzahlungen** und **-erstattungen** – auf Grundlage einer fiktiven getrennten Veranlagung der Ehegatten nach der Steuerklasse IV, so auch in den *Fällen 170* und *171*. Wurden Steuererstattungen bzw. -nachzahlungen bereits bei der Durchführung des Zugewinnausgleichs berücksichtigt (s. S. 45), kann ein darüber hinausgehender Ausgleich vom anderen Ehegatten aber nicht verlangt werden.

Haben die Ehegatten die **Lohnsteuerklassen III** und **V** gewählt, kann derjenige Ehegatte, dem aufgrund der Lohnsteuerklasse V ein geringeres Nettoeinkommen zur Verfügung stand, vom anderen nicht nachträglich einen Ausgleich des ihm entstandenen Steuernachteils verlangen. Immerhin haben die Ehegatten bis zur endgültigen Trennung mit ihrem Gesamteinkommen gemeinsam gewirtschaftet. Ein nachträglicher Ausgleich kommt nur dann in Betracht, wenn ein solcher zwischen den Ehegatten vereinbart war oder ein Ehegatte den Steuervorteil der Lohnsteuerklasse III zum einseitigen Vermögensaufbau genutzt hat. Das ändert sich wiederum mit endgültiger Trennung der Ehegatten; ab Trennung kann derjenige Ehegatte, der sein Einkommen in der Lohnsteuerklasse V versteuert, Ersatz des entstandenen Steuernachteils verlangen. Ein Erstattungsanspruch ist aber wiederum ausgeschlossen, wenn Trennungsunterhalt zu gewähren ist und – wie im *Fall 172* – die Höhe des Unterhalts nach den Lohnsteuerklassen III und V errechnet wird.

Was können die Ehegatten/Lebenspartner vereinbaren?

Die Ehegatten können die interne Aufteilung der Steuerschuld abweichend von dem vorstehend Gesagten regeln. So bleibt es den Ehegatten unbenommen, in beiderseitigem Einvernehmen einen nachträglichen Ausgleich für diejenigen Nachteile zu vereinbaren, die einem Ehegatten wegen der gemeinsamen Veranlagung oder wegen der Wahl der Steuerklasse V entstanden sind. Steuernachzahlungen und -erstattungen können die Ehegatten abweichend von den von der Rechtsprechung aufgestellten Grundsätzen – beispielsweise hälftig – untereinander verteilen.

Die Ehegatten sollten beachten, dass sich ein Streit um Steuererstattungen und -nachzahlungen u. U. nicht lohnt, wenn diese bereits bei der Unterhaltsberechnung oder in der Zugewinnausgleichsbilanz zu berücksichtigen sind.

9. Krankenversicherung

Was sagen Gesetz und Rechtsprechung?

FALL 173. Carola ist nicht erwerbstätig und bei ihrem Ehemann Heinz, der in einem großen Automobilwerk beschäftigt ist, in der gesetzlichen Krankenversicherung familienmitversichert. Als Carola zu ihrem Geliebten Frederico zieht, der mit Heinz am gleichen Werkband arbeitet, meint Heinz, dann solle Frederico doch künftig für Carolas Krankenversicherung aufkommen.

FALL 174. Im Fall 173 ist die Ehe von Carola und Heinz mittlerweile rechtskräftig geschieden.

FALL 175. Im Fall 173 bzw. 174 ist Heinz bei einer privaten Krankenversicherung versichert; Carola ist bei Heinz „mitversichert".

FALL 176. Heinz und Carola haben im Fall 173 zwei minderjährige Kinder, die ebenfalls bei Heinz mitversichert sind.

a) Gesetzliche Krankenversicherung

Die bloße **Trennung** bleibt ohne Auswirkung auf den Krankenversicherungsschutz des mitversicherten **Ehegatten** bzw. **Lebenspartners** in der gesetzlichen Krankenversicherung; die Familienversicherung besteht während des Getrenntlebens zunächst fort, § 10 Abs. 1 SGB V. Mitversichert bleibt der Partner bis zur Rechtskraft der **Scheidung** bzw. der **Aufhebung der Lebenspartnerschaft**.

Endet die Mitversicherung infolge Scheidung bzw. Aufhebung der Lebenspartnerschaft, kann der bis dahin mitversicherte Ehegatte bzw. Lebenspartner seinen freiwilligen Beitritt zur gesetzlichen Krankenversicherung erklären, § 9 SGB V. Der Beitritt muss innerhalb von drei Monaten nach Rechtskraft der Scheidung bzw. Aufhebung der Lebenspartnerschaft erklärt werden. Die für die Krankenversicherung nunmehr aufzuwendenden Beiträge können als Unterhalt geltend gemacht werden (s. S. 131).

Die Mitversicherung endet, wenn der Berechtigte Unterhaltszahlungen erhält, die die Einkommensgrenze des § 10 Abs. 1 Ziffer 5 SGB V überschreiten.

Die Mitversicherung der **Kinder** bleibt – bis zum Erreichen einer bestimmten Altersgrenze des Kindes – auch nach der Scheidung bzw. Aufhebung der Lebenspartnerschaft bestehen. Die Eltern können wählen, bei welchem Elternteil das Kind mitversichert sein soll.

Im *Fall 173* bleibt Carola also zunächst bei Ehemann Heinz mitversichert. Im *Fall 174* hingegen endete Carolas Mitversicherung mit Rechtskraft der Scheidung; Carola muss sich selbst krankenversichern. Im *Fall 176* besteht die Mitversicherung der beiden Kinder auch nach Trennung und Scheidung fort.

b) Private Krankenversicherung

Trennung und Scheidung bzw. Aufhebung der Lebenspartnerschaft lassen das Versicherungsverhältnis zur privaten Krankenversicherung unberührt. Im *Fall 175* entfällt Carolas Krankenversicherungsschutz daher weder durch die Trennung noch durch die Scheidung von Heinz. Allerdings kann Heinz (das Gesetz bezeichnet Heinz als „Versicherungsnehmer") Carolas Mitversicherung (das Gesetz bezeichnet Carola als „versicherte Person") unter Einhaltung der gesetzlichen Fristen kündigen. Carola – die über die Kündigung informiert werden muss – muss sich dann selbst versichern.

Was können die Ehegatten/Lebenspartner vereinbaren?

Die private Krankenversicherung leistet in aller Regel an den Versicherungsnehmer und nicht an die versicherte Person. Damit Carola im *Fall 175* nicht auf ihren Arztrechnungen „sitzen bleibt", kann ihr Heinz eine Vollmacht erteilen, wonach Carola Auszahlung der Versicherungsleistung an sich verlangen kann. Ratsamer erscheint aber die Umwandlung der Mitversicherung Carolas in eine Einzelversicherung; Carola ist dann selbst Versicherungsnehmer, ihr stehen alle Rechte aus dem Versicherungsvertrag selbst zu.

Zum Umfang des unterhaltsrechtlich geschuldeten Krankenversicherungsschutzes (s. S. 131).

10. Sonstige Versicherungen

Was sagen Gesetz und Rechtsprechung?

FALL 177. Nach der Trennung macht sich Marco mit seinem heiß geliebten Tuning-Golf aus dem Staub. Ehefrau Peggy bleibt auf dem alten Polo, der bislang auf Marcos Namen zugelassen und versichert ist, sitzen. Peggy fragt sich, ob sie den Polo jetzt zu deutlich schlechteren Bedingungen selbst versichern muss.

FALL 178. Bis zur Trennung leben Dieter und Lebenspartner Bertram in einer gemeinsamen Wohnung. Nach seinem Auszug will Dieter keine eigene Hausratsversicherung abschließen; schließlich sei die Versicherungssumme für den vormaligen gemeinsamen Hausstand ja ausreichend für zwei neue Hausstände.

FALL 179. Luzie hat sich von Ehemann Hans getrennt. Als eine Freundin Luzie beim allwöchentlichen Kaffeeklatsch fragt, ob sie sich bereits gegen die Gefahren des täglichen Lebens versichert habe, gibt sich Luzie gelassen; Ehemann Hans habe eine Haftpflichtversicherung für sie beide abgeschlossen.

FALL 180. Ehemann Paul übernimmt im Zuge einer Scheidungsvereinbarung mit Ehefrau Sonja das vormals im Miteigentum beider Ehegatten befindliche Wohnhaus zum Alleineigentum. Er ist der Ansicht, dass die bestehende Wohngebäudeversicherung automatisch auf ihn übergeht.

a) Kraftfahrtversicherung

Im *Fall 177* kann Peggy den Schadensfreiheitsrabatt für den Polo nach der Trennung übernehmen, wenn sie den Polo während der Ehe überwiegend allein gefahren hat (letzteres müssen Peggy und Marco durch schriftliche Erklärung glaubhaft machen). Marco kann sogar verpflichtet sein, an einer Übertagung des Schadensfreiheitsrabatts auf Peggy mitzuwirken, wenn der ursprüngliche Versicherungsvertrag letztlich nur aus formalen Gründen auf Marco abgeschlossen wurde; die Rechtsprechung entnimmt diese Verpflichtung § 1353 Abs. 1 Satz 2 BGB.

b) Hausratversicherung

Bei der Hausratversicherung ist entscheidend, wer **Versicherungsnehmer** ist. Verbleibt nämlich der bisherige Versicherungsnehmer in der vormals gemeinsamen Wohnung, bleibt der Versicherungsschutz bei ihm; zieht der Versicherungsnehmer aus der Ehewohnung in eine neue Wohnung, nimmt er den Versicherungsschutz mit. Der andere Partner, der nicht Versicherungsnehmer ist, bleibt aber auf die Dauer von drei Monaten ab der nächsten Prämienfälligkeit mitversichert. Im *Fall 178* muss Dieter – nach Ablauf der Übergangsfrist – eine eigene Hausratversicherung abschließen.

Sind beide Partner Versicherungsnehmer, so haben sie gleichfalls drei Monate Zeit, die Hausratsversicherung neu zu regeln.

c) Private Haftpflichtversicherung

Die Mitversicherung des Ehegatten bzw. eingetragenen Lebenspartners besteht für die Dauer des Getrenntlebens fort; sie endet aber mit rechtskräftiger Scheidung bzw. Aufhebung der Lebenspartnerschaft. Im *Fall 179* kann Luzie zunächst also gelassen bleiben – derzeit ist sie über Hans privathaftpflichtversichert; im Hinblick auf die anstehende Scheidung sollte sie sich aber nach einer eigenen Privathaftpflichtversicherung umsehen.

d) Wohngebäudeversicherung

Wohngebäudeversicherungen sind objektsbezogen; versichert ist das jeweilige Wohnhaus. Setzen sich die Ehegatten bzw. Lebenspartner über eine im Miteigentum beider stehende Immobilie auseinander, geht die Wohngebäudeversicherung automatisch auf den neuen Eigentümer über. Im *Fall 180* besteht für das Wohnhaus demnach lückenloser Versicherungsschutz.

Was können die Ehegatten/Lebenspartner vereinbaren?

Wie gesehen besteht bei den Kraftfahrtversicherungen u. U. die Möglichkeit der Übertragung des Schadenfreiheitsrabatts. Die Partner können sich wechselseitig verpflichten, an der Übertragung des Schadensfreiheitsrabatts mitzuwirken, d. h. alle hierzu erforderlichen Erklärungen abzugeben und entgegenzunehmen und alle hierzu erforderlichen Handlung vorzunehmen.

Im Übrigen steht es den Partnern frei, Vereinbarungen zu treffen, wonach der eine von ihnen (auch weiterhin) für Versicherungsprämien aufzukommen hat. Im *Fall 178* etwa könnte sich Bertram verpflichten, die Versicherungsprämien für Dieters (eigene) Hausratsversicherung zu übernehmen; im *Fall 180* könnte Sonja sich verpflichten, künftig allein die Prämien für die Wohngebäudeversicherung zu zahlen.

11. Zuwendungen von den Schwiegereltern

Was sagen Gesetz und Rechtsprechung?

FALL 181. Babette schenkt ihrem Schwiegersohn Joachim 100.000 Euro zum Erwerb eines als Ehewohnung dienenden Einfamilienhauses. Als Joachim 10 Jahre später die Scheidung von Babettes Tochter Sonja einreicht, verlangt Babette die 100.000 Euro von Joachim zurück.

Eine Schenkung an das Schwiegerkind können Schwiegereltern – wenn die Ehe des eigenen Kindes mit dem Schwiegerkind endgültig scheitert – u. U. zurückfordern. Ob und in welcher Höhe die Schenkung rückgängig gemacht werden kann, hängt von verschiedenen Erwägungen ab, insbesondere davon, wie lange die Ehe zwischen dem eigenen Kind und dem Schwiegerkind gedauert hat. Im *Fall 181* wird Babette nicht die vollen 100.000 Euro von Joachim zurückverlangen können, weil – etwas salopp ausgedrückt – Babettes Tochter Sonja einen Teil der 100.000 Euro in den letzten 10 Ehejahren abgewohnt hat. Dahinter steht folgende Überlegung: Schenkungen an das Schwiegerkind liegt (als „Geschäftsgrundlage“) meist die Erwartung zugrunde, dass auch das eigene Kind von der Schenkung profitiert; und im *Fall 181* hat Sonja durch das Wohnen in dem von Babettes Geld erworbenen Einfamilienhaus ja auch 10 Jahre lang von der Schenkung profitiert.

Was können die Ehegatten/Lebenspartner vereinbaren?

Im Rahmen einer Trennungs- bzw. Scheidungsvereinbarung sollten die Partner mögliche Ansprüche der Schwiegereltern im Auge behalten; ein ausgewogen erscheinendes „Gesamtpaket" kann sonst nachträglich in Schieflage geraten. Die Einholung einer ausdrücklichen Verzichtserklärung durch die schenkenden Schwiegereltern wird dabei wohl nur ausnahmsweise in Betracht kommen. Möglich ist aber, dass jeder Partner den anderen von etwaigen Ansprüchen der Schwiegereltern freistellt.

V. Vertretungsmacht und Widerruf wechselseitiger Vollmachten

Was sagen Gesetz und Rechtsprechung?

FALL 182. Amalie möchte bei der Bank 8.000 Euro vom Konto ihres Ehemannes Bertram abheben. Die Bankangestellte ist skeptisch, sie verlangt von Amalie einen Vertretungsnachweis. Amalie wiederum ist empört; als Ehefrau sei sie selbstredend und von Gesetzes wegen berechtigt, über Bertrams Konto zu verfügen.

FALL 183. Berta bestellt bei Möbel Obelix für 4.000 Euro ein Sofa für das eheliche Wohnzimmer. Bei Lieferung verlangt Obelix von Bertas Ehemann Adam Bezahlung.

FALL 184. Im Fall 183 leben Berta und Adam getrennt. Mit dem Sofa will Berta ihre Wohnung, in die sie nach der Trennung gezogen ist, neu einrichten.

FALL 185. Johann hat seiner Ehefrau Julia eine „Vorsorgevollmacht" erteilt. Als Johann herausfindet, dass Julia ihn mit seinem besten Freund Carlos betrügt, will er die Vollmacht widerrufen. Sein Arbeitskollege Matthias meint, das könne er sich schenken, ein Widerruf sei bis zur Scheidung unzulässig.

FALL 186. Im Fall 185 meint Arbeitskollege Matthias, nach Scheidung der Ehe sei die Vorsorgevollmacht sowieso wirkungslos.

1. Gesetzliche Vertretungsmacht und „Schlüsselgewalt"

Ehegatten können sich nicht schon deshalb gegenseitig vertreten, weil sie verheiratet sind. Im *Fall 182* ist Amalie also nicht etwa von Gesetzes wegen befugt, Geld von Bertrams Konto abzuheben. Ebenso wenig können Lebenspartner sich allein deshalb gegenseitig vertreten, weil sie eine Lebenspartnerschaft begründet haben.

Allerdings sieht das Gesetz in § 1357 BGB und § 8 LPartG vor, dass aus Geschäften, die ein Partner zur angemessenen Deckung des Lebensbedarfs der Familie vornimmt, beide Partner berechtigt und verpflichtet werden (sog. „**Schlüsselgewalt**"). Dies gilt unabhängig davon, ob der Vertragspartner weiß, dass sein Gegenüber verheiratet ist. *Im Fall 183* wird Adam auf Zahlung der 4.000 Euro mitverpflichtet. Die Schlüsselgewalt ruht ohne weiteres, wenn die Ehegatten bzw. Lebenspartner getrennt leben, § 1357 Abs. 3, § 8 Abs. 2 LPartG. Im *Fall 184* muss Berta die 4.000 Euro für das Sofa selbst aufbringen; Adam ist nicht zur Zahlung an Obelix verpflichtet.

2. Rechtsgeschäftliche Vollmacht

Soll ein Partner in die Lage versetzt werden, den anderen – jenseits der Schlüsselgewalt – zu vertreten, muss er hierzu vom anderen **bevollmächtigt** werden, § 167 Abs. 1 BGB. Den Umfang der Vollmacht bestimmt der Vollmachtgeber. So nimmt die Rechtsprechung etwa an, eine (bloße) Kontovollmacht berechtigte den Bevollmächtigten nicht zur Überziehung des Kontos.

Die einmal erteilte Vollmacht kann jederzeit **widerrufen** werden; unter Ehegatten und Lebenspartner ist das nicht anders. Im *Fall 185* irrt Arbeitskollege Matthias. Hat der Vollmachtgeber dem Bevollmächtigten eine **Vollmachtsurkunde** ausgehändigt, bleibt die Vertretungsmacht nach außen hin aber bestehen, bis die Vollmachtsurkunde dem Vollmachtgeber zurückgegeben oder für kraftlos erklärt wird. Ein Geschäftspartner kann mit anderen Worten auf den Fortbestand der Vertretungsmacht vertrauen, wenn ihm sein Gegenüber eine entsprechende Vollmachtsurkunde vorlegt. Der Vollmachtgeber sollte bei einem Widerruf der Vollmacht auch sogleich die Herausgabe der Vollmachtsurkunde verlangen. Zur Herausgabe ist der Bevollmächtigte verpflichtet, § 175 BGB; kommt der Bevollmächtigte dem Herausgabeverlangen nicht nach, kann die Vollmachtsurkunde für kraftlos erklärt werden, § 176 BGB.

Was können die Ehegatten/Lebenspartner vereinbaren?

Durch die Trennung oder Scheidung der Ehe wird die einmal erteilte Vollmacht nicht automatisch hinfällig; ebenso wenig durch die Aufhebung der Lebenspartnerschaft. Auch im *Fall 186* irrt Arbeitskollege Matthias. Allerdings kann es dem bevollmächtigten Ehegatten bzw. Lebenspartner im *Innenverhältnis* zum vollmachtgebenden Ehegatten bzw. Lebenspartner untersagt sein, von der Vollmacht auch nach der Trennung oder nach der Scheidung bzw. Lebenspartnerschaftsaufhebung Gebrauch zu machen. Eine Missachtung des Innenverhältnisses kann straf- und haftungsrechtliche Folgen nach sich ziehen. Im *Außenverhältnis* sind die unter Missachtung des Innenverhältnisses vorgenommene Rechtsgeschäfte gleichwohl wirksam.

Rechtsklarheit schafft ein ausdrücklicher **Widerruf** der Vollmacht. Erfolgte die Bevollmächtigung durch Erklärung gegenüber dem Bevollmächtigten, muss auch der Widerruf dem Bevollmächtigten gegenüber erklärt werden, § 167 Abs. 1 Alt. 1 BGB.

Der Widerruf der Vollmacht sollte – um spätere Streitigkeiten und Beweisschwierigkeiten zu vermeiden – dokumentiert werden. Der Widerruf kann im Rahmen einer Trennungs- und Scheidungsvereinbarung erklärt werden.

Vollmachtsurkunden sollten gleichzeitig mit dem Widerruf zurückgefordert werden.

5. Kapitel

Sonstige Scheidungsfolgen

I. Vereinbarungen über den Ehenamen

Was sagen Gesetz und Rechtsprechung?

Bei Eheschließung können die Ehegatten einen gemeinsamen Familiennamen (**Ehenamen**) bestimmen. Ehename kann der Geburtsname („Mädchenname") eines Ehegatten oder der von einem Ehegatte aktuell geführte Name – also auch der in einer früheren Ehe „erheiratete" Name – sein (§ 1355 Abs. 1 und 2 BGB). Entsprechendes gilt für den **Lebenspartnerschaftsnamen** (§ 3 Abs. 1 LPartG). Ehe- und Lebenspartnerschaftsname überdauern die Ehe bzw. die Lebenspartnerschaft. Der geschiedene Ehegatte behält den durch die Eheschließung erworbenen Namen (§ 1355 Abs. 5 BGB); ebenso behält der Lebenspartner nach Beendigung der Lebenspartnerschaft den Lebenspartnerschaftsnamen (§ 3 Abs. 3 LPartG). Nur ganz ausnahmsweise (der BGH spricht von „krassen Einzelfällen") kann der „namensgebende" Partner dem anderen die Fortführung des Ehe- bzw. Lebenspartnerschaftsnamens untersagen; die Rechtsprechung zieht dies aber nur dann in Betracht, wenn der namensnehmende den namensgebenden Partner (gerade auch) zwecks Erlangung und missbräuchlicher Verwendung des Namens zur Eheschließung bewogen hat.

Jeder Partner kann – ohne Zustimmung des anderen – nach der Scheidung bzw. nach Beendigung der Lebenspartnerschaft seinen Geburtsnamen oder den Namen, den er bis zur Bestimmung des

Ehe- bzw. Lebenspartnerschaftsnamens geführt hat, wieder annehmen (§ 1355 Abs. 5 BGB, § 3 Abs. 3 LPartG).

BEISPIEL: Hanna Meier heiratet Fritz Bauer. Zum Ehenamen bestimmen Hanna und Fritz den Namen Bauer, so dass Hanna während der Ehe den Namen Hanna Bauer führt. Nach der Scheidung kann Hanna ihren Geburtsnamen Meier wieder annehmen und künftig den Namen Hanna Meier führen.

Diese Möglichkeit steht auch demjenigen Partner zu, der während der Ehe bzw. Lebenspartnerschaft dem Ehe- bzw. Lebenspartnerschaftsnamen seinen Geburtsnamen bzw. den zur Zeit der Erklärung über die Bestimmung des Ehe- bzw. Lebenspartnerschaftsnamen geführten Namen als Begleitnamen beigefügt hat.

BEISPIEL: Anna Liebe heiratet Peter Kundig. Zum Ehenamen bestimmen Anna und Peter den Namen Kundig. Anna fügt dem Ehenamen Kundig ihren Geburtsnamen Liebe an, so dass sie während der Ehe den Namen Anna Kundig-Liebe führt. Nach der Scheidung kann Hanna ihren Geburtsnamen Liebe wieder annehmen und künftig den Namen Anna Liebe führen.

Auch kann jeder Partner nach Scheidung bzw. Beendigung der Lebenspartnerschaft seinen Geburtsnamen oder den Namen, den er zur Zeit der Bestimmung des Ehe- bzw. Lebenspartnerschaftsnamens geführt hat, dem Ehe- bzw. Lebenspartnerschaftsnamen voranstellen oder anfügen (§ 1355 Abs. 5 BGB, § 3 Abs. 3 LPartG).

BEISPIEL: Sabine Müller heiratet Max Schneider. Zum Ehenamen bestimmen Sabine und Max den Namen Müller, so dass Max während der Ehe den Namen Max Müller führt. Nach der Scheidung kann Max seinen Geburtsnamen Schneider dem Ehenamen voranstellen oder anfügen, also künftig den Namen Max Schneider-Müller oder Max Müller-Schneider führen.

Die Namensänderung nach Scheidung bzw. Beendigung der Lebenspartnerschaft erfolgt durch Erklärung (in öffentlich beglaubigter Form) gegenüber dem Standesbeamten. Das Gesetz sieht hierfür keine zeitlichen Grenzen vor.

Die Namensänderung erstreckt sich nicht auf den **Namen eines gemeinsamen Kindes**. Eine entsprechende Änderung auch des Kindesnamens kann aber erfolgen, wenn sie für das Wohl des Kindes erforderlich ist (§ 3 Abs. 1 NÄG).

Was können die Ehegatten/Lebenspartner vereinbaren?

FALL 1. Kurz nach der Eheschließung verpflichtet sich Nicky von und zum Hasen, geb. Hinterdobler gegenüber ihrem Ehemann Rudolph von und zum Hasen, im Falle der Scheidung den erheirateten Namen von und zum Hasen abzulegen. Als es tatsächlich zur Scheidung kommt, meint Nicky, die Verpflichtung von damals sei „null und nichtig"; immerhin habe die Ehe mit Rudolph 12 Jahre bestanden, der Name von und zum Hasen sei mittlerweile Ausdruck ihrer Persönlichkeit.

FALL 2. Kevin Paule möchte nicht, dass seine Ehefrau Nadja Paule, geb. Baumann nach der Scheidung ihren Geburtsnamen wieder annimmt. Kevin befürchtet, der bei Nadja aufwachsende gemeinsame 5-jährige Sohn Benny Paule könne sonst psychische Schäden davon tragen, zumal durch die fehlende Namensgleichheit mit der Mutter Bennys Herkunft „aus einer zerrütteten Familie" offenkundig werde.

Auch der „erheiratete Name" ist Teil und Ausdruck der Persönlichkeit seines Trägers. Gleichwohl können die Ehegatten – vor oder nach Eheschließung, auch im Rahmen einer Trennungs- oder Scheidungsvereinbarung – vereinbaren, dass derjenige, dessen Name nicht Ehename wird, im Falle der Scheidung verpflichtet ist, seinen Geburtsnamen oder den bis zur Bestimmung des Ehenamens geführten Namen wieder anzunehmen. Eine solche Vereinbarung ist nicht von vornherein sittenwidrig. Auch kann der solchermaßen verpflichtet Ehegatte nachträglich nicht ohne weiteres einwenden, die Ehe habe vergleichsweise lange bestanden oder die Namensänderung gefährde die Interessen gemeinsamer Kinder. Im *Fall 1* ist die Vereinbarung, den Ehenamen von und zum Hasen bei Ehescheidung abzulegen, daher wirksam. Bedenklich ist jedoch eine Vereinbarung, in der ein Ehegatte sich gegen **Entgelt** verpflichtet, den erheirateten Namen bei Scheidung abzulegen; der „Rückkauf" des Ehenamens durch den namensgebenden Ehegatte kann nämlich einen Verstoß gegen die guten Sitten begründen und wäre folglich unwirksam.

Die Ehegatten können auch vereinbaren, dass der namensnehmende Ehegatte den Ehenamen nach Scheidung zwar beibehalten, ihn aber nicht zum Ehenamen einer neuen Ehe bestimmen, ihn also nicht an einen neuen Ehegatten weitergeben darf.

Für zulässig erachtet wird ferner eine Vereinbarung, in der sich der namensnehmende Ehegatte verpflichtet, den Ehenamen – im Interesse der Namensgleichheit mit den gemeinsamen Kindern – auch nach der Scheidung beizubehalten. Folglich kann sich Nadja im *Fall 2* gegenüber Kevin wirksam verpflichten, den Ehenamen Paule nach der Scheidung nicht abzulegen.

Eine unter Verstoß gegen die Namensvereinbarungen gegenüber dem Standesbeamten abgegebene Erklärung – etwa die vertragswidrige Wiederannahme des Geburtsnamens – ist gleichwohl wirksam. Ein solcher Verstoß kann aber mit einer einmaligen oder für die Dauer des Verstoßes wiederkehrenden Geldzahlungspflicht (sog. **Vertragsstrafe**) sanktioniert werden.

Für Lebenspartner bestehen Vereinbarungsmöglichkeiten in demselben Umfang.

II. Vereinbarungen über den künftigen Aufenthalt (Wohnsitzverbot)

Art. 11 Abs. 1 GG gewährt jedem Deutschen das Recht, seinen Wohnsitz frei zu wählen (Grundrecht auf Freizügigkeit).

FALL 3. Anton beantragt im Zuge der Scheidung von seiner Ehefrau Margot das alleinige Sorgerecht für die gemeinsame Tochter Sarah. Margot, die der Übertragung der elterlichen Sorge auf Anton nichts entgegenzusetzen hat, die aber in der Folge jedes weitere Zusammentreffen mit Anton und Sarah vermeiden möchte, will mit Anton eine Vereinbarung treffen, wonach dieser verpflichtet ist, seinen (und Sarahs) Wohnsitz aus der Stadt zu verlegen.

Vereinbarungen, die einem Ehe- bzw. Lebenspartner untersagen, an einem bestimmten Ort seinen Wohnsitz zu nehmen, beschränken die in Art. 11 Abs. 1 GG gewährleistete Freizügigkeit und sind daher regelmäßig unwirksam. Anton kann sich daher im *Fall 3* nicht wirksam zu einem Wohnsitzwechsel verpflichten. Nur ganz ausnahmsweise und nur bei Vorliegen sehr gewichtiger Gründe kann ein Ehe- bzw. Lebenspartner auf sein Recht auf freie Wohnsitzwahl wirksam verzichten.

6. Kapitel

Folgen der Scheidung/Lebenspartnerschafts-aufhebung für die gemeinsamen Kinder

I. Sorge- und Umgangsrecht

Elterliche Sorge meint die Entscheidungskompetenz (Vertretungsbefugnis) für das minderjährige Kind in rechtlichen und persönlichen Angelegenheiten. Umgangsrecht ist das Recht (u. U. auch die Pflicht), das Kind regelmäßig zu sehen und zu sprechen; es betrifft also den persönlichen Kontakt zum Kind.

1. Sorgerecht

Was sagen Gesetz und Rechtsprechung?

FALL 1. Ernas Ehemann Horst ist verreist. Der 5-jährige gemeinsame Sohn Max hat sich beim Spielen das Knie aufgeschlagen. Mutter Erna fährt Max zum Kinderarzt und lässt die Wunde versorgen.

FALL 2. Jeanette und ihr Ehemann Jobst haben sich endgültig getrennt. Jeanette möchte Jobst nicht aus der Verantwortung für die gemeinsamen Kinder entlassen. Sie ist der Meinung, dass sich durch die Trennung am gemeinsamen Sorgerecht nichts ändern werde. Jobst meint hingegen, dass ihn die Kinder jedenfalls nach der anstehenden Scheidung „nichts mehr angehen".

FALL 3. Im Fall 2 möchte Jobst auch nach der Trennung von Jeanette in allen Dingen, auch bei Kleinigkeiten wie z. B. der Häufigkeit von Computerspielen, dem zeitlichen Umfang von Fernsehschauen und der Regelung des Zubettgehens, gefragt werden. Jeanette meint, solange sich Jobst nicht an der Hausaufgabenbetreuung und dem Wäschewaschen beteilige, möchte sie derartige Dinge selbst entscheiden.

FALL 4. Im Fall 3 können sich Jeanette und Jobst nicht einigen, ob ihre gemeinsame 14-jährige Tochter Tatjana eine weiterführende Schule besuchen soll. Jeanette ist der Ansicht, ihr stünde der „Stichentscheid" zu, da sich Tatjana bei ihr aufhält.

FALL 5. Im Fall 3 herrscht zwischen Jeanette und Jobst „Krieg". Jeanette ist der Meinung, als Mutter werde sie bei einer Scheidung auf jeden Fall „die Kinder bekommen". Jobst ist der Ansicht, der Vater sei in diesem Fall „die bessere Mutter", zumal er als Lehrer die schulische Entwicklung der Kinder besser fördern könne als Zahntechnikerin Jeanette.

FALL 6. Barbara und Ehemann Jan trennen sich. Das Familiengericht überträgt Barbara die Aufenthaltssorge für die gemeinsame Tochter Janine (unter Beibehaltung der gemeinsamen Sorge im Übrigen). Vater Jan willigt ein, dass Janine in den Schulferien eine 6-wöchige Studienreise in die USA unternimmt, nicht zuletzt deshalb, weil Janine die Kosten von ihrem „eigenen Ersparten" bezahlen möchte. Mutter Barbara wiederspricht, weil die Reise 5.000 Euro kostet; außerdem sei eine USA-Reise für eine 15-jährige viel zu gefährlich, Janine solle die Ferien lieber – kostengünstig – gemeinsam mit der Familie von Janines Freundin Isabell in deren Ferienhaus in Dänemark verbringen.

FALL 7. Georg hat nach Trennung von Ehefrau Hanna das alleinige Sorgerecht für die gemeinsame 14-jährige Tochter Leoni bekommen. Als Georg Leonis nächtliche Discothekenbesuche untersagt, während Mutter Hanna das wöchentliche „Saturday-Night"-Ausgehen gestattet, will Leoni, dass „künftig Mummy das Sagen hat".

a) Gemeinsame Sorge bei intakter Ehe

Eltern, die bei Geburt eines gemeinsamen Kindes miteinander verheiratet sind oder später einander heiraten, steht die elterliche Sorge *gemeinsam* zu (§§ 1626 Abs. 1, 1626 a Abs. 1 Nr. 2 BGB). Die elterliche Sorge umfasst die **Personensorge**, also die Sorge um die persönlichen Angelegenheiten des Kindes (z. B. Aufenthaltsbestimmung und Gesundheitsfürsorge), sowie die **Vermögenssorge**, die sich auf wirtschaftliche/finanzielle Angelegenheiten des Kindes bezieht.

Gemeinsames Sorgerecht bedeutet, dass die Eltern das Kind nur *gemeinsam* vertreten können. Eine Vertretung des Kindes durch nur einen Elternteil ist zunächst ausgeschlossen. Es ist den Eltern aber unbenommen, sich in Sorgerechtsangelegenheiten gegenseitig zu bevollmächtigen. Jedenfalls bei alltäglichen Entscheidungen wird man von einer solchen (u. U. „stillschweigend") erteilten gegenseitigen Vollmacht ausgehen können. So kann der behandelnde Arzt im *Fall 1* davon ausgehen, dass der Behandlungswunsch von beiden Eltern getragen wird, Mutter Erna von Vater Horst also zum Abschluss eines Behandlungsvertrages bevollmächtigt ist. Je schwerwiegender der ärztliche Eingriff ist, desto höhere Anforderungen sind aber an eine mutmaßliche Bevollmächtigung zu stellen. Bei Gefahr in Verzug – also in dringenden Fällen, in denen die Entscheidung keinen Aufschub duldet – steht jedem Elternteil bereits kraft Gesetzes das alleinige Vertretungsrecht zu (§ 1629 Abs. 1 Satz 4 BGB); jeder Elternteil kann dann alleine alle Rechtshandlungen vornehmen, die zum Wohl des Kindes notwendig sind. Ein solcher dringender Fall dürfte im *Fall 1* vorliegen, so dass Mutter Erna Söhnchen Max ohnehin allein beim Abschluss des Behandlungsvertrages mit dem Arzt vertreten konnte.

Können sich die Eltern in einer Angelegenheit von erheblicher Bedeutung nicht auf eine einheitliche Ausübung der elterlichen Sorge einigen (§ 1627 BGB), kann jeder von ihnen das Familiengericht mit dem Ziel anrufen, dass ihm die Entscheidung in dieser Angelegenheit oder in einer bestimmten Art von Angelegenheiten der elterlichen Sorge übertragen wird (§ 1628 BGB).

Die sorgerechtlichen Befugnisse eines **Stiefelternteils**, der mit dem *alleinsorgeberechtigten* leiblichen Elternteil verheiratet ist, beschränken sich auf ein Mitentscheidungsrecht in Angelegenheiten des täglichen Lebens – allerdings nur im Einvernehmen mit dem alleinsorgeberechtigten Elternteil (§ 1687b BGB). Dieses Mitentscheidungsrecht des Stiefelternteils erlischt mit Trennung vom leiblichen Elternteil.

Haben **eingetragene Lebenspartner** ein gemeinsames Kind (weil ein Lebenspartner das leibliche Kind des anderen adoptiert hat), steht ihnen das Sorgerecht gemeinsam zu, § 9 Abs. 7 LPartG, § 1754 Abs. 3 BGB; Besonderheiten bestehen insoweit nicht. Bei einseitigen Kindern, für die der leibliche Elternteil *alleinsorgeberechtigt* ist, beschränken sich die sorgerechtlichen Befugnisse des Lebenspartners – wie die des Stiefelternteils – auf ein Mitentscheidungsrecht in Angelegenheiten des täglichen Lebens, § 9 Abs. 1 LPartG.

b) Sorgerecht nach Trennung und Scheidung – Fortbestehen gemeinsamer Sorge

Bis zum Inkrafttreten der Kindschaftsrechtsreform 1998 hatte das Familiengericht – ohne gesonderten Antrag eines Elternteils – bei Scheidung der Ehe stets darüber zu entscheiden, wem nach der Scheidung die elterliche Sorge für ein gemeinsames Kind zustehen sollte. In der Regel bekam die Mutter das alleinige Sorgerecht. Nach nunmehr geltendem Recht lassen **Trennung** und **Scheidung** der Ehegatten das gemeinsame Sorgerecht unberührt. Eine Sorgerechtsregelung zwischen den Eltern trifft das Familiengericht nur noch auf Antrag eines Elternteils. Stellt also im Zuge der Trennung oder Scheidung kein Elternteil einen Antrag auf Übertragung des alleinigen Sorgerechts (s. S. 242 ff.), bleibt es beim **gemeinsamen Sorgerecht** beider Eltern. Im *Fall 2* verbleibt es also bei der gemeinsamen Sorge von Jeanette und Jobst.

Das Gesetz spaltet die elterliche Sorge für die Dauer des Getrenntlebens gleichsam auf (§ 1687 Abs. 1 BGB). Derjenige Elternteil, bei dem sich das Kind – mit Einwilligung des anderen Elternteils oder aufgrund einer gerichtlichen Entscheidung – gewöhnlich aufhält, hat die Befugnis zur *alleinigen* Entscheidung in **Angelegenheiten des täglichen Lebens** (§ 1687 Abs. 1 Satz 2 und 3 BGB). Zu den Angelegenheiten des täglichen Lebens zählen solche Entscheidungen, die häufig vorkommen und keine schwer abzuändernden Auswirkungen auf die Entwicklung des Kindes haben (§ 1687 Abs. 1 Satz 3 BGB). Betroffen sind vor allem Fragen, die sich im schulischen Leben und in der Berufsausbildung des Kindes täglich stellen. Auch Entscheidungen, die im Rahmen der gewöhnlichen medizinischen Versorgung des Kindes zu treffen sind, kann derjenige Elternteil, bei dem sich das Kind aufhält, allein treffen. Dasselbe gilt für vergleichsweise unbedeutende Vermögensangelegenheiten, wie Fragen rund ums Taschengeld und die Verwaltung kleinerer Geldgeschenke. Auch Fragen der tatsächlichen Betreuung, insbesondere die Verköstigung des Kindes und die Entscheidung, wann das Kind zu Bett geht, zählen hierzu. Demgegenüber müssen Angelegenheiten, deren Regelung für das Kind von erheblicher Bedeutung sind, wie die Bestimmung des gewöhnlichen Aufenthaltsortes (etwa bei Wegzug des betreuenden Elternteils oder eines mehrwöchigen Auslandsaufenthalts in den Ferien), die Grundfragen der schulischen und religiösen Erziehung, die Grundfragen der berufliche Ausbildung und die medizinische Versorgung bei größeren Eingriffen, von *beiden* Eltern in gegenseitigem Einvernehmen entschieden werden. Die Abgrenzung der Angelegenheiten des täglichen Lebens von Angelegenheiten von erheblicher Bedeutung kann im Einzelfall schwierig und streitträchtig sein. Im *Fall 3* jedenfalls kann Mutter Jeanette allein über das Computer-Spielen und die Zubettgehzeiten entscheiden; hingegen kann die Entscheidung über den Besuch einer weiterführenden Schule im *Fall 4* nur von beiden Eltern gemeinsam getroffen werden.

Das Alleinentscheidungsrecht des betreuenden Elternteils in Angelegenheiten des täglichen Lebens kann gerichtlich eingeschränkt oder ganz ausgeschlossen werden, wenn und soweit es das Kindeswohl erfordert (§ 1687 Abs. 2 BGB).

Für **Angelegenheiten**, die für das Kind **von erheblicher Bedeutung** sind, verbleibt es – wie gesehen – auch nach der Trennung beim *gemeinsamen* Entscheidungsrecht beider Eltern. Meinungsverschiedenheiten der Eltern in einzelnen Angelegenheiten müssen nicht notwendig das Ende der gemeinsamen elterlichen Sorge bedeuten, da das Familiengericht auch hier auf Antrag eines Elternteils die

Entscheidungsbefugnis auf den einen oder anderen Elternteil übertragen kann (§ 1628 BGB). So kann im *Fall 4* jeder Elternteil das Familiengericht zur Übertragung der alleinigen Entscheidungsbefugnis anrufen.

Ist **Gefahr in Verzug**, ist jeder Elternteil – unabhängig davon, ob es sich um Angelegenheiten des täglichen Lebens handelt – weiterhin allein entscheidungsberechtigt (§§ 1687 Abs. 1 Satz 5, 1629 Abs. 1 Satz 4 BGB).

c) Übertragung der elterlichen Sorge auf einen Elternteil

Die Aufhebung der gemeinsamen elterlichen Sorge kann – abgesehen vom Sorgerechtsentzug (§ 1666 BGB) – erst und nur dann erfolgen, wenn die Eltern *endgültig getrennt* leben und zumindest ein Elternteil einen *Antrag* auf Übertragung des Sorgerechts stellt (§ 1671 Abs. 1 BGB). Unerheblich ist, ob bereits ein Ehescheidungs- bzw. Lebenspartnerschaftsaufhebungsverfahren anhängig ist. Wird das Familiengericht gleich nach der Trennung angerufen und überträgt es einem Elternteil das alleinige Sorgerecht, gilt diese Entscheidung auch für die Zeit nach der Rechtskraft des Scheidungsbeschlusses fort.

Leben die Eltern getrennt und hat ein Elternteil einen Antrag auf Übertragung des Sorgerechts gestellt, überträgt das Familiengericht das Sorgerecht dem Antragsteller, wenn der andere Elternteil **zustimmt** und das Kind, sofern es das 14. Lebensjahr bereits vollendet hat, der Übertragung nicht widerspricht (§ 1671 Abs. 2 Nr. 1 BGB).

Stimmt der andere Elternteil der Übertragung des Sorgerechts auf den Antragsteller nicht zu, kommt eine Übertragung nur dann in Betracht, wenn zu erwarten ist, dass die Aufhebung der gemeinsamen Sorge und die Übertragung auf den Antragsteller dem Wohl des Kindes am besten entspricht (§ 1671 Abs. 2 Nr. 2 BGB). Das zur Entscheidung berufene Gericht muss folglich in einem ersten Schritt prüfen, ob *die Aufhebung der gemeinsamen Sorge* überhaupt dem Kindeswohl entspricht. Hierbei ist zu berücksichtigen, dass derjenige Elternteil, bei dem sich das Kind aufhält, in Fragen des täglichen Lebens ohnehin schon das alleinige Entscheidungsrecht hat. Eine Aufhebung der gemeinsamen Sorge kann dem Kindeswohl dienen, wenn eine Konsens- und Kooperationsbereitschaft der Eltern in sonstigen Angelegenheiten, in denen das gemeinsame Entscheidungsrecht fortbesteht, nach Überzeugung des Gerichts nicht besteht. Das ist dann der Fall, wenn die Eltern wegen des zwischen ihnen bestehenden Zerwürfnisses nicht mehr gewillt sind, die Verantwortung für die Kinder gemeinsam zu tragen. Streit lediglich in Nebenpunkten steht einer gemeinsamen Sorge nicht entgegen; anders aber, wenn die Eltern in grundsätzlichen Fragen unterschiedlicher Meinung sind und ihr Zerwürfnis sie hindert, die Belange der Kinder wahrzunehmen. Kommt das Gericht zu dem Ergebnis, dass die Aufhebung der gemeinsamen Sorge dem Wohl des Kindes erwartungsgemäß am besten entspricht, hat es in einem zweiten Schritt zu prüfen, ob die *Übertragung des Sorgerechts gerade auf den Antragsteller* dem Kindeswohl voraussichtlich am besten entspricht. Entscheidungserheblich ist, ob der Antragsteller am besten geeignet und in der Lage ist, sich um die Erziehung und Pflege des Kindes zu kümmern (sog. Förderungsprinzip). Ferner kommt der Stetigkeit der Entwicklung und Erziehung besonderes Gewicht zu, um das Kind vor einer zusätzlichen Veränderung seiner Lebensverhältnisse zu bewahren (sog. Kontinuitätsprinzip); Schulwechsel, Verlust der Freunde und des sozialen Umfelds sollen vermieden werden. Kommt das Gericht zu der Überzeugung, dass der andere, nicht Antrag stellende Elternteil besser geeignet wäre, kann es das alleinige Sorgerecht nur dann auf diesen Elternteil übertragen, wenn auch dieser einen Antrag auf Übertragung des Sorgerechts auf sich stellt; andernfalls verbleibt es bei der gemeinsamen Sorge beider Eltern. Im *Fall 5* muss das Gericht den vorgetragenen Sachverhalt prüfen und umfassend würdigen. Lässt sich nicht feststellen, ob die Übertragung des Sorgerechts auf Jeanette oder Jobst dem Wohl des Kindes am besten entspricht, bleiben auch zankende Eltern in der gemeinsamen Sorge vereint.

Einen Antrag beim Familiengericht stellen kann nur der Elternteil, der das Sorgerecht allein übernehmen will. Ein Antrag, mit dem erreicht werden soll, dass die elterliche Sorge dem *anderen* Elternteil übertragen wird, ist unzulässig. Jobst kann also im *Fall 2* nicht beim Familiengericht beantragen, das Sorgerecht auf Jeanette zu übertragen.

Der Antrag kann auf Übertragung des gesamten Sorgerechts gerichtet sein. Er kann aber auch auf bestimmte Teilbereiche beschränkt werden (sog. partielle Alleinsorge), etwa das Aufenthaltsbestimmungsrecht (§ 1631 Abs. 1 BGB); in allen anderen Bereichen bleibt dann das gemeinsame Sorgerecht bestehen (wiederum mit dem Alleinentscheidungsrecht des obhutführenden Elternteils in Angelegenheiten des täglichen Lebens und dem Alleinvertretungsrecht eines jeden Elternteils bei Gefahr in Verzug). In der Praxis kann eine Aufspaltung des Sorgerechts in Teilbereiche – im *Fall 6* die Übertragung des Aufenthaltsbestimmungsrecht auf Mutter Barbara bei Aufrechterhaltung der gemeinsamen Sorge im Übrigen – Abgrenzungsschwierigkeiten hervorrufen: Einerseits betrifft die Entscheidung zwischen USA-Reise und Dänemark-Urlaub Fragen der Aufenthaltsbestimmung; da aber sowohl die USA-Reise als auch der Dänemark-Urlaub Kosten verursachen, ist auch die Vermögenssorge betroffen.

Das Kind selbst hat in Sorgerechtsfragen kein eigenes Antragsrecht. Im *Fall 7* kann Leoni nicht etwa die Übertragung des Sorgerechts auf die Mutter beantragen. Das Kind ist jedoch in einem gerichtlichen Sorgerechtsverfahren zu beteiligen und anzuhören, sobald es einsichtsfähig ist.

Überträgt das Gericht einem Elternteil die Alleinsorge und hält sich das Kind mit Einwilligung des sorgeberechtigten Elternteils beim anderen Elternteil auf, so hat dieser die Befugnis zur alleinigen Entscheidung in Angelegenheiten der tatsächlichen Betreuung sowie ein Notvertretungsrecht (§§ 1687a, 1687 Abs. 1 Satz 4 und 5, 1629 Abs. 1 Satz 4).

An dieser Stelle sei klargestellt, dass die vollständige oder teilweise Übertragung des Sorgerechts die allgemeinen verwandtschaftlichen Beziehungen sowie das Unterhalts- und Erbrecht unberührt lässt. Zu den Auswirkungen auf das Unterhaltsrecht *s. aber S. 106*.

Das Familiengericht kann eine einmal getroffene Sorgerechtsentscheidung nachträglich abändern, allerdings nur, wenn dies aus triftigen, das Wohl des Kindes nachhaltig berührenden Gründen angezeigt ist (§ 1696 Abs. 1 BGB). Das ist nicht nur dann der Fall, wenn der sorgeberechtigte Elternteil – etwa infolge einer Erkrankung –

nicht mehr erziehungsfähig ist oder er das Kind verwahrlosen lässt. Auch die Verehelichung des Sorgeberechtigten, ein geänderter gemeinsamer Wille der Eltern (insbesondere bei einer Rückkehr von der Alleinsorge eines Elternteils zur gemeinsamen Sorge), Zuwiderhandlungen gegen gerichtliche Anordnungen (insbesondere im Bereich des Umgangs) und der Wunsch des Kindes, zum anderen Elternteil zu wechseln, sind zu beachten. Allerdings darf der Wille des Kindes dann nicht ausschlaggebend sein, wenn er – wie bei Leoni im *Fall 7* – lediglich von der Vorstellung geprägt wird, der bevorzugte Elternteil werde ihm sämtliche Wünsche erfüllen.

Was können die Ehegatten/Lebenspartner vereinbaren?

FALL 8. Adam und Klara trennen sich. Weil Adam einen Job in Südafrika annehmen möchte, verständigen sie sich darauf, dass Klara das alleinige Sorgerecht für die gemeinsam 3-jährige Tochter Anaïs erhalten soll. Adam und Klara meinen, es sei – da zwischen ihnen ja kein Streit bestünde – völlig ausreichend, das Sorgerecht durch privatschriftliche Vereinbarung auf Klara zu übertragen.

FALL 9. Im Fall 8 entschließen sich Adam und Klara „sicherheitshalber" doch ein gerichtliches Sorgerechtsverfahren durchzuführen. Vor Gericht widerruft Adam die privatschriftliche Vereinbarung mit Klara, nachdem sein Chef ihm mitgeteilt hat, dass nicht er, sondern Arbeitskollege Claus den begehrten Job in Südafrika bekommt. Adam beantragt nunmehr die Übertragung des alleinigen Sorgerechts für Anaïs auf sich.

FALL 10. Horst und Erna verständigen sich nach der Trennung darauf, das gemeinsame Sorgerecht für den Sohn Patrick beizubehalten. Patrick leidet an Mukoviszidose und muss deswegen regelmäßig in ärztliche Behandlung. Da Patrick bei Erna leben soll und Horst unter der Woche auf Montage unterwegs und nur schwer zu erreichen ist, wird Erna von Horst ermächtigt, in alltäglichen Fragen der Gesundheitsfürsorge und beim Abschluss von Behandlungsverträgen mit Ärzten und Krankenhäusern allein für Patrick zu entscheiden.

FALL 11. Sandra hat für ihre ersteheliche Tochter Esther das alleinige Sorgerecht. Als sich Sandra von ihrem zweiten Ehemann Eric trennt, möchte Sandra, dass Eric für Esther „sorgeberechtigt" bleibt. Jedenfalls soll Eric nach Sandras Tod das Sorgerecht für Esther erhalten.

Wie gesehen, überträgt das Gericht einem Elternteil das **alleinige Sorgerecht**, wenn der andere Elternteil zustimmt. Das Gericht ist an einen übereinstimmenden Wunsch der Eltern gebunden, wenn nicht das Kindeswohl entgegensteht. Eine Übertragung der Alleinsorge auf einen Elternteil *ohne* Anrufung des Gerichts, nur durch Vereinbarung zwischen den Eltern ist nicht möglich. Im *Fall 8* können – und müssen – Adam und Klara beim Familiengericht einen Antrag auf Übertragung des alleinigen Sorgerechts auf Klara stellen.

Ehe das Gericht die Übertragung des alleinigen Sorgerechts auf einen Elternteil ausspricht, kann der andere Elternteil – wie Adam im *Fall 9* – sein im Vorfeld geäußertes Einverständnis hierzu frei widerrufen. Hat das Gericht aber erst einmal entschieden, kann der vormals einwilligende Elternteil die Sorgerechtsübertragung nicht dadurch wieder zu Fall bringen, dass er seine Einwilligung widerruft.

Behalten die Eltern das **gemeinsame Sorgerecht** bei, sollten sie – wie im *Fall 10* – (ggf. im Rahmen einer ausdrücklichen Bevollmächtigung) jedenfalls den Kreis der Angelegenheiten, die das tägliche Leben betreffen und in denen dem Elternteil, bei dem sich das Kind aufhält, das alleinige Entscheidungsrecht zusteht (§ 1687 Abs. 1 BGB), tatbestandlich fixieren, um spätere Streitigkeiten zu vermeiden. Erfasst die Vereinbarung auch Angelegenheiten, die von der gesetzlichen Vertretungsmacht in Angelegenheiten des täglichen Lebens nicht mehr erfasst sind, ist in der Vereinbarung jedenfalls eine (zulässige) Vollmachtserteilung an den anderen Elternteil zu sehen.

Bei **Stiefkindern** ist eine Vereinbarung über das Fortbestehens des Mitentscheidungsrechts in Angelegenheiten des täglichen Lebens (§ 1687b BGB, § 9 Abs. 1 LPartG) nach der Ehescheidung bzw. Lebenspartnerschaftsaufhebung nicht möglich. Im *Fall 11* besteht keine Möglichkeit, Eric weiterhin ein Mitentscheidungsrecht in Sorgeangelegenheiten zu gewähren (gemeint ist das Mitentscheidungsrecht im Sinne von § 1687b BGB; natürlich kann Sandra, bevor sie eine Entscheidung für Esther trifft, Eric weiterhin nach seiner Meinung fragen). Benennt der leibliche Elternteil für den Fall seines Todes den Stiefelternteil zum Vormund des Kindes, ist dies nach derzeitiger Rechtslage ebenfalls nicht zielführend. Denn selbst wenn der verstorbene Elternteil – wie Sandra im *Fall 11* – alleine sorgeberechtigt war, hat das Familiengericht das Sorgerecht vorrangig dem überlebenden Elternteil (also Esthers leiblichem Vater) zu übertragen, sofern dies dem Wohl des Kindes nicht widerspricht (§ 1680 Abs. 2 BGB).

Soweit das Gesetz eine einvernehmliche Regelung zum Sorgerecht zulässt, sollten sich die Partner – so angespannt ihr Verhältnis auch sein mag – um Einvernehmen bemühen. Sorgerechtsstreitigkeiten werden immer auch auf den Schultern der Kinder ausgetragen. Ein Mediationsverfahren kann hier helfen. Das mit einem Sorge- bzw. Umgangsrechtsstreit befasstes Gericht soll auf eine einvernehmliche Regelung der Eltern hinwirken sowie auf Möglichkeiten der Beratung durch die Beratungsstellen und -dienste der Träger der Jugendhilfe oder auf die Durchführung eines Mediationsverfahrens hinweisen (§ 156 Abs. 1 FamFG). Sorgerechtsvereinbarungen werden in der Regel nicht isoliert, sondern gemeinsam mit Vereinbarungen zum Umgangsrecht getroffen.

2. Umgangsrecht

Was sagen Gesetz und Rechtsprechung?

FALL 12. Maria verweigert ihrem Ex-Mann Albert grundlos jeglichen Kontakt zum gemeinsamen Sohn Stefan. Albert nimmt sich einen Anwalt und möchte sein „Besuchsrecht" an einem Tag pro Woche notfalls einklagen. Sohn Stefan freut sich schon darauf, samstags wieder mit Papa ins Fußballstadion zu gehen.

FALL 13. Jedes Mal, wenn die 13-jährige Tina von ihrem Vater Harry zurückkommt, gibt es Streit mit Mutter Betty (Harrys Ex-Frau), der die Alleinsorge für Tina zusteht. Betty ist genervt und möchte Harry den Umgang mit Tina untersagen. Harry ist der Ansicht, Bettys verschrobene

Ansichten hätten schon seine Ehe zerstört, er wolle seinem Kind die für eine Erziehung zur Selbständigkeit notwendigen Freiräume belassen. Diese Freiräume sieht Harry vor allem darin verwirklicht, dass er sich nicht an die vereinbarten Zeiten für das Abholen und Zurückbringen von Tina hält; immer wieder kommt es vor, dass er Tina, statt wie vereinbart am Sonntagnachmittag, erst spät in der Nacht zu Betty zurückbringt, was jedes Mal zu heftigem Streit zwischen Betty und Harry und gegenseitigen Beschimpfungen führt. Betty meint, Harry störe ihr Erziehungskonzept.

Der Gesetzgeber geht davon aus, dass der persönliche Kontakt eines (minderjährigen) Kindes zu *beiden* Elternteilen am ehesten dem Kindeswohl entspricht; auch nach Trennung und Scheidung der Eltern soll das Kind die Möglichkeit haben, den Kontakt zu *beiden* Elternteilen aufrechtzuerhalten.

Das Umgangsrecht besteht unabhängig vom Sorgerecht. Jeder Elternteil, gleichgültig ob er Inhaber der elterlichen Sorge ist, hat das Recht, aber auch die Pflicht zum Umgang mit seinem Kind; das Kind wiederum hat Anspruch auf Umgang mit seinen Eltern (§ 1684 Abs. 1 BGB). Im *Fall 12* wird Vater Albert sein Umgangsrecht daher erfolgreich einklagen können.

Neben den Eltern des Kindes haben unter der zusätzlichen Voraussetzung, dass der Umgang dem Wohl des Kindes dient, auch Großeltern und Geschwister, der Ehegatte oder der frühere Ehegatte eines Elternteils, der Lebenspartner oder der frühere Lebenspartner eines Elternteils sowie andere Personen, die mit dem Kind längere Zeit in häuslicher Gemeinschaft gelebt haben, ein Recht auf Umgang mit dem Kind (§ 1685 BGB).

Der Umgang verwirklicht sich gewöhnlich in regelmäßigen, zeitlich begrenzten Kontakten, Besuchen, gemeinsamen Wochenenden, Reisen und sonstigen Unternehmungen. Umgang bedeutet aber nicht nur „persönliche Begegnung“; auch briefliche und telefonische Kontakte sind denkbar und vom Umgangsrecht umfasst. Den finanziellen, zeitlichen und organisatorischen Aufwand, der mit dem Abholen und Zurückbringen des Kindes verbunden ist, trägt – jedenfalls dann, wenn die Wohnorte der Eltern nicht weit auseinander liegen – der umgangsberechtigte Elternteil.

Die Eltern haben alles zu unterlassen, was das Verhältnis des Kindes zum jeweils anderen Elternteil beeinträchtigt oder die Erziehung erschwert (§ 1684 Abs. 2 BGB). Wird diese Neutralitätspflicht dauerhaft oder wiederholt erheblich verletzt, kann das Familiengericht einen so genannten **Umgangspfleger** bestellen, der für eine entsprechende Ausgestaltung des Umgangsrechts Sorge trägt. Für die Dauer des Umgangs steht dem Umgangspfleger das Aufenthaltsbestimmungsrecht für das Kind zu; er kann daher die „Herausgabe" des Kindes zur Durchführung des Umgangs verlangen (§ 1684 Abs. 3 BGB). Im *Fall 13* kann die Anordnung einer vorübergehenden Umgangspflegschaft angezeigt sein, um eine geregeltes und konfliktfreies Abholen und Zurückbringen von Tina zur Mutter sicherzustellen.

Das Familiengericht kann Umfang und Ausübung des Umgangsrechts näher regeln, § 1684 Abs. 3 Satz 1 BGB. Das Gericht trifft eine solche **Umgangsregelung** auf Antrag des umgangsberechtigten oder des sorgeberechtigten Elternteils, aber auch von Amts wegen – d. h. ohne dass es eines Antrags bedürfte –, wenn und soweit es das Kindeswohl erfordert. Auf die Wünsche des Kindes hat das Gericht dabei Rücksicht zu nehmen. Das Familiengericht kann – wenn dies nicht ausnahmsweise zum Wohl des Kindes erforderlich ist – nicht die Abwesenheit des neuen Partners des umgangsberechtigten Elternteils bei Ausübung des Umgangsrechts anordnen.

Eine **Einschränkung** oder ein **Ausschluss** des Umgangs ist nur möglich, wenn dies zum Wohl des Kindes erforderlich ist (§ 1684 Abs. 4 Satz 1 BGB). Beispiele sind der sexuelle Missbrauch des Kindes durch den Umgangsberechtigten (nicht jedoch bereits das Bestehen pädophiler Neigungen), eine starke (objektiv gerechtfertigte) Abneigung des Kindes gegen den umgangsberechtigten Elternteil oder eine fortgesetzte negative Beeinflussung des Kindes gegen den Sorgeberechtigten. Auch kann der Umgang im Beisein eines neutralen Dritten, meist eines Mitarbeiters des Jugendamts, angeordnet werden, sog. **begleiteter Umgang** (§ 1684 Abs. 4 Satz 3 BGB).

Nach nunmehr vertretener Ansicht des Bundesgerichtshofs ist auch eine gerichtliche Umgangsregelung, die im Ergebnis zu einer gleichmäßigen Betreuung des Kindes durch beide Eltern im Sinne eines paritätischen Wechselmodells führt, vom Gesetz nicht ausgeschlossen (sog. **Wechselmodell**). D. h. das Familiengericht kann den Umgang derart ausgestalten, dass das minderjährige Kind die eine Hälfte der Betreuungszeit beim Kindesvater und die andere Hälfte bei der Kindesmutter verbringt, etwa im wöchentlich wechselnden Rhythmus. Maßstab für die Anordnung und Ausgestaltung eines Wechselmodells ist das im konkreten Einzelfall festzustellende Kindeswohl (§ 1697a BGB). Folglich kann das Familiengericht ein Wechselmodell auch dann anordnen, wenn ein Elternteil dies ablehnt. Allerdings setzt die Anordnung eines Wechselmodells eine bestehende Kommunikations- und Kooperationsfähigkeit der Eltern voraus.

Im Falle des Wechselmodells haben grds. beide Elternteile für den Barunterhalt des Kindes einzustehen (siehe hierzu auch S. 255). Der Unterhaltsbedarf richtet sich nach dem beiderseitigen Einkommen der Eltern und umfasst auch infolge des Wechselmodells entstehende Mehrkosten. Ein während der Betreuungszeit im Wechselmodell geleisteter Naturalunterhalt wird auf den geschuldeten Barunterhalt angerechnet, so dass sich der Anspruch auf Barunterhalt auf die verbleibende Unterhaltsspitze richtet.

Was können die Ehegatten/Lebenspartner vereinbaren?

FALL 14. Im Fall 12 einigen sich Maria und Albert im Rahmen einer Scheidungsvereinbarung schließlich darauf, dass Maria das Sorgerecht für Stefan bekommen soll. Jedes zweite Wochenende und die erste Hälfte der Schulferien soll Stefan bei Albert verbringen. Außerdem darf Stefan seinen Vater zu jedem Heimspiel von Jahn Regensburg begleiten. Für den Fall, dass sich Maria nicht an die Vereinbarung hält, soll sie Albert 100 Euro „Vertragsstrafe" zahlen.

FALL 15. Im Fall 14 verpflichtet sich Maria, alleine für den Kindesunterhalt aufzukommen. Im Gegenzug verzichtet Albert auf sein Umgangsrecht mit Stefan.

FALL 16. Eva hatte in den fünf Jahren seit der Scheidung von Ehemann Robert vier neue – und mittlerweile auch schon wieder beendete – Beziehungen. Evas und Roberts gemeinsamer Sohn Christian versteht sich mit den vier Ex-Freunden seiner Mutter nach wie vor gut. Um seinem Sohn den „schlechten Umgang mit Evas Lovern zu ersparen", möchte Robert eine Vereinbarung mit Eva treffen, wonach Eva jeglichen Kontakt zwischen ihren Ex-Freunden und Christian unterbinden soll.

Vereinbarungen zwischen den Eltern über die Ausgestaltung des Umgangs, sogenannte „**Elternvereinbarungen**" – wie Maria und Albert sie im *Fall 14* getroffen haben – sind zulässig und für jeden Elternteil verbindlich (so sieht das jedenfalls die Mehrzahl der Juristen). Der Gesetzgeber fördert solche Vereinbarungen sogar, wenn er vorschreibt, dass der Scheidungsantrag eine Erklärung enthalten soll, ob die Ehegatten eine Regelung über den Umgang mit den gemeinsamen minderjährigen Kindern getroffen haben, § 133 Abs. 1 Nr. 2 FamFG. Die Eltern können sich – stets orientiert am Kindeswohl – über Art, Ort, Zeit, Dauer und Häufigkeit des Umgangs einigen und vor allem feste Besuchszeiten, den Urlaub mit dem Kind und die „Verteilung" der Feiertage regeln, soweit dadurch das Recht des Kindes auf Umgang mit beiden Eltern nicht beeinträchtigt wird. Um späteren Streit und Zweifelsfragen zu vermeiden, sollten die Eltern ihre Umgangsregelung möglichst präzise formulieren.

Erzwingbar sind Elternvereinbarungen aber nur, wenn sie **vom Familiengericht gebilligt** werden, §§ 86 Abs. 1 Nr. 2, 156 Abs. 2 FamFG. Ein solcher „gerichtlich gebilligter Vergleich" über die Ausgestaltung des Umgangs erfordert nicht nur Einvernehmen der Eltern, sondern auch die Zustimmung des Kindes (die aber, wenn das Kind noch nicht 14 Jahre alt ist, in der Regel von den Eltern als gesetzliche Vertreter erteilt wird) und ggf. die Zustimmung des Jugendamtes und eines zur Wahrnehmung der Rechte des Kindes bestellten Verfahrensbeistands. Insbesondere aber darf die Elternvereinbarung dem Kindeswohl nicht widersprechen, § 156 Abs. 2 Satz 2 FamFG. Wegen der dem Gericht vorbehaltenen Prüfung der Elternvereinbarung am Maßstab des Kindeswohls können die Eltern einen Verstoß gegen eine nur privatschriftliche Elternvereinbarung auch nicht selbst sanktionieren; Marias Vertragsstrafversprechen im *Fall 14* ist daher unwirksam.

Unzulässig ist ein vollständiger **Verzicht** auf das Umgangsrecht. Zulässig ist hingegen *eine am Kindeswohl orientierte* Vereinbarung, wonach der Umgangsberechtigte sein Umgangsrecht vorübergehend nicht ausüben wird. Knüpft der Umgangsberechtigte aber an die Nichtausübung seines Umgangsrechts ein Entgelt, insbesondere eine Freistellung von seiner Unterhaltspflicht gegenüber dem Kind, liegt eine sittenwidrige und deshalb nichtige Kommerzialisierung des Umgangsrechts vor; im *Fall 15* ist die Abrede zwischen Maria und Albert demnach unwirksam.

Auch Großeltern und Geschwistern sowie sonstigen engen Bezugspersonen kann – wie gesehen – ein eigenes Umgangsrecht mit dem Kind zustehen. Liegen die Voraussetzungen für deren Umgangsrecht vor, können die Eltern keine ausschließende Vereinbarung treffen. Eine dennoch getroffene Vereinbarung hat für den umgangsberechtigten Dritten keine Auswirkung. Im *Fall 16* kann sich Eva nicht wirksam dazu verpflichten, den Umgang zwischen ihren Ex-Freunden und Christian zu vereiteln.

3. Auskunftsanspruch

FALL 17. Vater Kurt möchte von seiner Ex-Frau Regine über die schulischen Leistungen des gemeinsamen Sohnes Rocky unterrichtet werden. Regine meint, sie brauche keine Auskunft zu erteilen; schließlich habe sich Kurt früher auch nie um die schulischen Leistungen der Kinder oder die Hausaufgabenbetreuung gekümmert.

Jeder Elternteil hat einen Anspruch auf **Auskunft über die persönlichen Verhältnisse** des Kindes (§ 1686 Satz 1 BGB). Ein Auskunftsinteresse eines Elternteils bestehen vor allem dann, wenn das Kind – infolge der Trennung seiner Eltern – seinen gewöhnlichen Aufenthalt beim anderen Elternteil hat.

Der Auskunftsanspruch umfasst alle für das Befinden und die Entwicklung des Kindes wesentlichen tatsächlichen oder auch rechtlichen Umstände. Begrenzt wird der Anspruch durch ein entgegenstehendes Kindeswohl. Widerspricht das Kind der Auskunft, kann dem im Rahmen der Kindeswohlprüfung Rechnung getragen werden. Bei einem fast volljährigen Kind kann der zur Personensorge berechtigte Elternteil gegen den Willen des Kindes nicht verpflichtet werden, Auskunft über Arztbesuche oder gesellschaftliche und soziale Kontakte zu geben.

Das Recht auf Auskunft besteht – vorbehaltlich der Kindeswohlprüfung – auch dann, wenn das Kind jeglichen Kontakt mit dem Auskunft begehrenden Elternteil ablehnt. Rechtsmissbräuchlich ist das Auskunftsverlangen aber, wenn der auskunftsbegehrende Elternteil selbst jeglichen Kontakt zum Kind ablehnt. Im *Fall 17* muss Mutter Regine Ex-Mann Kurt Auskünfte über Rockys schulischen Leistungen erteilen.

Das Auskunftsverlangen kann vor dem Familiengericht gerichtlich durchgesetzt werden.

II. Kindesunterhalt

Was sagen Gesetz und Rechtsprechung?

FALL 18. Roberta hat seit der Scheidung von Ehemann Albert die alleinige elterliche Sorge für die gemeinsamen 5- und 7-jährigen Kinder, die auch bei Roberta leben, inne. Albert ist bereit, Unterhalt für die beiden Kinder zu zahlen. Allerdings meint er, Roberta müsse ebenfalls finanzielle Mittel zum Kindesunterhalt beisteuern; vom Gute-Nacht-Geschichten-Vorlesen allein würden die Kinder schließlich nicht satt.

FALL 19. Im Fall 18 behalten Roberta und Albert das gemeinsame Sorgerecht. Sie vereinbaren, dass die Kinder abwechselnd eine Woche bei Roberta und eine Woche bei Albert wohnen.

FALL 20. Im Fall 18 verweigert Albert die Zahlung von Kindesunterhalt, weil die Kinder jeweils über ein eigenes Sparbuch mit einem Guthaben in Höhe von 5.000 Euro verfügen. Die Kinder müssten, so Albert, erst dieses Guthaben aufbrauchen, ehe sie ihren Vater in Anspruch nehmen könnten.

FALL 21. Im Fall 18 ist Roberta und Albert unklar, wie sich das Kindergeld beim Unterhalt auswirkt. Das Kindergeld wird an Roberta ausbezahlt.

FALL 22. Aus Scham vor den Nachbarn will Sybille nicht offenbaren, dass sich Ehemann Jakob in der Silvesternacht aus dem Staub gemacht hat. Erst als ihr Erspartes knapp wird, wendet sie sich an Rechtsanwalt Kuno, der den Unterhalt für die gemeinsamen Kinder, Ernestine und Patrick, und zwar auch für die vergangenen sieben Monate, beitreiben soll.

Die Frage, ob Eltern einem Kind Unterhalt schulden, bestimmt sich nach den allgemeinen Vorschriften über den **Verwandtenunterhalt** (§§ 1601 ff. BGB). Die Unterhaltspflicht der Eltern gegenüber einem Kind besteht unabhängig vom (Fort-)Bestand einer Ehe bzw. Lebenspartnerschaft zwischen den Eltern. Zwischen den Eltern brisant wird die Frage nach dem Kindesunterhalt aber regelmäßig mit der Trennung der Eltern.

1. Anspruch

Der Anspruch des Kindes gegen seine Eltern auf Unterhalt gründet sich alleine auf das zwischen ihnen bestehende Verwandtschaftsverhältnis; Verwandte in gerade Linie schulden einander Unterhalt (§ 1601 BGB). Kinder stammen von ihren Eltern in gerader Linie ab. Folglich sind beide Elternteile ihren Kindern gegenüber jeweils unterhaltspflichtig.

a) Minderjährige Kinder

Beide Eltern haften für die Erfüllung der Unterhaltspflicht anteilig; das Kind kann also von Vater und Mutter den deren jeweiliger Leistungsfähigkeit entsprechenden Teil des Unterhalts verlangen (§ 1606 Abs. 3 BGB). Dabei ist aber zu beachten, dass der das minderjährige (unverheiratete) **Kind betreuende Elternteil** seine Unterhaltsleistung in der Regel durch Gewährung von Naturalunterhalt erbringt, indem er dem Kind Wohnraum, Essen, Betreuung, etc. kostenfrei zur Verfügung stellt (sog. **Naturalunterhalt**). Der **nicht betreuende Elternteil** erbringt seine Unterhaltsleistung hingegen durch Zahlung eines monatlichen Geldbetrags (sog. **Barunterhalt**). Im *Fall 18* muss demnach nur Albert Barunterhalt leisten; Roberta kommt ihrer Unterhaltspflicht durch Gewährung von Naturalunterhalt nach.

Teilen sich die Eltern hingegen – wie im *Fall 19* – die Betreuung des Kindes und verfügen beide Eltern über Erwerbseinkünfte, richtet sich der Unterhaltsbedarf des Kindes nach den Einkünften beider Eltern; er wird um einen Mehrbedarf wegen der Betreuung in zwei getrennten Haushalten erhöht. Der so ermittelte Bedarf wird zwischen den Eltern anteilig nach dem Verhältnis ihres unterhaltserheblichen Einkommens aufgeteilt. Jeder Elternteil schuldet hier also sowohl Natural- als auch Barunterhalt (s. auch S. 249 f. zum sog. Wechselmodell).

Unverheirateten minderjährigen Kindern stellt das Gesetz volljährige unverheiratete Kinder, die das 21. Lebensjahr noch nicht vollendet haben, im Haushalt eines oder beider Elternteile leben und sich in der allgemeinen Schulausbildung befinden, gleich (§ 1603 Abs. 2 Satz 2 BGB).

b) Volljährige Kinder

Gegenüber volljährigen Kindern (wenn sie minderjährigen nicht ausnahmsweise gleich stehen, s. o.) sind beide Elternteile stets **barunterhaltspflichtig**.

Ganz ausnahmsweise kann der Unterhaltsanspruch des volljährigen Kindes der Höhe nach beschränkt sein oder auch ganz wegfallen, wenn das Kind durch sein eigenes sittliches Verschulden bedürftig geworden ist, eine eigene Unterhaltspflicht gegenüber dem Unterhaltspflichtigen gröblich vernachlässigt hat oder sich vorsätzlich einer schweren Verfehlen gegen den Unterhaltspflichtigen oder eines seiner nahen Verwandten schuldig gemacht hat (§ 1611 Abs. 1 BGB).

2. Bedürftigkeit

Das dem Grunde nach unterhaltsberechtigte Kind muss auch bedürftig sein. Bedürftigkeit meint, dass der Unterhaltsberechtigte außerstande ist, sich selbst zu unterhalten (§ 1602 Abs. 1 BGB). Bei minderjährigen Kindern wird die Bedürftigkeit vermutet. **Eigene Einkünfte** des Kindes, etwa Zinseinkünfte aus Kapital oder Mieteinkünfte, mindern die Bedürftigkeit. Allerdings muss ein minderjähriges Kind etwa vorhandenes **Vermögen** nicht für den eigenen Unterhalt verwenden (§ 1602 Abs. 2 BGB). Anders verhält es sich bei volljährigen Kindern, die sich nicht mehr in der allgemeinen Schulausbildung befinden; diese müssen auch einen etwa vorhandenen Vermögensstock angreifen. Im *Fall 20* müssen die beiden minderjährigen Kinder zwar nicht ihr Sparguthaben angreifen; sie müssen sich aber Zinserträge als bedarfsminderndes Einkommen auf ihre Unterhaltsansprüche anrechnen lassen.

3. Unterhaltshöhe

Der Kindesunterhalt umfasst den **gesamten Lebensbedarf** eines Kindes, einschließlich einer Berufsvorbildung (Schulausbildung, Studium, Lehre). Die konkrete Höhe des Unterhalts bemisst sich – da Kinder noch keine eigene Lebensstellung haben – nach der Lebensstellung der Eltern (§ 1610 BGB). Maßstab hierfür ist das „bereinigte" Nettoeinkommen (s. S. 148) des barunterhaltspflichtigen Elternteils. Hierüber muss der barunterhaltspflichtige Elternteil Auskunft erteilen, die notfalls auch gerichtlich durchgesetzt werden kann (§ 1605 BGB). Neu im Gesetz ist die Möglichkeit des Familiengerichts, sich Auskünfte direkt beim Arbeitgeber, Finanzamt, Versicherungsträger, etc. einzuholen, wenn der Auskunftspflichtige auf eine gerichtliche Aufforderung hin seine Einkünfte nicht offenbart (§§ 235, 236 FamFG).

Durch die Reform des Unterhaltsrechts im Jahr 2008 wurde für minderjährige Kinder ein sog. Mindestunterhalt eingeführt, nach dem sich der zu zahlende Barunterhalt bemisst (§ 1612 a BGB). Berechnungsgrundlage des Mindestunterhalts ist seit Anpassung der gesetzlichen Regelung im Jahre 2016 nunmehr das sog. „steuerfrei zu stellende sächliche Existenzminimum des minderjährigen Kindes" (§ 1612a Abs. 1 S. 2 BGB). Dieses wird per Verordnung des Bundesjustizministeriums alle zwei Jahre festgesetzt werden, erstmals zum 1.1.2016. Abhängig vom Alter des minderjährigen Kindes beträgt der monatlich zu zahlende Unterhalt 87 % (bis zur Vollendung des 6. Lebensjahres), 100 % (für die Zeit vom 7. bis zur Vollendung des 12. Lebensjahres) und 117 % (ab dem 13. Lebensjahr bis zur Vollendung des 18. Lebensjahres) des steuerfrei zu stellenden sächlichen Existenzminimums des minderjährigen Kindes. Der Unterhalt einer höheren Altersstufe ist ab dem Beginn des Monats maßgeblich, in dem das Kind das betreffende Lebensjahr vollendet.

Für die Praxis haben die Oberlandesgerichte entsprechende Unterhaltsleitlinien entwickelt, um die effektiv zu zahlenden Monatsbeträge schnell ermitteln zu können. Die bekannteste, die **Düsseldorfer Tabelle**, setzt die Unterhaltshöhe je nach Einkommen des Unterhaltspflichtigen und Alter des Kindes fest (in der untersten Einkommensgruppe entsprechen die von der Düsseldorfer Tabelle ausgewiesenen Beträge dem Mindestunterhalt gemäß § 1612a BGB). Sie enthält auch Zahlbeträge für volljährige Kinder. Die Tabelle ist bezogen auf zwei Unterhaltsberechtigte (z. B. ein unterhaltsberechtigtes Kind und ein unterhaltsberechtigter Ex-Ehegatte). Ist der barunterhaltspflichtige Elternteil gegenüber mehr oder weniger als zwei Unterhaltsberechtigten verpflichtet, sind Ab- bzw. Zuschläge vorzunehmen (in der Regel durch Herabstufung bzw. Heraufstufung in die nächstniedrigere bzw. nächsthöhere Einkommensgruppe). Erzielt der barunterhaltspflichtige Elternteil ein höheres Einkommen als die Tabelle maximal ausweist (in der Düsseldorfer Tabelle Stand 1.1. 2017 also höher als Einkommensgruppe 10 = 5.101 Euro netto bereinigt), wird der Unterhaltsbedarf nicht mehr pauschal erhöht. Vielmehr muss der Unterhaltsberechtigte einen höheren Unterhaltsbedarf dann konkret darlegen.

Wichtig ist, dass die Tabellenbeträge zunächst nicht die unmittelbar zu zahlenden Unterhaltsbeträge wiedergeben. Der tatsächlich zu zahlende Unterhaltsbetrag (Zahlbetrag) wird vielmehr durch das **Kindergeld** beeinflusst (§ 1612 b BGB). Im *Fall 21* mindert sich der von Vater Albert nach der Unterhaltstabelle errechnete Barunterhalt um das hälftige Kindergeld.

Wichtig zu wissen ist auch, dass die Tabellenbeträge nicht auch Beiträge zur **Kranken- und Pflegeversicherung** enthalten. Besteht demnach keine Familienversicherung in der gesetzlichen Krankenkasse, sind die Beiträge zur Krankenversicherung zusätzlich zu entrichten. Gleiches gilt für die Pflegeversicherung. Allerdings sind diese Beiträge bei der Berechnung des maßgeblichen Nettoeinkommens des barunterhaltspflichtigen Elternteils als Abzugsposten anzusetzen.

Gleichfalls nicht enthalten in den Tabellenbeträgen sind ein sog. **Mehrbedarf** sowie ein sog. **Sonderbedarf**. Mehrbedarf sind Kosten, die über den Regelbedarf laufend anfallen und sachlich gerechtfertigt sind, wie Kosten für Kindergarten oder Nachhilfe. Sonderbedarf sind Kosten, die unregelmäßig auftreten, nicht vorauszusehen sind und außergewöhnlich hohe Ausgaben verursachen, wie Kosten einer Gesundheitsbehandlung (Zahnspange, Reha nach einem Unfall) oder eine Klassenfahrt. Auch Mehr- und Sonderbedarf zählen zum Kindesunterhalt; für den Mehr- und Sonderbedarf müssen beide Elternteile, soweit sie leistungsfähig sind, (anteilig) aufkommen.

4. Leistungsfähigkeit

Begrenzt wird die Unterhaltspflicht durch die Leistungsfähigkeit des Unterhaltsschuldners (§ 1603 Abs. 1 BGB). Ist der barunterhaltspflichtige Elternteil ohne Gefährdung seines eigenen Unterhalts demnach außerstande, Unterhalt zu gewähren, ermangelt es an seiner Leistungsfähigkeit. Der sog. **Selbstbehalt** (also der Betrag den der Unterhaltspflichtige für sich behalten darf) beträgt gegenüber **minderjährigen** (oder diesen gleichgestellten) **Kindern** bei erwerbstätigen Unterhaltspflichtigen 1080 Euro, bei nicht erwerbstätigen 880 Euro (Düsseldorfer Tabelle Stand 1. 1. 2017). Die Eltern haben alle verfügbaren Mittel zu ihrem und der minderjährigen (und diesen gleichgestellten) Kinder Unterhalt gleichmäßig zu verwenden (§ 1603 Abs. 2 Satz 1 BGB). Der barunterhaltspflichtige Elternteil muss u. U. eine zumutbare Nebentätigkeit aufnehmen oder Überstunden machen. Er muss u. U. versuchen, seine Erwerbschancen durch Weiterbildungsmaßnahmen zu verbessern. Diese gesteigerte Unterhaltspflicht entfällt aber dann, wenn der andere, Naturalunterhalt leistende Elternteil, den fehlenden Barunterhalt durch eigene Einkünfte beisteuern kann, ohne hierdurch seinen eigenen angemessenen Unterhalt zu gefährden.

Der barunterhaltspflichtige Elternteil kann sich seiner Unterhaltspflicht auch nicht ohne weiteres dadurch entziehen, dass er seinen bisherigen Job aufgibt und sich beispielsweise ganz der Betreuung seiner Kinder aus zweiter Ehe widmet.

Der angemessene Eigenbedarf gegenüber Minderjährigen nicht gleichgestellten **volljährigen Kindern** beträgt 1.300 Euro (Düsseldorfer Tabelle Stand 1.1.2017).

5. Fälligkeit und Durchsetzung des Unterhaltsanspruchs

Kindesunterhalt ist im Voraus zu leisten und kann (Ausnahmen gelten für einen Sonderbedarf) für die Vergangenheit nur von dem Zeitpunkt an gefordert werden, zu welchem der Verpflichtete entweder zur Auskunft über seine Einkünfte und sein Vermögen aufgefordert worden war, Verzug eingetreten war oder der Unterhaltsanspruch rechtshängig war (§§ 1612, 1613 BGB). Wichtig ist es deshalb, Kindesunterhalt rechtzeitig geltend zu machen; insofern genügt es, den Kindesunterhalt am Monatsletzten geltend zu machen, um für den laufenden Monat noch den vollen Unterhalt zu erhalten (§ 1613 Abs. 1 S. 2 BGB) Im *Fall 22* kann Ehefrau Sybille für den rückständigen Zeitraum keinen Kindesunterhalt mehr geltend machen.

Zahlt der barunterhaltspflichtige Elternteil den gesetzlich geschuldeten Unterhalt nicht freiwillig, kann er hierzu gerichtlich in einem Unterhaltsverfahren gezwungen werden. Zuständig hierfür ist das **Familiengericht**. Leben die Eltern **getrennt**, muss derjenige Elternteil, in dessen Obhut sich das unterhaltsberechtigte Kind befindet, den Unterhalt im eigenen Namen einklagen (§ 1629 Abs. 3). Sind die Eltern mittlerweile rechtskräftig **geschieden**, muss der Unterhalt hingegen im Namen des unterhaltsberechtigten Kindes geltend gemacht werden, mangels eigener Geschäftsfähigkeit allerdings gesetzlich vertreten durch denjenigen Elternteil, in dessen Obhut sich das Kind befindet (§ 1629 Abs. 2 Satz 2 BGB). Volljährige Kinder müssen den Unterhalt stets im eigenen Namen einklagen. Werden sie während eines Unterhaltsprozesses volljährig, ist die Klagepartei auszuwechseln (gesetzlicher Parteiwechsel). Der beklagte Elternteil kann dem Parteiwechsel widersprechen, mit der Folge, dass ein neuer Unterhaltsprozess anzustrengen ist.

Meist ist einer Unterhaltsklage das Verlangen gegenüber dem unterhaltspflichtigen Elternteil, den Unterhaltsanspruch durch eine sog. **Jugendamtsurkunde** titulieren zu lassen, vorgeschaltet. Auch aus diesem Titel kann dann die Vollstreckung erfolgen. Ein Anspruch auf Titulierung besteht selbst dann, wenn der barunterhaltspflichtige Elternteil den Unterhalt freiwillig leistet.

Zur erleichterten Durchsetzung kann Unterhalt, auch rückständiger, bis zum maximal 1,2-fachen des jeweiligen Mindestunterhalts nach Berücksichtigung des Kindergeldes auch in einem sog. **vereinfachten** (gerichtlichen) **Verfahren** vor dem Familiengericht geltend gemacht werden (§§ 249 ff. FamFG). Vor dem Antrag ist der Pflichtige zunächst aufzufordern, den begehrten Betrag freiwillig zu titulieren oder Einkommensauskunft zu erteilen, da ansonsten der Antragsteller das Kostenrisiko trägt. Das vereinfachte Verfahren dient der Erstfestsetzung von Unterhalt. Es ist deshalb bei Vorliegen einer gerichtlichen Entscheidung oder eines Vollstreckungstitels (z. B. notarielle Urkunde) unzulässig (§ 249 Abs. 2 FamFG). Im vereinfachten Verfahren sind Einwendungen des Pflichtigen nur begrenzt zulässig. Insbesondere ist der Einwand der eingeschränkten Leistungsfähigkeit nur möglich, wenn der Pflichtige zugleich erklärt, in welcher Höhe er zur Unterhaltsleistung bereit ist, und sich zusätzlich in dieser Höhe zur Unterhaltszahlung verpflichtet. Eine materiell-rechtliche Überprüfung des geltend gemachten Unterhaltsanspruchs findet in diesem Verfahren nicht statt.

Was können die Eltern vereinbaren?

FALL 23. Fritz und seine Ex-Frau Mia haben sich im Wege des gegenseitigen Nachgebens umfassend über die „Liquidation" ihrer Ehe geeinigt. Da Fritz Mia das Einfamilienhaus überschrieben hat, ist Mia mit einem Kindesunterhalt einverstanden, der 8 % unter den Sätzen der Düsseldorfer Tabelle liegt.

FALL 24. Im Fall 23 will Mia auf „Nummer sicher gehen"; falls Fritz den Kindesunterhalt nicht freiwillig zahlt, möchte sie nicht erst lange das Recht ihrer Kinder einklagen müssen. Ex-Mann Fritz soll sich deshalb in einer notariellen Urkunde wegen des Kindesunterhalts der Zwangsvollstreckung unterwerfen.

FALL 25. Fritz verpflichtet sich im Fall 23 vertraglich, einen Kindesunterhalt in Höhe von 620 Euro zu zahlen, obwohl der gesetzlich geschuldete Kindesunterhalt nur 590 Euro beträgt.

FALL 26. Im Fall 25 vereinbaren Fritz und Mia, dass Mia Fritz vom Kindesunterhalt, soweit Unterhalt zu zahlen ist, freistellt.

Im Rahmen einer Trennungs- oder Scheidungsvereinbarung können die Eltern Vereinbarungen zum Kindesunterhalt treffen, namentlich kann sich der barunterhaltspflichtige Elternteil wegen der Zahlung des Kindesunterhalts **„der sofortigen Zwangsvollstreckung unterwerfen"**, § 794 Abs. 1 Nr. 5 ZPO. Erfüllt der Barunterhaltspflichtige seine Unterhaltspflicht dann nicht freiwillig, muss nicht erst ein gerichtliches Verfahren auf Kindesunterhalt angestrengt werden. Vielmehr kann der betreuende Elternteil unmittelbar aus der notariellen Urkunde die Vollstreckung betreiben. Wichtig ist, dass der Kindesunterhalt für ein minderjähriges Kind „dynamisch" tituliert werden kann; d. h. der Barunterhaltspflichtige unterwirft sich nicht nur wegen des Zahlbetrag für die aktuelle Altersstufe des Kindes, sondern auch für die (bis zur Vollendung des 18. Lebensjahres) folgenden Altersstufen der sofortigen Zwangsvollstreckung. Im *Fall 24* kann Mia, wenn Vater Fritz den Kindesunterhalt nicht freiwillig zahlt, diesen sofort zwangsweise (z. B. durch den Gerichtsvollzieher) beitreiben.

Die Eltern können im Rahmen einer Trennungs- oder Scheidungsvereinbarung für die Zukunft nicht wirksam auf den Kindesunterhalt **verzichten** (§ 1614 Abs. 1 BGB). Die Rechtsprechung toleriert aber Unterschreitungen der Tabellensätze um 20 %. Im *Fall 23* wird die Vereinbarung der Eltern daher noch akzeptabel sein.

In jedem Fall bleibt es den Eltern unbenommen, vertraglich Unterhaltsansprüche zugunsten des Kindes zu begründen, die neben die gesetzlichen treten oder über diese hinausgehen, wie im *Fall 25*; dass sich Vater Fritz zur Zahlung eines höheren Unterhalts verpflichtet, ist – im Rahmen der guten Sitten – zulässig.

Zulässig ist es auch, wenn sich ein Elternteil im Rahmen einer ausgewogenen vermögensrechtlichen Gesamtauseinandersetzung verpflichtet, für den Unterhalt gemeinschaftlicher Kinder (teilweise) alleine aufzukommen und den anderen (insoweit) von jeder Inanspruchnahme durch die Kinder freizustellen (sog. **Freistellungsverpflichtung**). Es handelt sich hierbei nicht um einen Verzicht auf Kindesunterhalt, sondern lediglich um eine Vereinbarung im Innenverhältnis der Eltern. Die Haftung im Außenverhältnis gegenüber den Kindern bleibt hierdurch unberührt; der barunterhaltspflichtige Elternteil schuldet also weiterhin den Kindesunterhalt in gesetzlicher Höhe. Kann der zur Freistellung verpflichtete Elternteil seine Verpflichtungen nicht erfüllen, können die Kinder auch weiterhin den anderen, von der Unterhaltspflicht freigestellten Elternteil in Anspruch nehmen. Im *Fall 26* ist die Vereinbarung zwischen den Eltern wirksam; Vater Fritz bleibt im Außenverhältnis gegenüber seinen Kindern aber weiterhin Unterhaltsschuldner.

7. Kapitel

Erb- und pflichtteilsrechtsrechtliche Folgen der Scheidung

I. Gesetzliches Erb- und Pflichtteilsrecht

Was sagen Gesetz und Rechtsprechung?

FALL 1. Nach über 30 Jahren Ehe trennen sich Herbert und seine Ehefrau Beate; Scheidungsantrag ist noch nicht gestellt. Ein Testament oder einen Erbvertrag haben Herbert und Beate nicht errichtet. Herberts Arbeitskollege Max meint, dann sei aufgrund der Trennung alles klar; sollte Herbert versterben, stünden Beate keinerlei erbrechtliche Ansprüche mehr zu.

FALL 2. Manfred und Ehefrau Brigitte trennen sich, wollen sich aber nicht – jedenfalls nicht in absehbarer Zeit – scheiden lassen. Allerdings soll jeder Partner finanziell künftig eigene Wege gehen können; insbesondere beim Tod eines Partners soll der andere keinerlei Ansprüche mehr auf das Vermögen des Verstorbenen erheben können. Verfügungen von Todes wegen haben Manfred und Brigitte bislang nicht errichtet.

Das gesetzliche Erbrecht des Ehegatten, das immer dann zum Tragen kommt, wenn der Erblasser *keine* Verfügung von Todes wegen (Testament oder Erbvertrag) errichtet hat, regeln die §§ 1931 ff. BGB (iVm § 1371 BGB).

Die **Erbquote** (der Erbteil) des hinterbliebenen Ehegatten bestimmt sich danach, welcher „Ordnung“ die neben dem Ehegatten erbberechtigten Verwandten des Erblassers angehören, § 1931 BGB: Hinterlässt der Erblasser neben seinem Ehegatten Abkömmlinge (Kinder, Enkel, Urenkel, usw.), beträgt die gesetzliche Erbquote des Ehegatten ¼. Neben den Eltern des Erblassers erbt der Ehegatte zu ½. Sind weder Abkömmlinge noch Eltern und auch keine Großeltern vorhanden, erbt der überlebende Ehegatte allein.

Je nach **Güterstand** des Erblassers ergeben sich hiervon aber Abweichungen: Lebten der Erblasser und sein Ehegatte im gesetzlichen Güterstand, erhöht sich der gesetzliche Erbteil des Ehegatten – als pauschalierter „Zugewinnausgleich" – um ¼, §§ 1931 Abs. 3, 1371 Abs. 1 BGB, und zwar unabhängig davon, ob der Erblasser tatsächlich einen Zugewinn erzielt hat. Bestand im Erbfall Gütertrennung (§ 1414 BGB) und sind neben dem Ehegatten ein oder zwei Kinder vorhanden, erben der Ehegatte und jedes Kind zu gleichen Teilen, § 1931 Abs. 4 BGB, als je zu ½ bzw. .

Der hinterbliebene Ehegatte zählt zum Kreis der Pflichtteilsberechtigten. Der **Pflichtteil** ist die vom Gesetzgeber vorgeschriebene Mindestbeteiligung des Ehegatten am Nachlass des Erblassers; er spielt vor allem dann eine Rolle, wenn der hinterbliebene Ehegatte – was möglich ist – enterbt wurde. Der Pflichtteil besteht in der Hälfte des gesetzlichen Erbteils, § 2303 Abs. 1 BGB. Lebte der Erblasser im gesetzlichen Güterstand und ist der hinterbliebene Ehegatte nicht Erbe und steht ihm auch kein Vermächtnis zu, so bemisst sich der Pflichtteil nach dem nicht um ¼ erhöhten gesetzlichen Erbteil des Ehegatten.

Voraussetzung für das gesetzliche Ehegattenerb- und -pflichtteilsrecht ist aber in jedem Fall, dass die Ehe im Zeitpunkt des Todes des Erblassers noch bestand. Dem **geschiedenen Ehegatten** steht kein gesetzliches Erb- oder Pflichtteilsrecht zu. Das gesetzliche Erb- und Pflichtteilsrecht des Ehegatten ist auch schon dann ausgeschlossen, wenn im Zeitpunkt des Todes des Erblassers die Voraussetzungen für die Scheidung der Ehe gegeben waren (zu den Scheidungsvoraussetzungen s. S. 1 ff.) und *der Erblasser* die Scheidung beantragt oder ihr zugestimmt hat, § 1933 BGB. Hatte nur *der hinterbliebene Ehegatte* Scheidungsantrag gestellt, bleibt sein gesetzliches Erb- und Pflichtteilsrecht hingegen bestehen. Allein die **Trennung** der Ehegatten lässt das wechselseitige Erb- und Pflichtteilsrecht jedenfalls nicht entfallen – im *Fall 1* irrt Arbeitskollege Max.

§ 10 LPartG enthält deckungsgleiche Regelungen für eingetragenen Lebenspartner.

Was können die Ehegatten/Lebenspartner vereinbaren?

Die Partner können durch Vertrag wechselseitige auf ihr gesetzliches Erb- und Pflichtteilsrecht am Nachlass des jeweils anderen **verzichten**, § 2346 Abs. 1 BGB, § 10 Abs. 7 LPartG. Der Verzicht kann auf das gesetzliche Pflichtteilsrecht beschränkt werden, § 2346 Abs. 2 BGB. Zu den Auswirkungen des Pflichtteilsverzichts auf den nachehelichen Unterhalt s. S. 175. Zu beachten ist, dass der Erbverzicht (nicht der bloße Pflichtteilsverzicht) des Ehegatten die Pflichtteilsquoten der übrigen Pflichtteilsberechtigten (also der Kinder bzw., wenn Kinder nicht vorhanden sind, der Eltern) erhöht.

Erb- und Pflichtteilsverzicht bedürfen der **notariellen Beurkundung**, § 2348 BGB. Der Erblasser (Verzichtsempfänger) kann den Verzichtsvertrag nur persönlich schließen, § 2347 Abs. 2 BGB; eine Vertretung (etwa durch einen bevollmächtigten Rechtsanwalt) ist ausgeschlossen. Der Verzichtende kann sich hingegen vertreten lassen. Im *Fall 2* ist es ratsam, dass Manfred und Brigitte eine Erb- und Pflichtteilsverzicht schließen (und Gütertrennung vereinbaren).

II. Schicksal bestehender Verfügungen von Todes wegen

Was sagen Gesetz und Rechtsprechung?

FALL 3. Im Fall 1 hat Herbert Beate testamentarisch zu seiner Alleinerbin eingesetzt.

FALL 4. Im Fall 1 haben Herbert und Beate ein gemeinschaftliches Testament errichtet und sich darin gegenseitig zu Alleinerben eingesetzt.

FALL 5. Im Fall 1 haben Herbert und Beate ein Jahr vor der Trennung zu notarieller Urkunde einen Erbvertrag errichtet und sich darin gegenseitig zu Alleinerben eingesetzt.

1. Wirkung der Ehescheidung bzw. Lebenspartnerschaftsaufhebung

Eine letztwillige Verfügung in einem **Einzeltestament**, durch die der Erblasser – wie im *Fall 3* – seinen Ehegatten bzw. Lebenspartner bedacht hat, wird unwirksam, wenn die Ehe bzw. Lebenspartnerschaft vor dem Tod des Erblassers aufgelöst worden ist, § 2077 Abs. 1 BGB, § 10 Abs. 5 LPartG. Sie wird auch bereits dann unwirksam, wenn zum Zeitpunkt des Todes des Erblassers die Voraussetzungen für die Scheidung der Ehe bzw. Aufhebung der Lebenspartnerschaft gegeben waren und der *Erblasser* die Scheidung der Ehe bzw. Aufhebung der Lebenspartnerschaft beantragt oder ihr zugestimmt hat, § 2077 Abs. 1 BGB. Etwas anderes gilt, wenn anzunehmen ist, dass die letztwillige Verfügung zugunsten des Ehegatten auch nach der Scheidung fortgelten sollte, § 2077 Abs. 3 BGB. Beweispflichtig für einen „Fortgeltungswillen" des Erblassers ist derjenige, der sich auf die Wirksamkeit der letztwilligen Verfügung beruft; der Umstand, dass sich die Ehe bzw. Lebenspartnerschaft bei Errichtung des Testaments bereits in der Krise befand, reicht als Beweis hierfür nicht aus. Enthält das Testament auch Verfügungen zugunsten Dritter (etwa zugunsten der gemeinsamen Kinder), hat die Unwirksamkeit zugunsten der Verfügung des Partners die Unwirksamkeit auch der Verfügungen zugunsten Dritter nur dann zur Folge, wenn anzunehmen ist, dass der Erblasser diese ohne die unwirksame Verfügung zugunsten des Ehegatten nicht getroffen haben würde, § 2085 BGB.

Haben die Ehegatten bzw. Lebenspartner – wie im *Fall 4* – ein **gemeinschaftliches Testament** errichtet (§ 2265 BGB, § 10 Abs. 4 LPartG) und liegen die Voraussetzungen des § 2077 Abs. 1 BGB vor (s. o.), wird das gemeinschaftliche Testament seinem ganzen Inhalt nach unwirksam, § 2268 Abs. 1 BGB, § 10 Abs. 4 LPartG, sofern nicht wiederum ein abweichender Wille nachweisbar ist, § 2268 Abs. 2 BGB, § 10 Abs. 4 LPartG.

Haben die Ehegatten bzw. Lebenspartner – wie im *Fall 5* – einen **Erbvertrag** (§ 2274 BGB) geschlossen und wird die zwischen ihnen bestehende Ehe geschieden bzw. Lebenspartnerschaft aufgehoben oder lagen im Zeitpunkt des Todes des Erblassers die Voraussetzungen der Ehescheidung bzw. Lebenspartnerschaftsaufhebung vor und hat der *Erblasser* die Ehescheidung bzw. Lebenspartnerschaftsaufhebung beantragt oder ihr zugestimmt, sind alle sogenannten vertragsmäßigen Verfügungen (das sind Verfügungen, die nach dem Willen der Erbvertragsparteien nur einvernehmlich abänderbar sind) sowohl zugunsten des Ehegatten, §§ 2279 Abs. 1, 2077 BGB, § 10 Abs. 5 LPartG, als auch zugunsten eines Dritten unwirksam, §§ 2279 Abs. 2, 2077 BGB, § 10 Abs. 5 LPartG. Einseitige (also nicht vertragsmäßige) Verfügungen sind unwirksam, sofern es sich um Verfügungen zugunsten des Ehegatten bzw. Lebenspartner handelt. Für einseitige Verfügungen zugunsten Dritter gilt das zum Einzeltestament Gesagte entsprechend, §§ 2299 Abs. 2, 2085 BGB. Alle Verfügungen bleiben aber wiederum dann über den Zeitpunkt der Ehescheidung bzw. Lebenspartnerschaftsaufhebung fortbestehen, wenn sie gerade auch für diesen Fall getroffen sind, §§ 2278 Abs. 1, 2077 Abs. 3 BGB, § 10 Abs. 5 LPartG.

2. Widerruf und Rücktritt

Hat ein Partner den anderen in seinem **Einzeltestament** bedacht, steht es ihm frei, dieses Einzeltestament *jederzeit*, auch heimlich und ohne Wissen des Bedachten, durch Errichtung eines neuen Testaments abzuändern oder zu widerrufen. Haben die Partner einen **Erbvertrag** oder ein **gemeinschaftliches Testament** mit bindenden vertraglichen oder „wechselbezüglichen" Verfügungen errichtet, scheidet diese Möglichkeit insoweit aus.

Allerdings kann jeder Partner seine in einem **gemeinsamen Testament** getroffenen wechselbezüglichen Verfügungen durch *notariell beurkundete Erklärung gegenüber dem anderen Partner* widerrufen, mit der Folge, dass auch die wechselbezüglichen Verfügungen des anderen unwirksam werden, §§ 2270, 2271, 2296 BGB, § 10 Abs. 4 LPartG. Nicht wechselbezügliche Verfügungen bleiben zunächst wirksam, können aber wie ein Einzeltestament abgeändert bzw. widerrufen werden.

Die Möglichkeit zum Rücktritt von einem **Erbvertrag** – der einseitige Widerruf vertraglicher Verfügungen scheidet von vornherein aus – besteht nur dann, wenn ein Rücktrittsrecht ausdrücklich vorbehalten wurde oder ein gesetzlicher Rücktrittsgrund vorliegt, §§ 2293, 2294 BGB. Die Voraussetzungen für einen gesetzlichen Rücktrittsgrund steckt der Gesetzgeber eng: Hierfür bedarf es einer Verfehlung des vertragsmäßig Bedachten, die auch zur Entziehung des gesetzlichen Pflichtteils berechtigt (wenn also z. B. der im Erbvertrag Bedachte dem Erblasser nach dem Leben trachtet oder sich eines Verbrechens oder schweren vorsätzlichen Vergehens gegen den Erblasser schuldig macht oder die ihm dem Erblasser gegenüber gesetzlich obliegende Unterhaltspflicht böswillig verletzt, § 2333 BGB). Der Rücktritt hat im Einzelfall unterschiedliche Reichweite. Auch der Rücktritt vom Erbvertrag bedarf zu seiner Wirksamkeit der notariellen Beurkundung, §§ 2296 BGB.

Nicht übersehen werden darf, dass infolge des Widerrufs bzw. Rücktritts zeitlich frühere Verfügungen von Todes wegen wieder aufleben können; u. U. ist dann auch der Widerruf bzw. der Rücktritt von diesen früheren Verfügungen erforderlich. Beseitigt der Erblasser durch den Widerruf bzw. Rücktritt seine sämtlichen Verfügungen von Todes wegen, gilt die gesetzliche Erbfolge.

Gemeinschaftliche Testamente können die Partner – abgesehen von der oben dargestellten Möglichkeit des Widerrufs – durch ein *gemeinschaftliches* Widerrufstestament, §§ 2353, 2254 BGB, durch widersprechende Verfügungen von Todes wegen in einem *gemeinschaftlichen* Testament oder Erbvertrag, §§ 2258, 2289 Abs. 1 BGB, oder durch *gemeinsame* Vernichtung des Testaments, § 2255 BGB, aufheben. Wichtig ist, dass gemeinschaftliche (Widerrufs-)Testamente nur von *Ehegatten* oder *Lebenspartnern*, also nicht mehr nach rechtskräftiger Scheidung der Ehe bzw. Aufhebung der Lebenspartnerschaft, errichtet werden können.

Ein **Erbvertrag** kann von den vertragsschließenden Partnern jederzeit einvernehmlich aufgehoben werden, § 2290 Abs. 1 BGB. Die Aufhebung eines Erbvertrages bedarf, wie auch die Errichtung, der notariellen Beurkundung.

Wiederum nicht übersehen werden sollte, dass durch die Beseitigung des gemeinschaftlichen Testaments bzw. Erbvertrages zeitliche früherer letztwillige Verfügungen wieder aufleben können. Werden alle letztwilligen Verfügungen beseitigt, tritt gesetzliche Erbfolge ein; es sollte dann an einen **Erb- und Pflichtteilsverzicht** gedacht werden.

Natürlich kann ein Partner den anderen – nach Beseitigung erbrechtlichen Bindung – jederzeit ausdrücklich enterben. Dann verbleibt dem anderen – wenn kein Pflichtteilsverzicht eingeholt wurde – für den o. g. Zeitraum der Pflichtteil.

3. Lenkung des Nachlasses nach Trennung und Scheidung

Was sagen Gesetz und Rechtsprechung?

FALL 6. Thomas war bis zur Trennung von Ehefrau Roswita Alleineigentümer des vormals gemeinsam genutzten Wohnhauses. Im Zuge der Scheidung vereinbaren Thomas und Roswita, dass Roswita dieses Wohnhaus zum Alleineigentum übernehmen und zusammen mit dem gemeinsamen Sohn Florian bewohnen soll. Zwar soll Roswita das Wohnhaus zu ihren Lebzeiten vermieten, belasten und auch verkaufen können, doch möchte Thomas sichergestellt wissen, dass das Wohnhaus bei Roswitas Tod Florian zufällt.

FALL 7. Im Fall 6 möchte Thomas auch verhindern, dass Beate das Haus zu ihren Lebzeiten verkauft. Das Haus soll „unter allen Umständen" Florian zufallen.

Grundsätzlich kann jeder Partner über sein Vermögen sowohl zu Lebzeiten als auch von Todes wegen frei verfügen. Grenzen ergeben sich lediglich aus dem Pflichtteilsrecht. Übernimmt Roswita also im

Fall 6 das Haus zum Alleineigentum, kann sie es zu Lebzeiten vermieten, belasten, verschenken, verkaufen. Stirbt Roswita, ist Florian zwar ihr alleiniger gesetzlicher Erbe (wenn Roswita nicht wieder heiratet oder weitere Kinder bekommt), doch kann Roswita Florian jederzeit enterben; Florian erhält dann seinen Pflichtteil, nicht aber das Haus.

Was können die Ehegatten/Lebenspartner vereinbaren?

Will ein Partner sicherstellen, dass Vermögenswerte des anderen Partners nach dessen Tod ausschließlich bestimmten Personen – insbesondere den gemeinsamen Kindern – zufallen, hilft nur die Errichtung eines **Erbvertrages**. Einen Erbvertrag können die Partner auch noch nach der Scheidung bzw. Lebenspartnerschaftsaufhebung schließen. Schließen sie ihn davor, empfiehlt sich der ausdrückliche Hinweis, dass der Erbvertrag auch nach der Ehescheidung bzw. Lebenspartnerschaftsaufhebung gültig bleiben soll, §§ 2279 Abs. 1, 2077 Abs. 3 BGB. Im *Fall 6* können Thomas und Roswita erbvertraglich vereinbaren, dass Florian bei Roswitas Tod das vormalige Familienheim bekommen soll. Der Erbvertrag bedarf der notariellen Beurkundung.

Mithilfe des Erbvertrags kann aber nur verhindert werden, dass Roswita ohne Florians oder Thomas Mitwirkung eine anderweitige letztwillige Verfügung über das Haus trifft oder das Haus zu ihren Lebzeiten unentgeltlich an einen anderen als Florian überträgt, §§ 2287, 2288 BGB. Eine entgeltliche Verfügung über das Haus – insbesondere also ein Verkauf – unterbindet der Erbvertrag nicht. Hier hilft ein so genannter **Verfügungsunterlassungsvertrag**. Im *Fall 7* können Thomas und Roswita vereinbaren, dass es Roswita untersagt ist, zu ihren Lebzeiten über das Haus – entgeltlich oder unentgeltlich – zu verfügen; für den Fall der Zuwiderhandlung kann sich Roswita verpflichten, das Haus *sofort* (u. U. gegen Vorbehalt eines Nießbrauchs- oder Wohnungsrechts) an Florian zu übertragen. Eine solche Vereinbarung kann auch im Grundbuch (durch eine sog. „Vormerkung“) gesichert werden. Freilich bürdet Thomas Roswita damit erhebliche Einschränkungen auf; solche Vereinbarungen wollen daher gut überlegt sein. Auch sollte beim Abschluss eines

Verfügungsunterlassungsvertrages geklärt werden, ob den Partner die Möglichkeit eingeräumt werden soll, den Vertrag im beiderseitigen Einvernehmen und ohne Zustimmung des Begünstigten (im *Fall 7* also ohne Zustimmung Florians) wieder aufzuheben.

4. Geschiedenentestament

FALL 8. Alois und seine Ehefrau Maxima haben einen gemeinsamen Sohn Maximilian, der 11 Jahre alt ist. Alois und Maxima haben in einer notariellen Scheidungsvereinbarung gegenseitig auf ihr gesetzliches Erbrecht verzichtet. Alois möchte auf keinen Fall, dass seine künftige Ex-Frau „auch nur einen Cent" aus seinem Nachlass erbt; lieber soll der Nachlass dem örtlichen Tierheim zufallen.

Haben Ehegatten bzw. Lebenspartner gegenseitig auf ihr gesetzliches Erbrecht verzichtet oder sind sie bereits geschieden, ist der vormalige Partner grundsätzlich nicht mehr erbberechtigt (s. S. 264 f.). Allerdings kann der oder die „Ex" über die Erbfolge nach einem gemeinschaftliches Kind erben. Verunglückt etwa im *Fall 8* Alois gemeinsam mit Maximilian bei einem Autounfall und stirbt Maximilian wenige Minuten nach Alois, beerbt Maximilian zunächst seinen Vater Alois; so dann beerbt Maxima als gesetzliche Erbin ihren Sohn Maximilian und erhält damit über die Erbfolge nach Maximilian das Vermögen ihres Ex-Mannes. Dieses Risiko besteht, solange Maximilian nicht entweder selbst ein Testament errichtet, worin er seine Mutter enterbt (das kann er aber frühestens mit Vollendung seines 16. Lebensjahres), oder eigenen Abkömmlinge hinterlässt, die die Mutter aus der gesetzlichen Erbfolge verdrängen. Doch selbst wenn Maximilian seine Mutter enterbt, bleibt sie, solange er keine eigenen Kinder hat, pflichtteilsberechtigt.

Hier kann nur ein sog. **Geschiedenentestament** helfen. Rechtlich ausgestaltet wird ein Geschiedenentestament durch Anordnung einer sogenannten Vor- und Nacherbfolge: Das gemeinsame Kind wird vom Erblasser lediglich als „Vorerbe" eingesetzt; zum „Nacherben" benannt wird eine dritte Person bzw. Institution (im *Fall 8* etwa der örtliche Tierschutzverein). Mit dem Ableben des Vorerben fällt das Vermögen, das der Vorerbe vom Erblasser geerbt hat, automatisch dem Nacherben zu – getrennt vom eigenen Nachlass des Vorerben. Damit unterliegt auch nur der eigene Nachlass des Vorerben dem Pflichtteilsrecht etwaiger Pflichtteilsberechtigter nach dem Vorerben. Aus dem der Vor- und Nacherbschaft unterliegenden Nachlass können die Pflichtteilsberechtigten nach dem Vorerben hingegen keine Ansprüche geltend machen. Im Fall 8 müsste Vater Alois also ein Testament errichten, in dem er seinen Sohn Maximilian zum Vorerben einsetzt; als Nacherben kann er – schon voraussorgend – die (noch ungeborenen) Abkömmlinge seines Sohnes benennen, ersatzweise den örtlichen Tierschutzverein.

Freilich ist zu bedenken, dass der Vorerbe Beschränkungen in der Verfügung und Verwaltung des der Vor- und Nacherbschaft unterfallenden Nachlasses unterliegt. So kann er jedenfalls den der Vor- und Nacherbschaft unterliegenden Nachlass zu Lebzeiten nicht unentgeltlich übertragen oder selbst vererben; Erbe ist ja zwingend der vom ursprünglichen Erblasser benannte Nacherbe. Vernünftigerweise wird man die Vor- und Nacherbschaft nur befristet anordnen, so dass sie mit einem bestimmten Lebensalter des gemeinsamen Kindes als nicht mehr angeordnet gilt (in der Praxis ist dies meist die Vollendung des 30. oder 35. Lebensjahres).

Daneben sollte aber auch sichergesellt werden, dass der Ex-Partner den Nachlass – mag dieser auch den Beschränkungen der Vor- und Nacherbschaft unterfallen – bis zur Volljährigkeit des Vorerben als Sorgeberechtigter nicht selbst verwalten oder gar Erträgnisse hieraus für den eigenen Lebensunterhalt verwendet. Zu diesem Zweck kann der Erblasser dem Ex-Partner das Recht zur Verwaltung des Nachlasses entziehen (§ 1638 Abs. 1 BGB) und dieses statt dessen einer Vertrauensperson übertragen. Auch kann der Erblasser anordnen, dass der Ex-Partner Erträgnisse des Nachlasses nicht für den eigenen Unterhalt verwenden darf (§ 1649 Abs. 2 BGB).

Wegen seiner Komplexität sollte ein Geschiedenentestament keinesfalls ohne rechtlichen Rat errichtet werden.

8. Kapitel

Kosten

Die Frage nach den Kosten, die in Folge der Trennung und der Scheidung bzw. Lebenspartnerschaftsaufhebung entstehen, wird von den Partnern oft gleich am Anfang einer Beratung „auf den Tisch gebracht". Aber was sind eigentlich „die Kosten einer Scheidung bzw. Lebenspartnerschaftsaufhebung"? Wie wir noch sehen werden, sind anlässlich einer Ehescheidung bzw. Lebenspartnerschaftsaufhebung mehrere – ganz unterschiedliche – Rechtsfragen (nur um deren Kosten soll es im Folgenden gehen) zu klären und zu regeln. Entsprechend ergeben sich auch unterschiedliche Kostenfolgen.

In jedem Falle unausweichlich sind die Kosten eines gerichtlichen Verfahrens, das gerichtet ist auf die Scheidung der Ehe bzw. Aufhebung der Lebenspartnerschaft. Denn nur durch Beschluss des Familiengerichts kann geschieden bzw. die Lebenspartnerschaft aufgehoben werden (s. S. 14).

Die Regelung der Scheidungsfolgen bzw. der Folgen der Aufhebung der Lebenspartnerschaft ist hingegen auf zwei Wegen möglich: Im streitigen (**gerichtlichen**) Verfahren unter Beteiligung zweier Rechtsanwälte. Oder im Wege einer einvernehmlichen (**außergerichtlichen**) Trennungs- und Scheidungsvereinbarung. Zur außergerichtlichen Trennungs- und Scheidungsvereinbarung muss – je nach Regelungsinhalt (s. S. 23 ff.) – zumeist ein Notar zugezogen werden; freilich kann auch zur Ausarbeitung der außergerichtlichen Trennungs- und Scheidungsvereinbarung zusätzlich (je) ein Rechtsanwalt beigezogen werden, in manchen Fällen wird dies auch ratsam sein.

I. Grundsätzliches

Die Kosten des Scheidungs- bzw. Lebenspartnerschaftsaufhebungsverfahrens, d. h. die Gerichts- und Anwaltskosten, richten sich nach dem **Streitwert**. Die Kosten des Gerichts sind seit 1. 8. 2013 im Gerichts- und Notarkostengesetz (kurz GNotKG) geregelt, die des Anwalts im RVG. Die **Gerichtskosten** haben die Ehegatten bzw. Lebenspartner grds. je zur Hälfte zu tragen (§ 150 Abs. 1 FamFG). Seine außergerichtlichen Kosten (also einer **anwaltlichen Beratung** und Vertretung) hat jeder Ehegatte bzw. Lebenspartner grds. selbst zu tragen. Leistet sich ein Partner einen „Staranwalt", so muss er dessen Honorar auch selbst zahlen. Eine anderweitige Kostenverteilung kommt nur dann in Betracht, wenn dies aus Gründen der Billigkeit angezeigt ist (§ 150 Abs. 4 FamFG), insbesondere wenn ein Partner einen grundlosen oder überhöhten Antrag stellt und im gerichtlichen Verfahren entsprechend unterliegt.

Die Kosten einer **notariellen Scheidungs- bzw. Scheidungsvereinbarung** sind gleichfalls gesetzlich festgelegt, nämlich im GNotKG, und deshalb zwingend. Mit der Gebühr für die Beurkundung sind aber auch **Besprechung und Beratung** mit abgegolten. Die Kosten richten sich nach den geregelten Gegenständen. Geht es um geldwerte Gegenstände, ist grds. deren Wert maßgeblich; bei anderen Gegenständen sieht das Gesetz bestimmte „Regelwerte" vor. Werden **mehrere Gegenstände geregelt**, werden die Gegenstandswerte grds. zusammengerechnet. Die Kostensätze der GNotKG sind erheblich geringer (und damit kostengünstiger) als die den Rechtsanwälten zustehenden Sätze nach dem RVG.

II. Kosten einer notariellen Trennungs- und Scheidungsvereinbarung anhand von Beispielen

Die nachgenannten Beispiele sollen und können nur einen groben Überblick über die etwa entstehenden Kosten einer notariellen Trennungs- und Scheidungsvereinbarung geben. Im Einzelfall kann es Abweichungen geben. Auch sind derzeit Einzelfragen noch streitig. Werden mehrere Streitgegenstände zusammen beurkundet, sind, wie bereits erwähnt, die nachgenannten Gebühren keinesfalls zu addieren. Vielmehr sind lediglich die Geschäftswerte zu addieren; hierdurch ergibt sich oftmals aber nur ein geringer Gebührenunterschied. Nachstehende Kosten verstehen sich ohne Auslagen und Umsatzsteuer.

FALL 1. Die Ehegatten vereinbaren, dass die Ehefrau die vormals gemeinsam genutzte Ehewohnung – für die Zeit der Trennung – alleine nutzen darf (§ 1361b), → *hierzu S. 177 ff.* Der Wohnwert der Ehewohnung beträgt 600 Euro monatlich.

Maßgeblich ist der Wohnwert der Ehewohnung und die voraussichtliche Trennungszeit, maximal aber ein Zeitraum von fünf Jahren. Aus dem so ermittelten Wert ist ein Teilwert von 50 % heranzuziehen, aus dem sich die Gebühr errechnet. Bei einer voraussichtlichen Trennungszeit von drei Jahren (600 Euro × 12 × 3 = 21.600 Euro ./. 2 = 10.800 Euro) ergäbe sich eine Gebühr in Höhe von 166 Euro.

FALL 2. Die Ehegatten vereinbaren, dass der Ehefrau die vormals gemeinsam genutzte Ehewohnung – nach Rechtskraft der Scheidung – alleine überlassen wird (§ 1568a) → *hierzu S. 184 ff.* Der Wohnwert beträgt 600 Euro monatlich.

Die Gebühren errechnen sich entsprechend *Fall 1*, wobei maximal ein fünfjähriger Zeitraum heranzuziehen ist. Die Gebühr beträgt bei einer Nutzungszeit von voraussichtlich fünf Jahren 198 Euro.

FALL 3. Die Partner vereinbaren, dass dem Ehemann für die Trennungszeit Haushaltsgegenstände im Wert von 5.000 Euro zur Nutzung überlassen werden (§ 1361a BGB), → *hierzu S. 196 ff.*

Maßgeblich ist der Wert der Haushaltsgegenstände, also 5.000 Euro. Die Gebühr beträgt 120 Euro (Mindestgebühr).

FALL 4. Der Ehemann verpflichtet sich zur Zahlung von Trennungsunterhalt in Höhe von 500 Euro monatlich. Er unterwirft sich deswegen auch der sofortigen Zwangsvollstreckung in sein gesamtes Vermögen, → *hierzu auch S. 98 ff.*

Maßgeblich ist die Höhe des zu zahlenden Unterhalts und die voraussichtliche Dauer der Unterhaltszahlung, maximal aber ein Zeitraum von zwanzig Jahren. Bei einer angenommenen Trennungszeit von einem Jahr beträgt die Gebühr 120 Euro (Mindestgebühr). Die Zwangsvollstreckungsunterwerfung ist nicht gesondert zu bewerten.

FALL 5. Die Ehegatten vereinbaren Gütertrennung (Reinvermögen 300.000 Euro). Zur Durchführung des Zugewinnausgleichs verpflichtet sich der Ehemann zur Zahlung von Zugewinnausgleich in Höhe von 120.000 Euro in bar, s. hierzu S. 61 f.

Maßgeblich ist der Gesamtwert aus Ehevertrag (Vereinbarung von Gütertrennung) und Zahlungsverpflichtung, somit 420.000 Euro. Die Gebühr beträgt 1.670 Euro.

FALL 6. Die Ehegatten hatten ehevertraglich den Güterstand der Gütertrennung vereinbart; Zugewinnausgleich ist nicht geschuldet. Anlässlich der Trennung setzen die Ehegatten das Miteigentum an ihrem Wohnhaus (Wert: 320.000 Euro) auseinander. Der Ehemann überträgt seinen ½-Miteigentumsanteil an die Ehefrau; diese leistet hierfür eine Gegenleistung in Höhe von 140.000 Euro in bar. Zudem übernimmt sie die noch bestehenden (gesamtschuldnerischen) Verbindlichkeiten in Höhe von 30.000 Euro zur alleinigen Rückzahlung, welche durch eine Grundschuld im Nennbetrag zu 100.000 Euro abgesichert sind, s. hierzu S. 61 f.

Maßgeblich ist entweder der Wert des hälftigen Miteigentumsanteils oder, falls die Gegenleistung höher ist, der Wert der Gegenleistung. Hieraus errechnet sich im *Fall 6* eine Gebühr in Höhe von 1.143 Euro (aus dem Wert des ½-Miteigentumanteils in Höhe von 160.000 Euro). Hierin sind die vom Notar in die Vereinbarung aufgenommenen Sicherungsmechanismen (Zahlung des Ausgleichsbetrags erst nach Sicherstellung des Eigentumserwerbs; Verlust des Eigentums am ½-Miteigentumsanteil erst nach Zahlung des Ausgleichsbetrags) bereits berücksichtigt.

FALL 7. Die Ehegatten wollen die zwischen ihnen ehevertraglich bestehende Gütergemeinschaft auseinandersetzen. Der Wert des Gesamtguts beläuft sich auf 400.000 Euro. Der Ehemann erhält das Familienwohnheim, das er mit in die Ehe eingebracht hat (Wert 200.000 Euro), zum Alleineigentum übertragen. Das restliche Gesamtgut wird geteilt, s. hierzu S. 78 f.

Der Wert der Auseinandersetzungsvereinbarung bestimmt sich nach dem Reinvermögen der Ehegatten (400.000 Euro) zzgl. dem Wert der Übertragung (½ von 200.000 Euro = 100.000 Euro). Die Gebühr beträgt somit aus einem Gesamtwert von 500.000 Euro 1.870 Euro.

FALL 8. Die Ehegatten verzichten gegenseitig auf die Durchführung des Versorgungsausgleichs (Ehedauer 20 Jahre; der Ehemann hat Rentenanwartschaften in Höhe von 1.500 Euro, die Ehefrau in Höhe von 450 Euro erworben); beide Ehegatten sind 52 Jahre alt, s. hierzu S. 89 ff.

Maßgeblich ist der Jahreswert der zu übertragenden Rentenanwartschaft, multipliziert mit dem Faktor entsprechend dem Lebensalter. Bei einer auszugleichenden Rentenanwartschaft in Höhe von 525 Euro (1.500 Euro – 450 Euro./. 2) monatlich, beträgt der Geschäftswert 63.000 Euro (525 Euro × 12 × 10). Hieraus errechnet sich eine Gebühr in Höhe von 384 Euro.

FALL 9. Die Ehegatten verzichten gegenseitig auf nachehelichen Unterhalt. Der Ehefrau stände ein Unterhaltsanspruch in Höhe von monatlich 300 Euro zu.

Maßgeblich für die Bestimmung des Geschäftswertes ist die (hypothetische) Dauer, für die Unterhalt zu zahlen wäre, maximal aber der zwanzigfache Jahreswert. Bei einer angenommenen Unterhaltsdauer von fünf Jahren (300 Euro × 12 × 5 = 18.000 Euro) beträgt die Gebühr 198 Euro.

FALL 10. Der Ehemann verpflichtet sich zur Zahlung von nachehelichem Unterhalt in Höhe von 1.000 Euro monatlich, ohne zeitliche Begrenzung, s. hierzu S. 130 ff.

Die Bestimmung des Geschäftswerts ist abhängig vom Alter des Zahlungsempfängers, maximal aber der zwanzigfache Jahreswert des Unterhaltsbetrags. Bei einem Alter der Ehefrau von bspw. 52 Jahren ist der zehnfache Jahreswert des Unterhaltsbetrags heranzuziehen (12 × 1.000 Euro × 10 = 120.000 Euro). Die Gebühr beträgt 600 Euro.

FALL 11. Die Ehegatten setzen sich über ihr gemeinsames Konto (Wert: 30.000 Euro) und die beiden Lebensversicherungen (Rückkaufswert 30.000 Euro und 10.000 Euro) auseinander: Die Ehefrau bekommt das Bankkonto und eine Lebensversicherung, der Ehemann die andere Lebensversicherung, s. hierzu S. 204 ff. und 209 ff.

Maßgeblich ist der Wert der auseinanderzusetzenden Vermögenswerte, mithin 70.000 Euro. Die Gebühr beträgt 438 Euro.

FALL 12. Die Ehegatten vereinbaren, dass die Steuerrückerstattung für das letzte Jahr der gemeinsamen Veranlagung zur Einkommensteuer in Höhe von 2.000 Euro dem Ehemann zusteht, s. hierzu S. 219 ff.

Maßgeblich ist die Höhe der Erstattungssumme. Die Gebühr beträgt (aus einem Geschäftswert von 2.000 Euro) 120 Euro (Mindestgebühr).

FALL 13. Der Ehemann widerruft eine seiner Ehefrau erteilte Generalvollmacht, → hierzu S. 227 ff. Das Reinvermögen (also das Vermögen nach Schuldenabzug) des Ehemannes beträgt 200.000 Euro; das Aktivvermögen (also das Vermögen ohne Schuldenabzug) 220.000 Euro.

Maßgeblich ist ein Teilwert von maximal 50 % des Aktivvermögens, im *Fall 13* also 110.000 Euro. Die Gebühr beträgt 273 Euro.

FALL 14. Die Ehegatten vereinbaren, dass die Ehefrau verpflichtet ist, den Ehenamen nach der Scheidung abzulegen, s. hierzu S. 231 ff.

Maßgeblich ist hier der sog. Regelwert von 5.000 Euro. Die Gebühr beträgt 120 Euro (Mindestgebühr).

FALL 15. Die Ehegatten treffen eine Vereinbarung über das Sorgerecht für ihre gemeinsame Tochter, s. hierzu S. 240 ff.

Maßgeblich ist hier der sog. Regelwert von 5.000 Euro. Die Gebühr beträgt 120 Euro (Mindestgebühr).

FALL 16. Die Ehegatten treffen eine Vereinbarung zum Umgangsrecht für ihre beiden gemeinsamen Kinder, s. hierzu S. 247 ff.

Maßgeblich ist der sog. Regelwert von 5.000 Euro, der für jedes Kind veranschlagt wird (somit gesamt 10.000 Euro). Die Gebühr beträgt 150 Euro.

FALL 17. Die Ehegatten verzichten gegenseitig auf ihr gesetzliches Erb- und Pflichtteilsrecht, → hierzu S. 263 ff. Ihr Reinvermögen beträgt jeweils 200.000 Euro. Sie leben im gesetzlichen Güterstand und haben zwei Kinder.

Im *Fall 17* beliefe sich das gesetzliche Erbrecht nach dem erstversterbenden Ehegatten auf 100.000 Euro; dies ist auch der maßgebliche Gegenstandswert. Die Gebühr beträgt 546 Euro.

FALL 18. Die Ehegatten schließen einen Erbvertrag, dem gemäß das dem Ehemann gehörende Wohnhaus (Wert 300.000 Euro) dem gemeinsamen Sohn nach dem Ableben des Ehemanns vermächtnisweise zugewandt wird. Darüber hinaus soll es dem Ehemann untersagt sein, zu eigenen Lebzeiten ohne Zustimmung der Ehefrau bzw. des Sohnes über das Wohnhaus zu verfügen (Verfügungsunterlassungsvertrag), s. hierzu S. 270 f.

Ausgangswert für den Erb- und Verfügungsunterlassungsvertrag ist der Wert des Wohnhauses, also 300.000 Euro. Der Geschäftswert setzt sich zusammen aus dem Wert für den Erbvertrag (= Wert des Hauses = 300.000 Euro) sowie aus einem Teilwert von 10 % des Wertes des Wohnhauses für den Verfügungsunterlassungsvertrag (= 30.000 Euro). Der Geschäftswert beträgt mithin 330.000 Euro, die Gebühr hieraus 1.370 Euro.

FALL 19. Die Vereinbarungen in Fall 11 und Fall 16 werden in einer Urkunde getroffen.

Der Geschäftswert beträgt 80.000 Euro, die Gebühr 438 Euro (und nicht 438 Euro + 150 Euro = 588 Euro).

Sachverzeichnis

H

I

J

K

L

M

N

P

R

S

T

U

V

W

Von der Jugend bis ins Alter

Recht in allen Lebenslagen

Jugend und Recht

JugR · Jugendrecht
SGB VIII – Kinder- und Jugendhilfe, AdoptionsvermittlungsG, UnterhaltsvorschussG, JugendschutzG.
Textausgabe Toptitel
39. Aufl. 2018. Rund 590 S. Neu
Ca. € 9,90. dtv 5008
Neu im April 2018

AdoptionsvermittlungsG, BAföG, Bayerisches StrafvollzugsG (Auszug), BerufsbildungsG (Auszug), Bürgerliches Gesetzbuch mit EGBGB (Auszug), Bundes-ImmissionsschutzG (Auszug), JugendarbeitsschutzG, JugendfreiwilligendiensteG, JugendgerichtsG, Jugendmedienschutz-Staatsvertrag, JugendschutzG, JugendstrafvollzugsG NRW, Gesetz zur Kooperation und Information im Kinderschutz (KKG), SGB I: Allgemeiner Teil (Auszug), SGB II: Grundsicherung für Arbeitsuchende (Auszug), SGB III: Arbeitsförderung (Auszug), SGB VIII: Kinder- und Jugendhilfe, SGB XII: Sozialhilfe (Auszug), Strafgesetzbuch (Auszug), UnterhaltsvorschussG

Schule und Hochschule

Brehm/Zimmerling/
Brehm-Kaiser/Zimmerling
Erfolgreich zum Wunschstudienplatz
Bewerbung · hochschulstart.de · NC · Auswahlverfahren und -tests · Rechtsschutz · Studienplatzklage.
Rechtsberater
2. Aufl. 2015. 300 S.
€ 16,90. dtv 50765

Macht mit Tipps und Hinweisen den Weg zum Wunschstudium frei.

BAföG · Bildungsförderung
Textausgabe
32. Aufl. 2016. 400 S.
€ 15,90. dtv 5033

BundesausbildungsförderungsG mit DVO und Ausbildungsförderungsgesetzen der Länder, BerufsbildungsG, StipendienprogrammG und Meister-BAföG. Mit BAföG-Änderungen zum 1. August 2016 (25. BAföGÄndG) und den Änderungen des Meister-BAföGs.